北京郑杭生社会发展基金会·完美特设博士生项目

"贝克的个体化理论及对中国的启示研究"（14ZHFD14）

INDIVIDUAL
SOCIAL
IMAGINATION

个体化的社会想象

乌尔里希·贝克思想中的
生活、政治与道德

Life, Politics and Morality in
Ulrich Beck's Thoughts

杨君　著

社会科学文献出版社
SOCIAL SCIENCES ACADEMIC PRESS (CHINA)

前　言

在个体化的时代，我们如何体验生命的意义？现代人的命运在以人的主体理性取代诸种神性和权威之后，又使个体陷入现代性的理性主义、普遍化的理论概念与后现代性的多元性、片断性、不确定性的争论中。现代人的命运危机的根源在于近代哲学确立的理性自主和道德自觉的个体的合法性的假设。因此，我们必须转换研究视角，在理论和经验、微观和宏观、结构和价值之间，重新界定个体一词的内涵。新自由主义者笔下刻画的"自足个体"形象，夸大了个体的自我理解和行动能力；而社会学家常常谈论的结构规制行动者能力的二元论观点，又过于弱化个体的自主性。与此不同的是，在贝克笔下，当前个体化理论描述的是社会制度以及个体与社会关系的一种新的结构性的社会学转变。从第一现代性向第二现代性转变过程中，大量个体化现象的出现意味着既有社会形式的解体，比如阶级、社会地位、性别角色、家庭、邻里等范畴的日趋弱化。个体越来越从外部的社会控制中抽离出来，在享有一种为自己而活的自我文化时，也不得不独自处理来自系统和社会的风险。个体化因而象征着一种不确定性的自由。

过度的个体化正在危及社会和谐共处的根基。从根本上讲，个体是有缺陷的。由此，要成为一个完善的个体，必须以某种良知和自反性的社会化过程以及自反性的主体间性为前提，建构和创造自己的主体间性。就此而言，个体是以自反性的身影呈现的。也正是在这里，贝克将社会学研究中的社会—个人关系命题转变为结构—价值关系命题。对何为个体的回答，直接从一种二元论过渡到一种个体自反性的阐释。这一自反性特征直接与现代人的私人生活、公共生活的制度化与跨国化、政治自由与世界主义、道德普遍性与世界秩序相互联结。而贝克对个体自反性的阐释，恰巧揭示出了个体依靠道德共识重塑个体化时代的公共精神，从而表达出一种现代社会碎片化后的再建构思想。而这不仅是贝克的个体/主体社会学的取向，也是对贝克道德社会学的深刻阐释，更是贝克从内心深处重新思考全球社会、构建人类社会"想象共同体"的可能性。

本书以历史主义研究方式为分析进路，以个体为核心概念，以人的生存境况为分析视角，围绕个体生活与道德政治进行研究和探讨。个体化进程迫使个体独自面对"分崩离析的世界"。在此，贝克阐释了个体的特征，既不是涂尔干笔下刻画的"失范个体"图景，也不是新自由主义者所想象的"自足个体"。为此，他走向了一条折中的道路——个体化描绘的是一种正在实践的"自我文化"的可能性，这既可能成功，也可能失败。个体的当前命运正处在"失范"与"自主"的交叉路口，退一步可能成为没有社会依托的"失范"性个体，而进一步可能成为民主国家的道德灵魂。

正是由于个体化给个人带来了有风险的自由，要坚持一种个人的自主能力，个体化理论就必须从对私人生活的研究开始转向对公共生活的研究。贝克集中讨论了政治自由、公共生活与世界主义三者之间的内在关联。换句话说，贝克并非在抽象的意义上阐释普遍性的"公共生活"，而是坚持认为，人类正处于全球风险之中，国家的疆界在慢慢消解，自我与他者的隔阂也在消除，人类社会已经变成了一个命运共同体。在一个世界主义的社会中，人们必须将注意力对准世界市场带来的全球性后果与风险。在此背景下，贝克试图重新塑造全球化时代的政治与民主。在他看来，公共生活的塑造和世界主义的分析都是建立在对"亚政治"这条主要线索之上，国家、社会与个人之间的关系是理解这一问题的基本框架。

但是，世界主义的构想并不是处于永久和平状态，而是处于不平等和争取承认的辩证法之中。基于此，贝克试图寻找一种支撑世界和平的道德资源，建立个体—道德—公共生活之间的联结。因而，他从西方传统社会中——只有公民的或宗教形式的个人主义——汲取营养，获取道德资源，为重建当代社会的公共生活呕心沥血。这种公共生活的道德资源来自宗教领域。道德与宗教分道扬镳，个人从宗教制度中解放出来，获得一种"主观上的信仰自由"。在人们获得自己信仰的同时，在与全球性的、多民族的世界社会，以及与此相关的、跨越界限的、跨越国家的组织的接触中，个人与世界社会始终处于相互联系之中。个体在世界社会中扮演公共角色，塑造世界主义精神。这时，一种具有世界主义特点的基督教信仰将人的行动与意义联系起来。"自己的信仰"确实展示了一幅公共生活的图景。个体化与世界社会的联结凸显了公民宗教的身影，人们相互之间产生了一种道德感。

基于以上认识，以个体为分析单位，从个体生存境况变迁来考察，我们可以发现，贝克的个体化思想把批判理论的宏大视野和微观的生活经验有机地结合起来，从而实现个体—生活—政治—道德的联结，也就是微观和宏观的统一。这有助于我们体察20世纪八九十年代欧洲社会的历史危机对个体的深刻影响，尤其是对东欧人们的思维、意识和行为的根本性改变，同时，我们还可以从中透视出学术界根据社会变迁的实况对现代社会理论的深刻反思，以及人们对社会的期盼。当然，更为关键的问题是，社会学除了声称自身带来了一个重大突破以外，还可使自身的理论、方法变得更加具体，更加有针对性地对人类社会的生存处境做出自反性思考。其结果是，必须在社会理论和政治理论中引发一次"社会学"新的转向：社会理论和政治理论如何才能向新近出现的、扭结缠绕的、危及其自身基础的现代性敞开，如何解释21世纪初在资本和风险的全球化背景下形成种种社会动力的根本脆弱性和易变性。

目　录

第一章　导论

一　研究缘起及选题意义

（一）研究缘起

当帕森斯统治社会学的时代结束后，社会学出现了多元话语体系，这包括社会交换理论、社会冲突理论、符号互动论、现象学社会学、常人方法论等，由此造成了社会学理论的重新分裂。面对这一理论困境，越来越多的社会学家试图在批判和反思古典社会学理论（马克思、涂尔干和韦伯的理论）的基础上构建新的综合理论。亚历山大（新功能主义）、科尔曼（理性选择理论）、哈贝马斯（沟通行动理论）、吉登斯（结构化理论）以及布迪厄（实践理论）是其中最著名的代表。在这里，一个具有争议的问题凸显出来：我们身处的到底是现代性的社会还是后现代性的社会。哈贝马斯、吉登斯等人认为现代性是一项未完成的工程，强调现代社会是一个正在发展或是激进的现代性过程；与此相反，在德里达、鲍曼、福柯等人看来，以工业社会为基础的所有制度和规则已经烟消云散了，"社会性"① 一词对于社会学理论已成为

① 肖瑛（2006）认为社会学的方法论根源蕴含在"社会的"和"社会性"中。在社会学思想史中，"社会的"和"社会性"有四种表征：与"异化"和"失范"对立，彰显马克思意义上的"人类社会"和"社会化的（转下页注）

一个幻想，"确定性"对于社会学也成为一个梦魇。由此，在鲍曼看来，我们如今就生活在流沙之上，唯一可以依赖和信任的就是怀有共同焦虑和孤独的同命人。

基于以上西方社会思潮争论的背景，哈贝马斯和吉登斯的社会学理论写作动机均是来自对帕森斯结构功能主义的批判，并对他战后数十年的支配地位表示不满。20世纪70年代以后，无论是哈贝马斯还是吉登斯，二者都强调了行动而非结构的重要性，这使得两位学者在德国和英美学术界产生重要影响。应该说，贝克的学术思想与前两位相比要晚一代，他在20世纪80年代末（主要是在90年代之后）才在德国学术界取得支配地位（杨君，2013b）。在西方思想史上，这十年是一个反哈贝马斯、反法团主义的时期。与贝克一样取得卓著声望的那一代人中，领军人物不再是哈贝马斯，而是尼古拉斯·卢曼。贝克通过反对哈贝马斯、支持卢曼而获得了较高声望。然而，新千年伊始在德国盛行教条式卢曼主义，这也让贝克心生反感。正是在这种学术环境和氛围中，贝克提出了试图超越现代性与后现代性的概念：自反性现代化（性）。

1997年，贝克、吉登斯与拉什在《自反性现代化》一书中共同提出了自反性现代化（性）。自反性现代化（性）与简单现代化（性）一样，均重视人的理性；自反性现代化（性）与后现代的相同之处是，自反性现代化（性）亦觉察到简单现代化（性）的解构，且强调多元性与不确定性。但在此基础上，贝克试图指出简单现代化（性）解构的事实后，在理论上甚至实践上，进行

（接上页注①）人类"；与原子论的个人主义对立，彰显人与人之间的关联性和互动性；与抽象性对立，彰显具体性和相对性；与神秘性和神圣性对立，彰显世俗性和日常生活性。据此，社会学的方法论可用"社会学的想象力"来概括，在这种想象力中，社会是一个高度相对性和具体性的存在，个体和社会处在相互建构的"结构二重性"关系之中，个体的、日常的和世俗化的行动是社会实现自身的生产和再生产的基础。

再建构的工程（黄瑞祺，2000）。自反性现代化（性）虽反对那种"反历史的现代性"（历史之终结），但它并非反现代，而是要将现代历史化，视现代化为（永远）未完成的现代化。也就是说，自反性现代化（性）坚持一种"现代"解构后的再建构思考方式（孙治本，2001）。此观点超越了现代性与后现代性的争论，笔者称之为"现代性的第三条道路"或者如贝克所说的"新现代性"，这种现代性是以理性的方式反思理性，而不同于马克思的资本主义的现代性传统，遵循着类似于黑格尔的理性现代性传统。

在贝克笔下，简单现代性是一个具有明确界限、充分就业的工业社会；当进入自反性现代化（性）之后，社会不再是一个具有明确界限和分割的实体，而是一种非线性、开放的模糊状态。关于自反性现代化（性）的论述，贝克在《风险社会》一书中，首次使用了"风险社会"的概念来描述当今充满风险的后工业社会，并提出了风险社会理论。他认为，风险社会是自反性现代化（性）最根本的特征。而我们应当关注的问题是：在简单现代化（性）向自反性现代化（性）[①]的转变过程中，个人与社会的关系是如何转变的。这既是对经典社会学中社会与个人关系命题的探讨，也是对当下个体日常生活的关注。换句话说，当一切固有的东西都烟消云散了，个体的生活是如何展现的？是充满风险的自由生活还是制度依赖条件下的有限自由生活？换句话说，在"上帝已死，大道已隐"的时代，我们如何体验现代人的命运？在个体化的时代，对这一问题的追求和反思显得尤为重要。

（二）选题意义

从第一现代性向第二现代性转变过程中，既有的社会国体解

---

① 在贝克看来，这一转变的核心是个体与社会之间的关系发生了"范畴转型"，或者说，社会制度以及个体与社会关系的一种结构性的、社会学的转变。

体，比如阶级、社会地位、性别角色、家庭、邻里等范畴日趋弱化。个体从外部控制中抽离出来，开始享有一种为自己为而活的自我文化。在个体化的时代，我们如何体验生命的意义，成为选题的重要缘由。

（1）以个体为分析单位，从个体生存境况变迁来考察贝克的社会思想

可以发现，贝克的个体化理论是社会学中社会与个人关系的重要命题，以个体为分析单位，从个体生存境况变迁视角来考察贝克的社会思想，有利于进一步深入剖析贝克的社会理论思想。

在英美学术界，贝克的学术思想得到了广泛的翻译和研究，这包括风险社会理论、个体化理论、自反性现代化理论以及世界主义理论。应该说，贝克的学术思想是丰富而庞杂的，著作也颇多。在这些著作中，我们看到，关于风险社会以及全球风险社会的论述占据了其核心位置，特别在中国学术界，这一现象表现得更加明显。

其实，仔细阅读贝克的著作会让人隐隐约约地感觉到，现代人的生活境况是他所有社会思想的一贯主题。为了更加鲜明地阐释现代人的命运。贝克出版了《个体化》一书，也回应了一些批评他的声音。贝克的个体化论题描述的是社会制度以及个体与社会关系的一种结构性的、社会学的转变（贝克，2011a）。

阎云翔、罗斯等学者敏锐地察觉到了贝克思想中关于个体生活意义的研究，但是他们对个体化理论的回应与反思局限于贝克早期的观点。与此同时，也忽略了个体化与风险社会、自反现代性以及世界主义等理论之间的内在关联。因此，本书延续贝克对于现代人的生活境况的研究，以个体为分析单位，关注人的生存境况，可以把贝克思想视为连续性与非连续性的统一，从而化解学术界对贝克思想连续性问题的争论。

（2）以结构—价值为分析视角，重建个体化时代的公共生活

以结构—价值为分析视角的意义在于，"后传统社会"对于

工业文明的整合造成了威胁，如果说这种社会还可能整合，那也就只能凭借自我解释、自我观察、自我开放、自我发现来加以完成，即通过自我发明来完成。现代人的问题在于，自我已经成为现实的主要形式的个人主义，能够真正维持下去。这里的问题并不简单是独立自主的个人会不会退出公共领域而去追求纯粹个人目的，而是个人是否有能力维持公共生活或私人生活的问题。"后传统社会"的未来，以及他们开拓未来、创造未来的能力，是衡量其公共生活的标尺。个体化的另一面，即公共性。因而，个体化理论的核心问题是：在个体化的流动时代，个体的个体性和公共性联结的可能性，以及重建生活方式的新讨论。

（3）回归日常生活：揭示个人—公共生活—道德政治之间的内在关联

在社会学领域，个体化理论最早出现在涂尔干的著作中。尽管个体化带来了"失范"现象，但是，在涂尔干看来，法团组织①的建立依然可以重建社会道德共识，维持社会秩序的稳定。这里需要注意的是，对于涂尔干来说，作为不可分割的单位的"individual"并不是指具有人格的个人，而是指核心家庭或作为核心家庭人格代表的家长。他所关心的是个人从同业组织的脱离，而不是从核心家庭的脱离。也就是说，涂尔干笔下描绘的个体化具有核心家庭化倾向，当时的个人主义就是家长的个人主义。

与涂尔干一样，贝克也认为个体化是一种社会结构转型的产物。贝克认为社会正在经历一场基础性的转变，一个个体化的过程发生了。这种个体化意味着工业社会的确定性的瓦解以及为缺

---

① 在《社会分工论》（第二版）前言中，涂尔干明确将组织机构定义为"法人团体"或"职业群体"。只有在与职业活动关系紧密的群体对其做出有效规定的作用下，职业活动才会认识自己的功能，了解到自己所具有的需要和每一次的变化状况。满足这些条件的独立群体是由那些从事同一工业生产、单独聚集和组织起来的人们构成的，这就是涂尔干笔下刻画的法人团体（corporation）或职业群体（涂尔干，2005：17）。

乏确定性的自我和他人找到和创造新的确定性的压力（Beck，2002：19）。它与福利国家有关，发生在福利国家的总体条件和模式中，是作为福利国家的后果而呈现的（贝克，2004b：11）。与涂尔干的不同之处在于，贝克认为，"现代化的进一步发展使以前锁住每个人人生的家庭和职业这两轴支离破碎"（Beck，1992：137）。不仅是同业组合，就连家庭也不再是稳定的靠山，每个人都成为社会生活的再生产单位（Beck，1992：142）。由此，贝克所面对的个体化和涂尔干所面对的个体化是不相同的。随着个体化的进一步深化，核心家庭也不再是不可分割的单位，它被分割为男人、女人和孩子。家长的个人主义被迫解体，个人主义就从家长的个人主义转为包括女人和孩子在内的所有人的个人主义。由此，在19世纪个体化进程中被视为稳定的家庭和职业，在20世纪彻底的个体化过程中流动化，变得不再稳定，这就是贝克认为目前正在出现的个体化。换句话说，个体化是一种命运，而不是一种选择。

基于以上讨论，涂尔干笔下的法团组织在贝克的时代已经烟消云散了。个体化进程迫使个体独自面对分崩离析的社会。在此，贝克阐释了个体的特征，既不是涂尔干笔下刻画的"失范个体"图景，也不是新自由主义者所想象的"自主个体"。为此，他走向了一条折中的道路，即个体化问题是一种正在实践的"自我文化"的展现，这既可能成功，也可能失败。个体的当前命运正处在"失范"与"自治"的交叉路口，退一步可能成为没有社会依托的"失范"性个体，而进一步可能成为民主国家的道德灵魂。

正是由于个体化给个人带来了有风险的自由，要坚持一种个人的自主能力，个体化理论就必须从对私人生活的研究开始转向对公共生活的研究。在此，贝克的个体化理论研究似乎回到了卢梭笔下关于私利与公共善、个体意志与集体意志的讨论。把特殊的感性欲求作为私利分析，即个人利益，而把普遍性赋予道德主宰下、赋予追求绝对善良的意志，即集体意志。但与卢梭不同的是，贝克并没有倡导一种基于个人道德自由所形成的"公意"观念。卢梭笔下"公意"的普遍性是一个纯形式化原则。其主要目的是给政治的合法性提供根据，这个根据就是公共性；普遍性概念则主要是从道德上支持公共性，反对作为现代人权利的无限制的私利原则。

其实，贝克也坚持了一种普遍性的"公意"理念，但是他反对这种纯粹的形式化原则。与卢梭强调的道德自由不同，贝克的这一普遍性是指如何重建全球化时代的公共生活，他集中讨论了政治自由、公共生活与世界主义三者之间的内在联结。换句话说，贝克并非在抽象的意义上阐释普遍性的"公意"，而是坚持认为，人类正处于全球风险之中，国家的疆界在慢慢消解，自我与他者的隔阂也在消除，人类已经变成了一个命运共同体。在一个世界主义的世界中，人们必须将注意力对准世界市场带来的全球性后果与风险，而撇开资本带来的利润，即同这些后果与危险相对立的事情：我们如何对待徐缓而至的和依然破灭的事情，决定着未来社会的人道性质（贝克、威尔姆斯，2002：46）。也就是说，正是由于当代社会的风险性、偶然性、意外性等特征，多样性的各个方面就成为现代社会的核心。我们既不能像普遍主义所强调的那样消除差异，也不能像文化相对主义和国家相对主义所宣称的那样制造各种矛盾和冲突。相反的是，多样性既涉及生产的物质条件，又涉及政治条件与人们共同生活的伦理。而那种宣称普遍主义的自由市场意识形态，构成了多样性的民族文化的核心性危机。因为这一进程最终依靠的是这样一种认识：可用市场取代政治。在贝克看来，我们不应该坚持这种非此即彼的观点，既不是市场取代政治，也不是政治消弭市场，而应该转变为全球性的经济发展如何以及在何种程度上同全新的文化与政治前景结合在一起，即如何重新塑造全球化时代的政治与民主。在他看来，公共生活的塑造和世界主义的分析都是建立在"亚政治"

这条主要线索之上，国家、社会与个人之间的关系是理解这一问题的基本框架。但是，世界主义的构想并非处于永久和平状态，而是处于不平等和争取承认的辩证法之中。

（4）与阎云翔等学者对话，探讨中国社会转型期个体化命题的独特内涵

在贝克个体化理论研究的基础上，阎云翔在个体化命题和尼古拉斯·罗斯的"事业自我"（enterprising self）概念之间做了一个有趣的比较。阎云翔着重关注个体化进程的主观领域，他分析了中国的"奋斗个体化"形成的过程。在阎云翔看来，贝克的理论忽略了这种新型自我形成的主观领域。因而，阎云翔认为中国社会的个体化带有一种"无公德的个人"的特征。但是，笔者以为，阎云翔对个体化理论的回应与反思，仅仅局限于贝克关于个体化命题研究的部分观点。在贝克的《个体化》与《自己的上帝》等书中，贝克不仅探讨了个人主观领域的变化，而且试图超越个体化，迈向世界主义。因此，研究贝克个体化命题的复杂内涵就显得十分重要。应该说，与阎云翔等人的对话，不仅是深入探究个体化理论的内涵，更重要的是，系统理解当下中国社会的个体化现象。中国社会的个体化到底是贝克笔下刻画的缩影，还是如阎云翔笔下描绘的新型社会图景，值得我们深入反思。由此，对贝克个体化理论的研究，与阎云翔等学者的对话，对阐释中国社会转型和社会学发展的个体化命题就具重要的现实意义。

二 文献综述

（一）贝克的个人学术阶段和著作介绍

乌尔里希·贝克（Ulrich Beck）是当今德国最著名的哲学家、社会学家之一，是世界上著作被引用最多的社会科学家之一。他的作品已被翻译成 30 多种语言。他开启了一个独特新颖

的研究视角来反观当代全球风险社会的崭新景观，并对此做出了较为全面、深刻的分析。贝克于 1944 年 5 月 15 日出生于普斯克市的波美拉尼亚镇。1966 年，贝克进入弗赖堡大学（Freiburg）学习法律，但在第二学期，他就转到慕尼黑大学（Universität München）主修社会学、哲学、心理学和政治学。1972 年，贝克以优异的成绩毕业，获哲学博士学位（PhD），并留校任职。1979 年，晋升为讲师，先后担任明斯特大学（Münster）教授（1979 ~ 1981）和班贝格大学（Bamberg）教授（1981 ~ 1992）。自 1992 年起，贝克长期在慕尼黑大学社会学研究所任教，并担任慕尼黑大学社会学研究所所长。1997 年，伦敦政治经济学院聘请贝克为英国社会学杂志百年访问教授[①]。

1980 年以来，贝克一直担任《社会世界》（Soziale Welt）杂志的编辑，发表文章 150 多篇，著有多本著作。1995 ~ 1997 年，贝克曾担任德国未来委员会委员。[②] 1999 ~ 2009 年，贝克担任德国研究协会（DFG）自反性现代化研究中心"536"项目的负责人。在此期间，贝克在慕尼黑地区开展了四所大学的跨学科合作研究，在广泛研究的基础上，贝克对跨学科的自反性现代化理论进行了实证检验。在他看来，自反性现代化理论不仅是现代工业社会产生的"副作用"，同时也为协调全球化带来的负面后果，解决现代民族国家面临的诸多社会问题提供了基本思路。2010 年 9 月 15 日，在欧洲议会讨论中，贝克积极支持"斯皮内利集团"（The Spinelli Group）所主张的振兴欧洲联盟（EU）。60 多年来，欧洲联邦主义者联盟（UEF）及其青年组织欧洲青年联邦主义者组织（JEF）基于多国经验性的考察，认为只有坚持一个欧洲联邦的想法，才可克服欧洲大陆的分裂，走向积极合作，以促进欧洲联邦制的构想。

---

① 英文全称：the British Journal of Sociology Professor at the London School of Economics and Political Sciences。
② 该委员会的主要目的是讨论巴伐利亚州和萨克森自由州的佣金问题。

20 多年来，贝克获得众多国际奖项和荣誉，如 1996 年，荣获慕尼黑市文化荣誉奖；1999 年，荣获西塞罗演讲奖；1999 年，荣获德英关系突出贡献奖（与安东尼·吉登斯一起获得）。除此之外，2004 年，为表彰贝克在社会公共活动中的突出贡献，授予他德国社会学协会（DGS）奖，并在次年授予贝克德国社会科学家"Schader"奖（德国社会科学界最高奖项）。到目前为止，他先后被授予 5 个名誉博士学位，分别是于韦斯屈莱大学（芬兰，1996），马切拉塔大学（意大利，2006），马德里康普顿斯大学（西班牙，2007），洛桑大学（瑞士，2011），瓦尔纳自由大学（2011，保加利亚）。

20 世纪 80 年代以来，现代社会的传统产业发生危机，诸如放射性、污染甚至失业等问题，引起了来自全球不同阶层人士的担忧。在此背景之下，贝克和吉登斯共同创造表达这一现象的世界性术语"风险社会"。贝克试图对以下问题进行诊断：激进的现代性导致了家庭和民族国家迈向全球化，打破了以前方法论的民族主义思想，进而也削弱了民族国家存在的根基。如何才能将社会政治思想与激进的全球变化（环境破坏、金融危机、全球气候变暖、民主和民族国家机构的危机）交织在一起，形成一种新的现代性方案，成为贝克学术思想的核心议题。

为了解决以上问题，1986 年，贝克出版了首部著作《风险社会》，试图对现代社会的转型做出新的诊断和解释，此书一出，广受好评。与此同时，他提出的"自反性现代化"已经对传统的社会学理论形成重要挑战，并对当前社会理论的发展产生了深远影响。正是因为他对现实问题的关注，他也被誉为实证（zietgeist）社会学家。正如斯科特·拉什在《风险社会》英文版的引言（Introduction）中所说的，贝克在德国还被人们称为"评论家"或"实证主义作家"（Beck，1992：1）。这位评论家以其独特的视角、犀利的语言分析社会——现代社会是一个世界风险社会。虽然《风险社会》1986 年在德国出版并未引起多少重视，但其英文版引起了欧洲社会学者的普遍关注，正是因为如此，贝克也就自然跻身世界社会学家的前列。风险社会理论取得学术界和跨学科解释的信任，成为理解当代社会变迁的一种重要思维方式。如今，贝克的研究方向包括风险社会、自反性现代化、生态问题、个体化、全球化、世界主义等。在贝克学术观点形成的过程中，其思想观点和概念框架也出现了阶段性的变化，从而成就了他著作等身的美誉。根据研究主题的侧重点不同，我们可以把他的著作大致划分为三个阶段。

第一阶段：风险社会理论研究（20世纪80～90年代末期的十本著作），包括《风险社会：新型现代的未来出路》（1986）、《戒毒剂：有组织的不负责任》（1988）、《自反性现代化：在现代社会秩序下的政治、传统和美学》（1994）、《有风险的自由》（1994）、《正常性混乱的爱情》（1995）、《风险时代的生态政治》（1995）、《重塑政治：全球社会秩序下的自反性现代化》（1996）、《民主的敌人》（1998）、《世界风险社会》（1998）、《什么是全球化？——全球化的曲解：应对全球化》（1999）。在此期间，贝克在批判现代性与后现代性的基础之上，提出了一种新的现代性：第二现代性或自反现代性。贝克认为此种现代性是发生于现代性内部的一种断裂或解构现象，现代性正在从古典工业社会的轮廓中脱颖而出，形成一种崭新的形式——"风险社会"（Beck，1992：2）。1986年，贝克提出"风险社会"之后，几乎与此同时，乌克兰切尔诺贝利核电站由于人为原因发生爆炸，酿成世界性的大灾难。之后，疯牛病危机的爆发与全球性蔓延，使得风险社会理论成了西方学者研究的焦点（杨君，2013a）。随后，贝克进一步论证了风险带给人类生活的影响——有风险的生活。由于现代社会的多元性以及不确定性，人们日益进入一个世界性的风险社会，这跨越了民族国家的控制范围，人人感受风险，却找不到承担责任的主体。与阶级社会向往平等的思想不同，风险社会追求的目标是"安全"，它标志着一个新时代的来临（贝克、格兰德，2008）。在这个时代里，人们由于恐惧的心理不断走向联合，形成一种焦虑的共同体代替需求的共同体（Beck，1992：2）。在这种意义上，风险社会的形成标志着一个新的时代——由焦虑转化而来的联合行动。

第二阶段：个体化理论研究（2000～2005年的五本著作），包括《勇敢的新型工作世界》（2000）、《风险社会及其超越：社会理论的批判性议题》（2000）、《个体化：制度化的个人主义及其社会的和政治的后果》（2002）、《自由与资本主义——与贝克对话》（2003）、《全球时代的权利》（2005）。面对全球化的深入和扩散，民族国家"集装箱"的观点遭到挑战，全球化被认为不是民族国家的补充性视角，也不是一种外在性的关系……而是获得一种新的性质，使得我们形成有关跨国性的流动、生活方式、交流关系的新观念，使得在各民族国家、各组织内部、各地区，即在社会的所有层面上，在经济领域、劳动领域、社会网络、政治组织内产生各种机制。在高度依赖福利国家、市场经济等社会制度背景之下，形成一种"个体化"的文化观念。这种观念既不是新自由主义所强调的利己主义，也不是市场利己主义，更不是哲学意义上的自治乃至自给自足的个体观念，而是一种在依赖各种制度的条件下实践着的新的"自我文化"，它发展了对社会联系的感受能力，把个体化当作重新创造和调整社会性的一种强制、需要、任务和历险来理解（贝克、威尔姆斯，2002：76）。

第三阶段：世界主义理论研究（2005～2012年的七本著作），包括《全球时代的权力与反权力》（2005）、《世界主义观点：战争即和平》（2006）、《世界主义的欧洲：第二次现代性的社会与政治》（2007）、《风险中的世界》（2009）、《自己的上帝》（2010）、《德国人在欧洲》（2012）、《全球的美国？——全球化的文化后果》（2012）。贝克的一生目睹了现代社会的风险化、不确定性，以及福利国家危机，欧洲社会陷入一种迷茫和混乱状态。欧洲社会之所以出现危机，不是因为"全球化"或"恐怖威胁"，也不是因为"欧盟的扩展"或"欧洲人口的萎缩"，而是因为人口无节制增长，宗教改革所产生的世界性秩序的崩溃，迫使贝克思考国家与欧洲的关系，并尝试一种世界主义欧洲的构想。在此种意义上，世界主义欧洲的构想是三卷本中的最后一卷。在第一卷《全球时代的权力与反权力》一书中，贝克提出了在全球相互依赖共存的条件下统治的合法性问题；在第二卷《世界主义观点：战争即和平》一书中，讨论了世界主义进程的基本问题，为世界主义的构想奠定了基础；而在三卷本中的最后一卷《世界主义的欧洲：第二次现代性的社会与政治》一书中，对生活于其中，但未被人们认识的欧洲社会做出了解释。与此同时，贝克去世前又撰写了最后一本关于宗教的书——《自己的上帝》，他试图从人们的内心深处寻找一种共有的"人性"，为联结人们的生活世界提供精神支撑。

在对贝克的个体经历和学术生涯的梳理过程中，笔者发现，在从事学术研究的早期，贝克是一位兢兢业业的大学教授，因对风险社会的预测而闻名于世。之后的十年，贝克更加关注理论建构与社会经验的结合、修正以及再发现，特别是关于自反性理论研究项目和个体化理论的反思，使得贝克成为一个更有社会关怀和思想张力的社会学家。进入21世纪之后的前几年，在全球化扩散、福利国家危机等背景之下，贝克开始参加一些国际社会活动，尤其是一些关于欧洲共同体建设的项目，试图创建一个欧洲共同体，他将此称为"世界主义"或"世界化"。不难看出，贝克近三十年的学术思想对社会变迁，尤其是个人与社会之间的结构变迁产生了重大的影响。风险社会、个体化、全球化、世界主义、自反性等概念的提出，对欧洲甚至欧洲之外的国家产生了广泛的影响。

（二）国外对贝克思想的研究现状

基于对贝克的个人学术阶段的叙述和著作介绍，研究贝克的学术思想对透视欧洲社会的现实变迁和探究中国社会的变迁显得非常重要，那么，目前国际和国内学界对他给予了何种关注，对他的思想理论研究到何种程度，给本书留下什么研究空间和意义呢？笔者希望通过文献综述梳理已有的研究成果来解答这些相互联结的问题。

（1）风险、风险社会与风险社会理论研究[①]

随着全球化时代的到来，社会安全问题日益突出，风险社会悄然而至。人类的生存和发展受到了严重威胁，这引起了人们的广泛关注以及对社会发展目标和方式的质疑，20 世纪 80 年代后期风险社会研究应运而生。1986 年，贝克在《风险社会》一书中，首次使用了"风险社会"概念并提出了风险社会理论。几乎与此同时，乌克兰切尔诺贝利核电站第 4 号机组由于人为原因发生爆炸，酿成世界性的大灾难，为贝克的风险社会理论提供了有力的佐证。1992 年，《风险社会》一书被英国学者里特（Mark Ritter）译成英文后，并没有一下子为英国人所接受。后来，随着疯牛病危机的爆发与全球性蔓延，风险社会理论才成了西方学者研究的焦点。斯科特·拉什（Scott Lash）、吉登斯（Giddens）、沃特·阿赫特贝格（Wouter Achterberg）、莫里·科恩（Maurie Cohen）、约瑟夫·休伯（Joseph Huber）、莱恩·威尔金森（Lain Wilkinson）、马克·海恩斯·丹尼尔（Mark Haynes Daniell）等学者从不同角度研究了现代风险社会。

什么是风险社会？贝克在《风险社会》一书中首次使用"风险社会"这一概念来描述当今充满风险的后工业社会。贝克和吉登斯都把风险社会视为一种新的社会形态，他们指出风险社会是现代性内部的一种变异，形成了一种新的现代性——"自反性现代化"。工业社会对应的是"简单现代化"，而风险社会对应的是"自反性现代化"。贝克和吉登斯都认为风险社会不是现代性失败产生的结果，而是现代性高度发达产生的意外结果或"副产品"，

①　关于此方面的研究，请参阅杨君（2013a）。

但在当代社会已经成为人类必须共同面对的问题。巴巴拉·亚当斯（Barbara Adams）分析指出，认知和冲突之间的区别直接导致了风险社会两个阶段之间的不同。在第一阶段，即"残余风险社会"（residual risk society），其冲突是系统产生的，不是公众认知和辩论的主题，并且不是政治冲突的中心。在第二阶段，当工业社会的风险主导公共和私人辩论时，一种完全不同的形势就会出现。现在工业社会的制度产生风险并且使它们不能控制的风险合法化。在此转型期间，财产和权力的关系仍然保持不变，工业社会指责自己为风险社会，并具有反思性（贝克，2005）。风险社会理论成为西方学者研究的焦点，他们从不同角度建构风险社会理论，总体来看，主要包括现实主义视角、文化主义视角和制度主义视角三种研究视角。

现实主义视角，以劳（Lau）的"新风险"理论为代表。他认为风险社会的出现是由于出现了新的、影响更大的风险，如极权主义增长、种族歧视、贫富分化、民族性缺失等，以及某些局部的或突发的事件能导致或引发潜在的社会灾难，比如核危机、金融危机等（杨雪冬，2006：27）。

文化主义视角，以凡·普里特威茨（Von Prittwitz）的"灾难悖论"理论最为著名。他认为，我们在风险社会中认识到，本来用来解决问题的手段反而引起了新的问题（杨雪冬，2005）。在此基础上，玛丽·道格拉斯与威尔德韦斯在《风险与文化》中把社会结构变革分别归结为以下三种不同的风险文化所酿成的结果：①倾向于把社会政治风险视为最大风险的等级制度主义文化；②倾向于把经济风险视为最大风险的市场个人主义文化；③倾向于把自然风险视为最大风险的社团群落之边缘文化。玛丽·道格拉斯和威尔德韦斯集中讨论了第三种文化类型，并且认为正是第三种文化类型导致了社会结构走向混乱不堪的无组织状态（拉什，2002）。最后，拉什批判了贝克等人的风险社会理论并提出了自己的看法。他认为，贝克和吉登斯仍然属于制度主义者，他们将风险界定在一个由制度性的结构所支撑着的风险社会中。这个风险社会是规范有序的，而且呈现一种垂直结构，有一定的等级秩序，以自私自利的个人主义为基础。与风险社会相反，风险文化是混乱无序的，呈现一种横向的水平分布的无结构状态，并且是以关注社会公共事务为基础的。

制度主义视角，以贝克和吉登斯为代表。二者都把风险社会与现代制度紧密地结合起来，以探讨资本主义社会面临的问题，但是贝克更强调技术性风险（尤其在早期著作中），而吉登斯侧重于制度性风险；贝克的理论带有明显的生态主义色彩，而吉登斯的话语则侧重于社会政治理论叙述（杨雪冬，2004a）。风险环境呈现明显变化，进而导致了对风险理解的变化。而变化了的风险环境又带来了风险的个人化。一方面，每个人的任何一种选择都会产生风险，并且选择的数量不断增加，包括对自己的身体和后代（比如美容、试管婴儿等技术的利用）都可以选择；另一方面，每个人所遇到的风险又因自己的选择而不同。因此，对于个人来说，风险既是普遍的，也是独特的（吉登斯，2000：109～110）。正如贝克所说，当代风险实质上是一种"文明的风险"，当代人类"生活在文明的火山上"（刘岩，2009），而面对这种"文明风险的全球化"，世界上所有国家和地区已经结成一个"非自愿的风险共同体"。因此，"风险社会的形成标示着一个新的社会时代，在其中产生了由焦虑转化而来的联合"（章国锋，2006）。也如吉登斯所描述的那样，整个世界已演变成一个"失控的世界"（Giddens，1991），各种新风险犹如悬在人类头顶的达摩克利斯之剑，现代社会发展模式本身就是一个巨大的自杀装置。

针对风险社会的研究，尽管外国学者之间存在分歧，但表达出一个共同的观念：建立全新的社会认识论。"在风险社会中，对由技术工业发展所引起的威胁的不可预测性的认识需要对社会凝聚之基础的自我反思和理性的普遍准则和基础加以审查。"（贝克、吉登斯、拉什，2001：11～13）建立这种具有反思性的社会认识论需要再进行一次全新的启蒙（贝克、威尔姆斯，2002：13），这种想法曾导致了一场关于自身的启蒙运动，并引起了反思（贝克、威尔姆斯，2002：164）。"从根本上说，风险社会从本质上表明自己是个自我批评的社会，不仅是针对个别情况进行批评，而且还在原则上进行自我批评。"（贝克、威尔姆斯，2002：161）因此，当代的启蒙运动不同于强调理性至上的启蒙，贝克将之称为"第二次启蒙"。第二次启蒙的本质是彻底民主化，建立生态民主，让民主原则进入原先属于非政治的科学技术研究领域，打破由极个别科学技术专家垄断技术特权的局面。除此之外，玛丽·道格拉斯、威尔德韦斯提倡用诸如环境保护运动、绿色运动之类的"亚政治"运动去防范和化解风险，拉什反对主观主义立场，但同时主张用风险文化来解读风险社会。鲍曼在对社会风险全球化的回应中，认为解决这一问题也许需要伦理与政治的双重策略，在伦理学领域里，需要将"为了他者"的道德延展为对正义的追求；在政治领域里，则通过公共领域的培育和公民权的恢复来建构一个自治与民主的社会。与此不同，哈贝马斯对于像联合国、亚太经合组织等国际政治或经济组织的作用不抱信心，对于哈贝马斯来说，唯一能与世界经济体系相抗衡的是建立类似欧盟的"超民族国家"（谢立中、阮新邦，2006：566）。

（2）个体化理论与世界主义思想

《风险社会》一书包含两个思想主题：风险主题和个体化主题。20世纪80年代中期以来，西方学术界也主要是通过这两个主题来理解贝克的学术思想。令人不解的是，贝克的个体化思想在德国并未受到足够的重视。反之，风险社会理论在英语学术界受到越来越多的关注（前面已经讲到）。与此相反的是，个体化理论的传播和影响仅仅局限于德国学术圈。

《风险社会》第二部分的标题为"社会不平等的个体化——工业社会生活形式的去传统化"，贝克的个体化论题牵涉的范围不只是社会不平等的研究，实际上，个体化刻画的是高度工业化的福利社会的主要特征，它标识着大团体社会的终结（Beck，1992：184），亦即团体不再是联结社会与个人的中介物，个人与社会开始形塑一种新的关系纽带（Beck，1992：186）。个人自身成了社会在生活世界中的再生产单位（Beck，1992：209）。面对个人主体性对社会影响的增加，社会学家开始把更多的关注点投向主体。① 在贝克笔下，主张建立"个人/主体社会学"（Beck and Beck-Gernsheim，1994：10－39）（soziologie des individuums）就是对个体化含义最鲜明的表达和最新的诠释。

1998 年，第一本批评贝克个体化论题的论文集问世，主编系科隆大学（Uni zu Köln）社会学教授佛列德利斯（Jürgen Friedrichs），书名为《个体化论题》（Die Individualisierungsthese，Opladen），共收录 13 篇论文。该论文集一方面尝试诠释个体化论题，并指出此论题的模糊之处；另一方面则对此论题从理论和经验研究的角度提出了许多批评（Junge，1998：49－64）。13 篇论文中有 4 篇是理论性的，其中除了不来梅大学讲师卢茨·莱泽林（Lutz Leisering）认为社会福利制度确实有导致个体化的效应外，其余 3 篇则对贝克的个体化论题提出了较多的质疑。其中，佛列德利斯毫无保留地批评贝克的个体化论题既未被充分地解释，也未经充分的经验研究检验。事实上，个体化论题只有部分是可以解释的，原因则是其定义的含混不清（Friedrichs，1998）。

1999 年，佛列德利斯及其同事雅格钦斯基（Wolfgang Jagodzinski）又共同主编了《社会整合》（Soziale Integration，Opladen）一书，此书主要是针对贝克个体化论题中提出的社会整合如何可能这一命题（Friedrichs & Jagodzinski，1999：9－43）。两本论文集对厘清及反思个体化主体都有很大的助益。

在个体化的定义上，前面已经说过，贝克所谓的个体化包含

---

① Erlangen 大学社会学教授伊丽莎白·贝克－格恩斯海姆（Elisabeth Beck－Gernsheim）。

社会解体与社会再整合两个面向。然而还存在一个疑惑：个体化指涉的究竟是社会结构的客观现象，还是指个人主观的价值认同。如果两者皆是，二者的关系是如何呈现的。

对此，贝克曾表示，个体化不仅有上述所谓的三重意义（亦可视为个体化的三个阶段），还同时牵涉以下两个面向：客观的生活位置（Lebeslage）和主观的意识/认同。但是贝克认为，主观层面的相关研究比较少，而其本身的研究主要集中于客观层面（Beck，1992：10）。贝克的《风险社会》和吉登斯的《现代性的后果》两本书体现了结构的现代性，而贝克的《正常性混乱的爱情》与吉登斯的《现代性与自我认同》《亲密关系的转变》体现了"自我的自反性"。这产生了一个矛盾：贝克的个体化理论到底是结构性的变迁还是主观性的自反意识。

对于贝克个体化理论的研究，雅格钦斯基、佛列德利斯等学者认为当代社会有异质性、多元化增强的现象，但其原因是机会结构的改变，而非人的性质改变。而只要其原因并非人的性质的改变（即人变得较个体化），就不必以个体化来形容这些现象。佛列德利斯进一步认为，所谓的个体化论题，从宏观层面而言，涉及社会变迁理论；从微观层面（即个人的行为层面）而言，则涉及行动理论。因此，佛列德利斯及雅格钦斯基等人批判贝克并未深入地探讨个人自由与个人所承担的责任之间的关系，而是直接将个人重新整合进新的社会制度之中。

为了回应以上诸多学者的批评，2001年，贝克出版了《个体化》一书，明确提出了"制度化的个人主义"这一概念。他认为，个体化不是个人主义，个人主义是精神分析家使用的一个术语，用来描述变成自主个体的过程，而个体化是描述社会机制以及个体与社会的关系在结构上和社会意义上转变的一个重要概念（贝克，2011a）。斯科特·拉什在该书的序言中进一步将个体化解释为"非线性模型中的个体化"；而鲍曼在《个体化》一书的序言中更是看到了个体积极结合起来的社会图景。无疑，在这本书里，贝克将个体化论题放在"自反现代性"背景下加以理解和阐释，我们看到了这一概念的内在丰富性与持续张力。

在研究贝克个体化理论的基础上，霍华德（Cosmo Howard）认为，个体化理论的主要代表者是鲍曼、吉登斯和贝克（Howard，2007），这三位有关个体化论题的阐述有相同的地方，也有差异性。对鲍曼来说，个体化指的是人们的身份从"承受者"到"责任者"的转型，使行动者承担完成任务的责任，并对他们行为的后果（也就是说副作用）负责（鲍曼，2002：49）。吉登斯所讲的个体化更像是一种可以灵活变动的结构，吉登斯反复提到了解放政治（emancipatory politics）与生活政治（life politics），他认为个体化的进程与生活政治紧密联系在一起，选择、自我实现是个体化的核心内容（Giddens，1991）。而贝克则认为个体化本身就是一种结构，就是"自反现代性"的特点，个体化是"制度性的个人主义"（institutionalized individualism），个体在历史上第一次成为社会再生产的基本单位，拥有没确定的集体身份，个体可以"自然地""不加思考地"嵌入社会，而不是必须通过选择和决定来体现某一身份和"自己的生活"。简言之，个体化正在成为第二现代性社会自身的一个社会架构。不难看出，三者都强调了个体化的共性。阎云翔将以上三位关于个体化论题的讨论归纳为：吉登斯的"去传统化"或贝克所说的脱嵌；鲍曼所说的"强迫的和义务的自主这种矛盾现象"（Bauman，2000）；贝克所讲的通过从众创造自己的生活（Beck，2002：151）。其意义是倡导选择、自由与个性并不必然会使个体变得与众不同。

随着社会分化的加剧，社会越来越特殊化，不同的团体是否还有可能建立共识？当限制减少、个人选择的可能性增加，个人层次上的道德行为如何可能？又如前面已经提到的，个人为了减轻自身的负担，选择之一是将成本外部化给国家，然而这只能带来形式上的整合，却无法在个人之间建立起联系。但是，佛列德利斯及雅格钦斯基并不认为新社会整合形式有什么与从前大不相同的内在逻辑，因为根据理性选择理论，为了个人的利益，理性的个人会彼此合作，规范因此而产生。在他们看来，这是社会整合基本的、一贯的逻辑。

（三）国内对贝克思想的研究状况

早在 1999 年中国台湾商务印书馆出版了贝克的著作《全球化危机：全球化的形成、风险与机会》。2000 年王学东、柴方国等编著的《全球化与政治》一书收录了贝克的部分文章。自此之后贝克的著作被大量介绍到中国。总体来看，贝克的学术著作在中国的译介情况有以下特点：第一，贝克的学术著作主要集中在三个领域，即全球化、风险社会和现代化研究，其中以风险社会为主要的译介对象；第二，研究贝克理论的学术文章大都发表在中央编译局的《马克思主义与现实》《当代世界与社会主义》两个学术杂志上，其中《马克思主义与现实》发表了贝克的绝大部分著作；第三，在译介的过程中对贝克学术理论的翻译和研究的代表学者如杨雪冬、薛晓源、章国锋等都与贝克有直接或间接接触，他们精通德语或英语，在风险社会的研究方面走在全国学术界的前列，而中央编译局也成为贝克学术研究的重要阵地。

贝克是在全球化背景下针对西方现代化理论、发展道路、问题和弊端及其产生的负面后果的反思而提出了"反思现代化理论"和"风险社会理论"，并就当今世界现代化的现状、目标、所面临的风险和前景发表了自己的见解。近年来，中国学者通过对贝克学术思想的译介和研究发表了大量对理论和实践皆具有重要意义的学术论文和著作。

（1）全球化与风险社会理论研究

中国融入全球化和加快经济发展的过程，是一个参与世界风险社会与自身风险社会之形塑的过程。2003 年大规模的非典型肺炎事件，2005 年的松花江污染事件以及一些省份发生的禽流感事件，2020 年新型冠状病毒肺炎事件等，都展现了一个事实：风险社会对中国而言并不遥远。在此背景下，一批中国学者开始关注和阐释与中国有关的风险相关研究。在这些研究者之间形成了一种共识：现代社会是一个高风险的社会。风险社会理论将风险置于社会变迁的宏观考察中，这开辟了从风险转型研究当代社会重大变迁的新视角。风险社会理论将主观因素和客观因素、行动因素和结构因素、微观因素和宏观因素等都纳入研究视野，突破了传统社会学的二元对立的理论框架，将风险视为主观与客观的综合体。因而，风险社会既是一种理论建构的概念范畴，也是一种基于风险的社会建构的主客观综合体的社会。因此，不难看出，这些学者将风险社会与现代化、社会转型放在一起理解当代社会的变迁。何小勇根据对风险与现代性关系的不同理解，将西方社会的风险研究归为四大流派，即风险社会理论、风险文化理论、风险的复杂系统理论和风险的"治理性"理论（何小勇，2010）。在此基础上，刘岩（2007）从社会转型的视角，将风险理论归为风险文化论、风险转型论及自反性现代化论。但是，这些研究缺乏一种对风险社会本身的批判和反思，不可否认，"风险"已经成为理解和解释当今世界的一个关键观念，既要求我们对局限于民族国家框架内的"社会学的想象力"提出挑战，也迫使我们调整思路以理解个体与社会之间新的相互关系；而知识政治重要性的凸显，要求我们重新审视当代社会问题建构过程中的复杂性（成伯清，2007）。

伴随当代风险问题的凸显，发展与风险的关系成为我们这个时代必须把握的重大问题。多数学者关注的是风险社会对个体生存的消极影响和负面作用（刘岩，2007），而对其积极影响和正面作用则关注不多。也有一些学者特别关注风险社会对当代中国人个体生存的积极意义（田国秀，2007），把风险意识转向人类有效防范风险的技术手段、制度安排及机制实施等方面（毛明芳，2012）。其实，风险社会理论是从风险整体转型的视角审视现代社会发展的重要维度。它既不是消极的悲观主义，也不是盲目的乐观主义，而是应该把风险意识作为一种具体的反省批判意识，以此确定人类合理的自我意识及风险意识，把自我意识转向人类使自己进步的过程。一方面，要立足于实践存在论的基础之上，形成对风险社会深层理论的把握；另一方面，反思的基本理路之一应指向对全球资本关系的批判（庄友刚，2004）。从而把现代性的具体演化规律视为基础，培养以风险伦理（李建华，2004）、责任伦理（陈忠，2009）或是科技伦理（庄友刚，2005b）为基本的价值理念。

基于前面的论述，以上学者主要从诠释学的视角论述风险社会理论，正如黄承愈指出的那样，风险具有关系性、历史性、过程性等局限性（陈忠，2006）。前面的研究缺乏对中国社会经验的考察、应用以及反思。全球化进程中的中国必须面对由现代化带来的第二现代性问题，即各种风险问题、风险分配问题、财富分配问题与"亚政治"问题。中国的风险社会既是世界风险社会的一部分，又具有独特的生成与运行逻辑，包括经济发展模式、功利主义意识形态、政府能力和利益追求等因素在风险生成中占据关键位置。面对中国这一独特的风险社会，需要选择独特的研究主题和研究视角以及研究进路。其实，风险社会与中国的讨论，在方法论上仍是一个外来理论和概念如何本土化的课题（肖瑛，2012）。由于现代化和体制转型的双重过程，中国社会所面临的风险是叠加的。现代社会的时空延伸特征和中国体制转型所带来的多元化、市场化、非集中化、流动性特征，使得重建共享价值观体系、弹性社会结构、国家与社会的组织化体系、法治及社会信息沟通体系，成为当代中国社会控制体系所面临的巨大挑战（李路路，2004）。风险社会作为对中国社会结构产生关键性影响的一种力量开始崛起。一方面，风险的弥散性和普遍性使得跨越阶层、职业、性别、信仰和种族而进行全社会动员成为可能；另一方面，具体风险的分布又在一定程度上同阶层分化产生紧密联系。同时，风险的利用还可能成为生产新的社会冲突的动力。财富分配逻辑与风险分配逻辑在中国语境下的互动将使中国社会结构出现一种新的趋势（李友梅等，2008b）。

在理论与现实的双重驱动下，中国社会风险研究是一个从社会风险到公共危机的"连续体"；从学术的国际对话视角来看，社会风险研究是一个从现实主义到建构主义的"连续体"。如果以此为两个基本的维度，社会风险研究可以划分为现实主义社会风险、建构主义社会风险、建构主义公共危机、现实主义公共危机这四种研究范式（张海波，2007）。无论是社会风险研究逻辑的发展，还是中国社会转型的现实走势，都需要对现有的社会风险研究进行整合，弥合现实主义研究与建构主义研究的鸿沟。风险社会的形成，归根结底在于风险从传统性向现代性的过渡。对于当前中国风险社会的应对措施，陈忠认为，反思性的实践观是风险社会的根本文化观念，风险与实践、风险与规律、风险与异化是辩证统一的（陈忠，2007）。因而，他认为面对社会风险的严重性，可以开启启蒙功能（开启各种替代性现代性的空间），通过一种社会沟通理性，建立一种共同的风险共同感或是共同体（贝克、邓正来、沈国麟，2010）。与此相反，张广利认为一种应对现代社会风险的有效制度选择是：坚持以风险责任的承担作为维持和获得权力（权利）的基本原则，以风险分配机制为核心的新的社会政策，其核心就是每一个体、团体、组织和政府都应该为其决策和行为所产生的危及人类生存的现代风险负责，承担相应的后果（张广利，2008）。应该说，风险社会是结构性变量失衡而产生的。结构性风险是现代性结构变异过程中的增量，它是现代社会风险的特殊性所在。走出风险社会的结构困境，不仅需要从制度层次上加以规避，即有效治理应采取政治、市场、社会、文化、组织化、机制、法律、信息、科技、国际合作十大战略（楚德江，2010；张成福，2009），而且需要建构合理的风险文化来加以自省风险社会理论的阐释、风险社会理论的批判及其应对机制。

（2）世界主义理论

随着全球化的深入扩散和社会风险的蔓延，贝克提出的"反思现代化"理论和"世界风险社会"理论为人类的生存前景敲响了警钟。国内学者在解释和批判贝克社会理论的基础上，针对风险的困境与危机寻找新的出路。郭台辉在比较吉登斯、贝克与鲍曼社会理论的基础上，分别从解放政治、决策缺陷与秩序追求三个视角达成反思性的共识，即西方现代内蕴的政治悖谬在全球化进程中越发凸显，将代之以新的政治形式出现。他们各自编织生活政治、"亚政治"和共和政治的新图景。三者在共识基础上的差异形成一种彼此互补性的关联，即吉登斯的民族国家立场、贝克的世界主义视角和鲍曼的后民族国家视野（郭台辉，2009）。在这里，我们看到贝克坚持一种世界主义方法论的立场，这对于社会研究而言，是对"方法论国家主义"的局限性的取而代之，从而推动社会科学的世界主义范式转换（贝克、邓正来、沈国麟，2010）。这一新的研究范式坚持了四条基本的原则：克服民族主义的思维和行为方式，抵制霸权主义行径；承认并平等地对待差异；民族国家的自律；加强国际合作，实现"世界治理"（章国锋，2008）。无疑，世界主义理论坚持以一种平等、多元的对话与合作方式解决社会问题，但是越来越多的学者更倾向于从政治学以及国际关系的视角，试图寻找到更好的治理方式。陈家刚提出了一种协商政治的替代性政治模式（陈家刚，2006），而肖巍在我国目前风险状况和实际政治进程的基础上，也坚持主张协商民主的政治路径（肖巍，2007）。

无论是对话式的合作还是替代性的政治模式都坚持一种基于共同目的而实现社会和谐的根本理念。显然，随着风险社会以及全球化的快速发展，一方面，社会日益成为一个相互依赖的共同体；另一方面，各民族、各国家之间的矛盾和纷争依然存在。于是，丁宏从全球治理的视角入手，充分论证了非政府组织在全球治理体系中的多重治理价值，认为其有利于实现全球治理的有效性、规范性、广泛性和民主性（丁宏，2006）。而这些非政府组织正以"亚政治"的形态活跃于世界舞台。具体表现在，"新社会运动"作为"亚政治"的实践活动的兴起，暗示政治在变迁中继续转型和成长，政治变迁不仅体现在政治体系内外政治资源与政治信息交往频繁而导致政治体系边界模糊，而且体现为政治制度、政治结构的缓慢变革和位移（李瑞昌，2006）。对中国社会而言，全球化进程是与社会经济转型同步进行的，这从根本上决定了中国面临的社会安全问题与许多国家并不相同。2003年突然而至的SARS危机凸显了在全球化时代保障社会安全的重要性及传统的国家中心治理结构的根本缺陷。因此，如何改革传统的高度集中的治理结构，在维持国家治理能力的同时，培育和发展更多的治理主体，协调相互之间的关系，从而构建互补性的增强治理网络，就成为中国目前面临的关键问题（杨雪冬，2004b）。所以，与西方社会环境不同的是，中国社会的市场经济正在快速发展，而社会福利与民主制度并非如西方社会所描述的那样已开始进一步瓦解。与此相反，特殊的社会环境和发展阶段，使得中国社会不再局限于国家与市场的关系，而是围绕国家与社会的关系以及治理等问题展开行动。在新的历史条件下，国家既要寻求一种发展公私伙伴关系和合作性自助的新途径，又要进行社会福利改革；在多层治理结构中积极创新国家主权和国家自主性的形式，加强合作机制以解决大量跨边界的协调和控制问题；在全球治理与地方治理之间取得平衡，既体现差异性又重视互补性，实现全球、国家与地方之间的共生联动，构建一个完整的治理体系（郁建兴，2004）。也就是说，在全球化进程中，国家开始扮演新的公共角色。

（3）个体化理论研究

个体化是社会制度以及个体与社会关系的一种结构性的、社会学的转变。在《个体化》一书中，贝克一再强调，对个体化的理解切忌限制在个体的、主观的角度，这是因为"个体化是宏观的历史和社会学现象……并不是出自有意识的选择或个人倾向的一种过程"（贝克，2011a：28）。从结构和价值的角度来看，个体化意味着"抽离"（从旧的社会结构中脱离）和"再嵌入"（新的整合形式和控制形式出现）。也就是说，贝克主要从结构变迁的视角来理解生活世界的变化，个体化正在塑造新的社会结构，同时个体行动也必须在其生命历程中去解决系统矛盾。从而在个体化进程中，结构变迁与文化价值就形成了一种流动的、动态的关系。

就个体化理论而言，阎云翔令人信服地指出，贝克个体化论题有两个前提：在理论层面上，它声称与新自由主义对立，并暗地里反对自由主义和古典个体主义；在社会层面上，它是在文化民主、福利国家和古典个体主义背景下来理解个体化的。但是，这些前提主要涉及西欧的历史和现实。对这两个前提的强调，实际上使个体化论题局限于具有特殊性的欧洲第二现代性，或者说局限于西欧社会。倘若我们把这两个前提和这四项基本特征分离开来，那么就能看到，个体化实际上是我们时代的一种全球趋势。考虑到这个问题，阎云翔区分了制度化的个体化（公民权利、政治权利、社会基本权利、新自由主义市场经济）和主观个体化（个体取向、意识、想象的共同体）。针对这一重要区分，一些研究者（Ong and Zhang，2008）认为，中国正在形成一种独特的新自由主义形态，其特征在于：经济自由主义欣欣向荣，市场个体化茁壮成长，但政治自由主义和政治个体主义并未呈现这种态势。

在此基础上，阎云翔（2012）进一步反思了这种区分，他在个体化论题和尼古拉斯·罗斯的"事业自我"（enterprising self）概念之间做了一个有趣的比较（贝克，2011a：202）。阎云翔着重关注个体化进程的主观领域，他分析了中国的"奋斗个体化"形成的过程，认为与"事业自我"是对立的。表面上看来，当代中国的奋斗个体类似于罗斯的事业自我，并且在很大程度上也在经历类似于西欧个体化进程的社会变迁模式。与事业自我类似，中国的奋斗个体也是自我驱动的、深谋远虑的、坚定的主体，他们希望遵照个人计划改善生活，想方设法过"属于自己的生活"，或者追求"自主的人生"（Beck，2002）。主观领域的这种相似性使得许多研究中国的学者借助事业自我这个概念来检视自我调控的主观性（subjectivity）的形成过程。这些研究包括：劳动力市场和职业发展（Hanser，2001），白领专业人士（Hoffman，2001），公共文化和个体欲望（Rofel，2007），以及包含一整套自我技术在内的中国式新自由主义统治（Ong and Zhang，2008）。客观领域的相似性，即不断变迁的生活情境和人生模式，促使其他学者根据个体化论题来理解个体和个体化在中国社会的兴起（Hanser，2001；阎云翔，2009，2012）。按照罗斯的论述，事业自我的产生乃是基于个体自然权利的前提，这些自然权利包括自主、自由（freedom）、选择、自由权（liberty）和身份。事业自我"支撑着政治活动并赋予政治活动以合法性，感染了现代西方的政治心态"（Beck，1992）。同样，个体化理论也在第二现代性下的个体化浪潮中鉴别出三个先决条件：文化民主、福利国家和古典个体主义（Bauman，2001；Giddens，1991）。

由此可见，贝克的个体化论题为理解中国社会的转型提供了一个更加有力的理论解释框架。该论题侧重个体—社会—国家关系中的结构变迁，然而，贝克的这一理论忽视了新型自我形成的主观领域。阎云翔试图通过对东北下岬村三十年生活世界的变化描绘普通人日常生活中所发生的巨大社会变迁。研究表明，个体都经历了松绑型的制度变迁和西方价值观、生活方式和全球化的影响。在新的经济条件下，人们从旧传统、旧结构中解脱；在获得更多经济自主性的同时，亦能获得经济之外的自主，能向着更加自由的方向发展。阎云翔将此现象表述为个体的崛起和中国社会的个体化（阎云翔，2009，2012）。

在阎云翔研究中国社会个体化的同时，贺雪峰（2008）也表达了类似的观点，在他的笔下，江汉平原和华北地区的农村呈现高度原子化的状态；华北地区的农村则是碎片化的状态。仔细阅读他们的文章会发现，他们都试图与贝克的个体化理论对话。阎云翔注重从国家的力量这一角度阐释社会制度对农民生活的影响，进而提出中国社会个体化的产生。贺雪峰更强调改革开放以来市场经济对于原有农村共同体的摧毁，包括家庭、公社、单位等，进而认为农村呈现一片萧寂的图景。在他们看来，个体化已经在中国社会产生，并且正在产生影响。在阎云翔、贺雪峰等人笔下呈现感伤的个体化现状，在李友梅等（2008a，2012）的笔下却是"自主性的伟大复苏"。与此不同的是，熊万胜（2012）基于江南地区的调查，以自主性与社会活力为切入视角，提出了中国式个体化的悖论及其出路。在他看来，正是个体横向关系的淡漠和纵向关系的发达，导致了该地区科层式的集权或是行政式管理的集中。这形成了一种自主创业危机、倒转的土客关系、组织凝聚力衰落的个体化悖论现状。在该地区缺乏贝克笔下描述的个体的生动而活泼的迹象，从而产生了一种缺乏自主性个体的怪异现象。面对这一困境，熊万胜认为可以以"关系"为本位出发，建构新型社会生活图景，尤其要强调从"自我"出发，塑造一种如梁漱溟所说的具有中国民族精神的"我"，这种"我"具备伦理情谊和积极向上的特点。

这的确是一个悖论：正因为"个体化"的过程在中国社会缺乏长时间的积累，同时，人们的渴望又等待得太久，原本应该顺理成章作为结果出现的现象或个人，反而作为原因的佐证被人们"发掘"，而这类证据又被渴望的期求在不经意间放大，甚至成为承载希望的象征符号。正是这种倒置的因果关系，构成了中国个体化研究的现实基础。阎云翔也坦然承认，"中国的个体化是由国家掌控的，同时也缺乏文化民主、福利国家、古典个人主义等西欧个体化产生的前提性条件"（阎云翔，2012），但是，市场经济的全球化和消费主义的意识形态，又恰逢其时地提供了高度流动的劳动力市场，灵活的职业选择，上升到风险、亲密和自我表达的文化，以及强调个人责任和自我依赖的世界。

不难看出，无论是从国家、社会、市场等宏观层面阐释个体化现象，还是从主观的自我意识层面分析个体化现象，我们都看到了中国社会个体化的诸多面向（贺美德、鲁纳，2011）。对中国社会的研究，更加丰富了贝克个体化理论的框架，也让我们明白，个体化理论是一种多维的分析框架，而不仅仅是局限于来自欧洲社会的狭隘经验。在此，我们面临一个尚未论述的问题：个体化的后果究竟意味着什么？它是否意味着个人的私有化，形成一种封闭式的自我？它在何种程度上能够具有一种公共性，或者说具有一种类似于共同体的情感联系？

（四）一个简短的总结与评论

基于以上国内外文献分析，我们可以得知，国内外学术界对于贝克思想的关注程度差异明显。在英语学术界，贝克的主要学术思想得到了广泛学习和介绍，这包括风险社会理论、个体化理论、自反性现代化理论以及世界主义理论。应该说，贝克的学术思想是丰富而庞杂的，著作也比较多。在这些著作中，关于风险社会以及全球风险社会的论述占据了核心位置，特别是在中国学术界，这一研究现象就表现得更加明显。与贝克风险社会理论同时提出的个体化理论，一方面由于德文翻译较少，另一方面受到了英美等自由主义学者的排斥，使得整个学术界对贝克这一理论研究较少。贝克的个体化理论的研究主要局限在德国学术圈。随着《风险社会》、《自反性现代化》、《个体化》以及相关的"世界主义"论题的书籍不断被翻译、介绍和论述，关于贝克个体化研究的思想丰富起来。个体化作为贝克早期学术思想之一，它在贝克学术研究中的重要性不言而喻。换句话说，我们运用另一种分析工具和研究视角，在理论和经验、微观和宏观、结构和价值之间，重新阐释贝克社会理论的内在关联和辩证统一。正是因为如此，本书以个体生命体的阐释为切入点，试图勾勒出贝克社会理论的内在脉络。这一视角转换的意义在于：在"上帝已死，大道已隐"的背景下，我们如何理解现代人的命运。对此问题的追问试图回答如何重建个体化时代的生活世界。这也为理解个体生命进程的意义和目的提供了重要的路向航标。

三 概念界定

（一）个体化

贝克所讲的个体化在于维护一种关于个体范畴及成为个体之过程的观念。从霍布斯开始确立，被密尔、斯宾塞和自由主义坚持的那种传统，被埃利亚斯打破了，他用"of"取代了"and"和"versus"。如此一来，他就把话语从对存在于自由与支配之间的争论转向了对"交互观念"的想象：社会形塑了成员的个性，个体则在他们通过交往编织成的相互依存之网中，采取合理、可行的策略，用他们的生活行动造就社会。这种观念既与撒切尔夫人、里根、老布什所主张的占有式、自我本位主义①的个人主义明显不同，也与流行于当代全球市场的自由主义理念明显不同。也许更为重要的是，这种关于个体范畴的观念，甚至与启蒙运动中伦理的、利他的个体主义也截然不同。启蒙个体主义②，更多

---

① 此种观点以自给自足的人的形象为基础。它假定，独立的个体能够把握其生活的全部，能够从自身内部驱动、更新其行动能力。
② 启蒙运动以及宗教改革尤其是在法国大革命时期对个人主义的张扬，使得个人"自私自利"的追求大行其道，从而个人主义在"本质上是所有共同体的死敌"。然而，尽管西方近代以来的个人主义的张扬一开始就受到一些社会活动家、道德哲学家和宗教界人士的抨击，但在近现代西欧和北美的历史发展过程中，个人自主、个人自由、个性解放和个人对自己利益最大化的张扬追求，在西方社会中已逐渐变成了人们普遍接受的一种"文化信念"，以至于在当代经济学的理论中它已变成一种天经地义的信条，并实际上使"理性经济人"利益最大化的追求成了所有当代经济学理论建构的第一块基石。

的是"作为个体"，而非成为个体。这是因为，启蒙个体主义发端于贝克所谓的"简单现代性"，而个体化理论属于"自反性现代性"现象。

贝克的个体化概念描述的是社会制度以及个体与社会关系的一种结构性的、社会学的转变（Beck，2002：202）。因此，它暗示个体化是社会结构转型的产物，而不是来自社会进程的个人解放（Beck & Willms，2004：101）。也就是说，社会结构迫使人们成为独立的个人并对自己的人生负责。与此同时，贝克并不认为个体化的主观性和客观性现象是彼此截然分开的，因为这种区别假设社会结构已经超出了个体主动性的控制。相反，自反性现代化和个体化的结果，模糊了下部结构和上部结构、意识和阶级之间的区别。所以，在这样的背景下，个体化不能再被理解为仅仅是通过客观的阶级分析所揭示出的主观现象（Beck & Willms，2004：101）。这是因为，在个人和机构自反性的时代，个体的主观性揭示了促进个人行动和反应，从而影响社会制度的变迁（Nollmann & Strasser，2002）。

基于以上的讨论，个体化呈现一种三重性特质：脱离，即从历史地规定的、在统治和支持传统语境意义上的社会形式与义务中脱离（解放的维度）；与实践知识、信仰和指导规则相关的传统安全感的丧失（去魅的维度）；重新植入——在这里它的意义完全走向相反的东西——一种新形式的社会义务（控制或重新整合的维度）（Beck，1992：206）。换句话说，贝克所谓的三重个体化分类可简化为：①个人从旧有的社会形式与联系中解脱出来（解脱面向）；②旧有的信仰与规范失去了意义（去魅化面向）；③个人进入了新的社会联系中（控制或再整合面向）。

（二）自反性

个体化的面孔是双重的，体现为"不确定的自由"，用两个不太恰当的词来说，即一种解放与异化作用形成的混合物。一方面，个体面对"分裂的社会"拥有更多的自由，然而这些自由是不确定的，充满无限的风险；另一方面，个体化意味着既有社会形势的解体，比如阶层、社会地位、性别角色、家庭、邻里等范畴的日趋弱化。只要这些解体趋势呈现，就会面临新的问题。用卡斯特的话来说，即包含一种流动的逻辑。贝克关于意外后果、永不完备的知识、没有理性只有永不确定的合理性概念等观念，与流动的逻辑十分契合。面对社会的不确定性以及系统风险，自反现代性下的个体自由和政治自由的核心，并非选择的自由。这要求我们认识到自我本身从根本上说是不完善的，正是因为如此，我们也不得不形成一种自反性的观念，这是个体成为个体的观念过程。简而言之，自反性正在督促个体变成第二现代性社会自身的社会结构，个体在历史上首次成为社会再生产的基本单元。① 换句话说，自反性特征表明，贝克的个体化理论既不是新自由主义笔下刻画的"自足个体"形象，也不是社会学家常常论述的结构规制下的行动个体二元论观点，而是在社会结构变迁背景下，个体化以某种良知和自反性的社会化过程以及自反性的主体间性为前提。要成为一个完善的个体，个人不得不建构和创造自己的主体间性。这个社会不是人人为己的自私社会。恰恰相反，在日常生活中，一种新的社会伦理正在出现，这种伦理能把个体自由和与他人的关系甚至是跨国关系结合起来。

（三）公共生活

经典社会学家都试图在批判现代社会基础上提出重建社会的方案。马克思通过揭示现代生活中人的"异化"境况来重建"自

---

① 第二现代性的个体化则认为存在非线性系统。在这里，不平衡与变迁是通过反馈路向内在作用于系统的。这些系统是开放的。反馈环路是非线性系统的鲜明属性，反馈路向要穿过个体。因为，个体化同时也是系统的不稳定。复杂系统不仅会再生产，还会变迁。意外后果导致系统的不平衡，而个体则是意外后果的来源渠道。

由共同体"，涂尔干通过批判现代工业社会中的"失范"现象为维护社会秩序寻找道德基础，韦伯则生动地描述了后宗教时代理性化牢笼束缚人类自由的困境，在此，韦伯悲观地承认了社会现实，描绘了重建民族国家（政治共同体）的宏伟蓝图。其实，以上社会学家都在讨论一个共同的主题：在市民社会与国家的关系中，我们如何重建生活世界。但他们对现代社会中关于人的命运的论述，都印证了国家作为"守夜人"的角色。他们更加侧重于从与国家相对应的社会领域或是从个人政治自由视角设想未来的生活图景。虽然韦伯尝试从民族国家的立场确立现代社会的政治共同体，但依然对科层制束缚下的现代人的生活充满了悲观色彩。

与此不同的是，本书的公共生活是指在福利国家背景下，国家最终代替了家庭成为个人获得物质、安全、教育等资源的来源。正是通过教育的导入，人们通过职业流动、居住地变动、雇佣关系变动及其初始社会位置的改变，使得劳动力市场成为人们个体化背后的动力源。在这个意义上，人们可以通过教育、流动来改善自己的竞争条件。因而，不断增长的竞争压力带来了快速的个体化进程。在此背景下，个人在获得越来越多的自由的同时，也越来越依赖于各种经济、政治和社会组织。换句话说，个体化的另一面，即公共生活的呈现，它们是相辅相成的关系。日常生活的运行越来越需要国家扮演重要角色，国家开始不断地介入生活世界。

全球化时代的来临，也使得公共生活的范畴越来越具有跨地域特征。因而，公共生活就形成了一种既具有国家性质也具有超国家性质的二维特征。全球化意味着个人生活的跨国多地性质（例如，多地婚姻），人们可以在世界的不同地区生活。这就是个人生活领域中全球性的重要特征，它推动了个人生活经历的全球化[①]。

---

① 贝克详细讨论了多地婚姻作为个人生活领域中全球化的突破口，请参阅贝克（2008b：76～77）。

这就表明世界的对立矛盾不仅仅在于外部世界，而且存在于个人生活的中心、跨文化婚姻和家庭、企业、朋友圈、学校、电影院等之中。在不知情或不愿知情的情况下，它不断影响着我们每一个人。我们所有人的生活都是全球地方化的生活。在此，我们面临着全新的生活形态：各大洲、文化以及宗教的对立和矛盾，包括第一世界与第三世界，臭氧洞和疯牛病，养老金改革和政党的烦恼，这些都存在于无法封闭的个人生活之中。因而，全球化不是作为一个庞然大物在外部威胁着我们。实际上，它就盘踞在个人生活的私人空间里。甚至有的时候，它决定着我们个人生活的良好特性和特征。因而，个人生活不再受到地域限制，也不再是特定和定居的生活。这是一种旅途生活，一种游牧生活，一种在汽车里、火车上、飞机上、网络中，以大众传媒为基础来塑造的生活，一种跨国生活。

（四）道德政治

道德政治（张盾，2011，2013；杨君，2014b；张淞纶等，2013）这个概念最早来自卢梭的政治哲学思想。他首先批判了以霍布斯和洛克为代表的政治哲学观点，认为他们将政治简化为简单的政治人，即以自我保存为前提建立起的公民社会将允许每个人自由平等地追求自己的私人利益，在他们看来，这是主导现代性的特殊原则。卢梭坚决反对，指出这样的观点使得道德与政治处于对抗之中。在这样的基础之上，是不可能建立好社会的，好的公民社会需要建立在"普遍性"的现实基础之上。在卢梭笔下，普遍性就是道德。这也是卢梭的"道德政治观"（杨君，2014b）。

具体而言，卢梭宣称现代政治的基础是不合法的，必须重建政治的合法性，恢复被霍布斯和洛克所忽略的政治中的道德因素，建立一种"道德的现代政治"，同时又不剥夺人的自由，以此解决私利与公共善之间的冲突问题。① 卢梭试图通过爱国主义教育培养一种公共精神（张盾，2011）。这表明，卢梭还是把现代人的权利观念当成一切美德和公共精神的最终前提。对卢梭来说，要超越这个前提是很困难的。

涂尔干在批判经济个人主义或利己主义的基础上，继承了卢梭的道德个人主义思想。与卢梭不同的是，涂尔干认为个人的尊严源自他自己的个性，源于那些使个人与他人区分开来的专门特性。按照卢梭的论述，个人恐怕会被封闭在道德的利己主义之中，这种利己主义会使社会的任何凝聚力失去可能（涂尔干，2006：157）。在此，涂尔干认为，道德个人主义既不是完全自足的经济个体，也不是自我封闭的道德利己主义。从根本上讲，个人是不完善的，个人不仅具有利己感性的一面，也具有理性道德的一面。理性道德是人性中属于社会性的那一部分，是集体欢腾的情感强度孕育并滋养的。比如说，人们的行动之所以遵从道德义务，并不是理性的原因或纯功利计算的结果，而是因为这些道德义务的神圣性（涂尔干，2010：221、239）。换句话说，观念和情感构成了社会成员的遗产，但它们是"非个人性的"（impersonal），它们是经社会演化形成的，并非任何特定个人的产物或特性。正是在这种情况下，涂尔干在感性与理性、现象与本体、世俗与神圣层面上划分了特殊性与普遍性。由此，涂尔干坚持了一种社会决定的道德个人主义（渠敬东，1999）。

当然，贝克也坚持一种普遍性的"公意"理念，但是他反对这种纯粹的形式化原则。他认为在社会结构变迁的过程中，个人获得了一种"为自己而活"的文化理念。这种文化在福利国家、民主文化和古典个人主义的传承中继续发扬光大。与此同时，这种文化表明个人在"为自己而活"的同时，也在"为他人而活"。

---

① 卢梭的作为公意的普遍性是一个纯形式化原则。卢梭的公意概念主要是为了给政治的合法性提供根据，这个根据就是公共性；普遍性概念则主要是为了从道德上支持公共性，反对作为现代人权利的无限制的私利原则。

由此，这种新的文化就带有一种社会伦理意义，在贝克看来，这将会形成一种"我们感"，这种"我们感"类似于某种"合作个体主义"或"利他个体主义"。既为自己打算又为他人而活，这二者看似矛盾，实际上具有内在的关联性（贝克，2011a：246）。

基于以上论述，贝克的道德个人主义既不是涂尔干意义上的社会决定论，也不是卢梭笔下描绘的纯形式化的抽象人格。他试图通过生活世界中的公共生活（公共性）来化解个人与社会、私人利益与公共利益之间的对立，建构一种人性的完善性。换句话说，贝克试图用一种新的社会伦理在生活世界中重新实现社会整合。

四 分析视角与研究方法

（一）分析视角

基于以上对个体化、自反性、公共生活和道德政治等概念的阐释，个体是理解贝克思想的重要切入点。因此，本书试图从结构—价值分析视角来关注个体的生活境况，进而把握贝克的核心思想。

自社会学诞生以来，个人与社会如何可能成为一个经典的社会学命题。在传统的社会学领域内，形成了以强调个人而忽视社会的"唯名论"和强调社会而忽视个人的"唯实论"，从而构成了经典社会学理论中的二元对立论。在对贝克进行研究的文献中，个体化更多的是与家庭研究结合起来，而忽略了贝克对个人与社会关系命题超越性的理论抱负。因此，本书试图对贝克的个体化理论进行系统阐释，构建一种新的社会—个人关系。在此，个体化不同于新自由主义市场所主张的占有式、自我本位的个人观，甚至不同于启蒙个人主义。同时，个体化也不是帕森斯笔下社会系统中的一个环节。从根本上说，个体自由和政治自由的核心，并非选择的自由，而是要认识到自我本身是不完善的，这是个体成为个体的观念过程。简而言之，个体化正在变成现代社会自身的社会结构，个体在历史上首次成为社会再生产的基本单元，从而形成一种"制度化的个人主义"。

其实，与强调"结构—行动"视角的个体化理论家一样，贝克的个体化论题描述的也是社会制度以及个体与社会关系的一种结构性的、社会学的转变（Beck，2002：202）。它暗示个体化是社会结构转型的产物，而不是来自社会进程的个人解放。也就是说，社会结构迫使人们成为独立的个人并对自己的人生负责。但与此不同的是，贝克并不认为个体化的主观性和客观性现象是彼此截然分开的，因为这种区别假设社会结构已经超出了个体主动性的控制。相反，自反性现代化和个体化的结果，模糊了下部结构和上部结构、意识和阶级之间的区别。所以，在这样的背景下，个体化不能再被理解为仅仅是通过客观的阶级分析所揭示出的主观现象。这是因为，在个人和机构自反性的时代，个体的主观性促进了个人行动和反应，从而影响社会制度的变迁。

由此，贝克的自反性现代化下的个体特征，用卡斯特的话来说，即包含一种流动的逻辑。贝克关于意外后果、永不完备的知识、没有理性只有永不确定的合理性概念等的观念，与流动的逻辑十分契合。第二现代性下的个体自由和政治自由的核心，并非选择的自由，而是要认识到自我本身从根本上说是不完善的，这是个体成为个体的观念过程。简而言之，个体化正在变成第二现代性社会自身的社会结构，个体在历史上首次成为社会再生产的基本单元。[①] 换句话说，贝克的个体化理论既不是新自由主义者笔下刻画的"自足个体"形象，也不是社会学家常常论述的结构

---

① 第二现代性的个体化则认为存在非线性系统。在这里，不平衡与变迁是通过反馈环路内在作用于系统的。这些系统是开放的。反馈环路是非线性系统的鲜明属性，反馈环路要穿过个体。因为，个体化同时也是系统的不稳定。复杂系统不仅会再生产，还会变迁。意外后果导致系统的不平衡，而个体则是意外后果的来源渠道。

规制下的行动个体二元论观点，而是在社会结构变迁背景下，以某种良知和自反性的社会化过程以及自反性的主体间性为前提。要成为一个完善的个体，个人不得不建构和创造自己的主体间性。这个社会不是人人为己的自私社会。恰恰相反，在日常生活中，生成了一种新的社会伦理，这种伦理能把个体自由和与他人的关系甚至是跨国关系结合起来。因而，贝克的个体化论题就从社会学视野中的结构—行动范式转变为结构—价值范式。

基于以上论述，"后传统社会"对工业文明的整合造成了威胁，如果说这种社会还可能整合，那也就只能凭借自我解释、自我观察、自我开放、自我发现来加以完成，即通过自我发明来完成。现代人的问题在于，自我已经成为现实的主要形式的个人主义，是否能够真正维持下去。这里的问题并不简单是独立自主的个人会不会退出公共领域而去追求纯粹个人目的，而是个人是否有能力维持公共生活或私人生活。"后传统社会"的未来，以及他们开拓未来、创造未来的能力，是衡量其公共生活的标尺。个体化的另一面，即公共性。正因为如此，个体化理论的核心问题为：在个体化的流动时代，个体的个体性和公共性联结的可能性，以及如何重建一种新的生活方式。

（二）研究方法

（1）历史主义研究方法

本书以历史主义研究方法为分析进路，以个体为核心概念，以人的生存境况为分析视角，围绕着个体生活与道德政治——现代人的私人生活，公共生活的制度化与跨国化，政治自由与世界主义，道德普遍性与世界秩序相互联结——进行研究和探讨。其目的在于回答如何重建个体化时代的生活世界。这也为理解个体生命进程的意义和目的提供重要价值。出于这种考虑，本书不采用通常所采取的编年史顺序的文本解释学方式，而是运用历史主义社会理论的研究范式。在运用历史主义研究方法的过程中，笔者首先详细考察了贝克的个人成长史、生活史与学术史，根据研究主题的侧重点不同，我们可以把他的著作大致划分为三大主题。

贝克的研究分为三大主题：风险社会理论研究、个体化理论研究、世界主义理论研究（具体参阅第 11～13 页）。

在对贝克的个体经历和学术生涯的描述中，我们发现，在从事学术研究的早期，贝克是一位兢兢业业的大学教授，因对风险社会的预测而闻名于世。之后的十年，贝克更加关注理论建构与社会经验的结合、修正以及再发现，特别是关于自反性理论研究项目以及个体化理论的反思，使得贝克成为一个更有社会关怀和思想张力的社会学家。最近几年，在全球化扩散、福利国家危机等背景之下，贝克开始参加一些国际社会活动，尤其是一些关于欧洲共同体建设的项目，试图创建一个欧洲共同体。这一想法呈现在他关于世界主义理论的研究中。不难看出，贝克近三十年的学术思想对社会变迁，尤其是个人与社会之间的结构变迁产生了重大的影响。风险社会、个体化、全球化、世界主义、自反性等概念的提出，对于欧洲甚至欧洲之外的国家产生了广泛的影响。因而，20 世纪 90 年代以来，迎来了贝克学术思想研究的热潮。

社会理论是对政治危机和社会危机的反映。这是因为，社会理论不仅是哲学和科学的一部分——将可用的材料应用于社会学，而且探究道德、经济、政治、宗教和法律等方面的问题，而不管所要解决的问题所处的历史和制度条件。从这个意义上说，各种各样的社会学说是政治及其社会环境的组成部分，而且各种社会思想都与各种体制、政府机构及其所涉及的各种压力一道演进，各种价值都是人们的偏好对社会与自然事态做出的反应（萨拜因，1986：2～3）。因此，本书借鉴历史主义研究方法，以个体为分析单位，关注人的生存境况，可以把贝克思想视为连续性与非连续性的统一，从而化解学术界对贝克思想连续性问题的争论。

如此一来，我们将会发现贝克思想的发展路径：追溯个体化的理论渊源，挖掘个体的行动能力，转向公共生活研究范式，阐释政治自由与世界主义的关系，进而在世界和平与冲突的纠结中，重新寻求一种传统文化资源重建道德共识。但是这种所谓的道德基础不仅是不确定的，也带来了诸多的问题。这说明贝克的思想是循环发展的。此外，我们以个体为分析单位，可以从关于贝克的现代性思想研究中解脱出来。不难看出，现代性理论仅仅是贝克宏大社会理论的一部分，尽管他在诸多的著作和论文中都讲到了风险社会和自反性现代化给人类带来的灾难，但是，他认为，也正是在这种情况下，个人获得了一种自主行动能力。换句话说，面对人类的共同灾难，产生了一种集体行动。所以，现代性理论、风险社会理论与个体化理论是辩证统一、缺一不可的。我们只有以个体为分析单位，才能理解贝克多元思想的深邃。最后，以个体为分析单位，关注人的生存境况，不仅可以弥补阎云翔等人批判贝克个体化理论中存在的缺陷，我们还可以在宏观理论与微观生活、规范与经验之间建立起内在的联系。我们发现，在《个体化》与《自己的上帝》等书中，贝克不仅探讨了个体主观领域的变化，而且试图超越个体化，走向世界主义。因此，把个体化作为一种变迁的视角，展开贝克学术思想的连续性研究，探讨个体化命题的内在张力与矛盾性，具有重要的理论价值和现实意义，从而可以进一步丰富和完善个体化命题与风险社会理论、自反性理论、世界主义理论之间的关联性。

（2）文献研究分析法

所谓文献研究分析法，就是对相关的资料进行搜集、鉴别、整理、分析，以形成对研究对象科学认识的方法。贝克的学术思想与实践跨越政治学、社会学、国际关系、社会哲学等多个领域。贝克的学术活动与著述颇丰。而且，针对他的学术主张也有很多的讨论和应用。但是，关于个体化的资料，可资借鉴的译成中文的文献寥寥无几。本书主要是收集西方和国内对贝克思想研究的相关文献资料，对其进行系统的梳理和分析。一方面，笔者直接对贝克本人的著作进行解读，从中获取研究资料，包括英文原版和翻译版；另一方面，本书除了收集了大量的德文、英文文献外，还收集了已翻译的中文书籍。首先，20 世纪 80 年代到 90 年代末期的六本论著，包括《风险社会：新型现代的未来出路》（1986）、《自反性现代化：在现代社会秩序下的政治、传统和美学》（1994）、《风险时代的生态政治》（1995）、《重塑政治：全球社会秩序下的自反性现代化》（1996）、《世界风险社会》（1998）、《什么是全球化？——全球化的曲解：应对全球化》（1999）。

其次，2000 ~ 2005 年的三本论著，包括《风险社会及其超越：社会理论的批判性议题》（2000）、《个体化：制度化的个人主义及其社会的和政治的后果》（2002）、《自由与资本主义——与贝克对话》（2003）。

最后，2005 ~ 2012 年的五本论著，包括《全球时代的权力与反权力》（2005）、《世界主义观点：战争即和平》（2006）、《世界主义的欧洲：第二次现代性的社会与政治》（2007）、《风险中的世界》（2009）、《全球的美国？——全球化的文化后果》（2012）。

（3）比较研究方法

此外，本书也运用了比较研究方法，一方面表现在时间维度上，主要比较了欧洲社会结构变迁背景下贝克研究主题的变化。基于欧洲与中国的经验，比较了贝克对现代人的生活境况的理解和分析。具体来讲，这就体现在福利国家—个体化这个维度上，也体现在自反性现代化—个体化这个维度上。另一方面表现在空间维度上，比较不同思想家对欧洲危机的不同反应，主要是比较吉登斯、贝克和鲍曼对待现代性问题和历史断裂问题的同一性和差异性，以便了解外域文化的研究者对欧洲当前思想动态的客观把握和理解，并进一步拓展社会理论的研究视域。这一方法具体展现在政治自由—"亚政治"—公共生活—世界主义主题，也呈现在宗教个体化—公民宗教—道德共识主题上。当然，在本书的最后，笔者就个体化论题在中国现代化进程中的命运进行了详细的阐释，并指出了贝克个体化论题在中国的适用性问题，以及中国社会个体化论题的独特性与复杂性。

五 研究内容

本书以历史主义研究方法为分析进路，以个体为核心概念，以人的生存境况为分析视角，围绕着个体生活与道德政治——现代人的私人生活，公共生活的制度化与跨国化，政治自由与世界主义，道德普遍性与世界秩序相互联结——进行研究和探讨。其目的在于回答如何重建个体化时代的生活世界的问题。这也为理解个体生命进程的意义和目的提供了重要价值。

本书的行文逻辑是：现代人的命运在以人的主体理性取代诸种神性和权威之后，又使个体陷入现代性的理性主义、普遍化的理论概念与后现代性的多元性、片断性、不确定性的争论中。在贝克看来，现代人的命运危机的根源在于近代哲学确立的理性自主和道德自觉的个体的合法性的假设。因此，贝克认为，必须转换研究视角，在理论和经验、微观和宏观、结构和价值之间，重新界定个体一词的内涵。在他看来，新自由主义者笔下刻画的"自足个体"形象，夸大了个体的自我理解和行动能力；而社会学家常常谈论的结构规制下的行动个体的二元论观点，又过于弱化个体的自主性。与此不同的是，贝克认为，个体化论题描述的是社会制度以及个体与社会关系的一种结构性的、社会学的转变。个体在享有一种为自己而活的自我文化时，也不得不处理来自系统和社会的风险。个体化象征着一种不确定性的自由。在此，从根本上讲，个体是有缺陷的。要成为一个完善的个体，必须以某种良知和自反性的社会化过程以及自反性的主体间性为前提，建构和创造自己的主体间性。就此而言，个体是以自反性的身影呈现的。也正是在这里，贝克将社会学中的研究对象社会——

个人关系命题，转变为结构—价值关系命题。对何为个体的回答，直接从一种二元论过渡到一种个体自反性的阐释。这一自反性特征，直接与现代人的私人生活、公共生活的制度化与跨国化、政治自由与世界主义、道德普遍性与世界秩序相互联结。而贝克对个体自反性的阐释，恰巧揭示了个体依靠道德共识重塑个体化时代的公共精神，从而表达出一种现代社会碎片化后的再建构思想。而这就是贝克的个体/主体社会学的取向，也是贝克的道德社会学，展现了贝克从内心深处重新思考社会、展望世界社会的可能性。

按照以上行文逻辑，本书试图根据以下章节安排展开论述。

第一章是导论部分，交代了本书的研究缘起和中心主题，简略评述了贝克的风险社会、自反性现代化、世界主义、个体化理论。在此基础上明确了本书所要关注的核心问题：在个体化的时代，我们如何体验生命的意义。与此同时，对本书的分析视角、研究方法等做了简要的介绍。

第二章的目的在于阐释和分析贝克个体化理论的逻辑起点、来源、立场以及归宿。通过对政治哲学的抽象个体观、古典社会的个体化理论以及新自由主义的批判，获得了关于个体化理论的分析切入点。政治哲学从本体论和认识论视角论证了个体的存在基础与价值信念。这一意识形态命令在古典社会学笔下，都将个体拉回到社会结构的范畴之中加以研究。他们在看到个体不完善的同时，也严重束缚了个人自主性的发挥。虽然新自由主义继承了政治哲学命题，加强了对个体能动性的研究和关注，但是他们一直宣称的"自足个体"这一形象，意味着一切相互义务的消失，这也是新自由危及福利国家的缘故。基于以上的批判，在日常生活中，生成了一种新的社会伦理，这种伦理能把个体自由和与他人的关系甚至是跨国关系结合起来。因而，贝克的个体化命题就从社会学视野中的结构—行动范式转变为结构—价值范式。

第三章的任务是，阐明个体化与现代人的生活境况，不仅应有其私人生活的一面，更应该享有其公共生活的一面。本章基于个体化类型学的分析，阐释了个体获取的一种"为自己而活"的文化观念。与此同时，现代社会诸种机构都要求个体对自己的命运负责，强迫他们自食其力。生活中的个体，终生都要解决各种系统矛盾。风险和矛盾依然会被社会生产出来，只有应对风险和矛盾的职责和必要性正在被个体化。当阶级和地位、性别角色、家庭、邻里关系等社会团体瓦解之后，人们的生活陷入混乱之中。如此一来，生活中许多问题的处理，都超出了个体对它们的直接控制。因而，个体责任与结构性之间出现矛盾，女性需要协调她们预期的"为自己而生活"和"持久的不平等分配的家庭工作"（Beck，2002：54－84）。面对这些私人生活出现的新困境，重塑公共生活，以此来化解当前人们生活中出现的各种矛盾和新问题，就显得尤为重要。由此，公共生活的理念就成为人们生命意义的体验。

第四章详细梳理了公共生活的概念，并做了类型学的划分，在此基础上，提出了一种公共生活二维性的理论框架。具体来说，无论是政治学家主张的政治自由与公共生活的重构，还是古典社会学家试图把公共生活道德化的阐释，都印证了国家作为"守夜人"的角色。他们更加侧重从与国家相对应的社会领域或是从个人政治自由视角设想未来的公共生活图景。虽然韦伯尝试从民族国家的立场确立现代社会的政治共同体，但依然对科层制束缚下的现代人的生活充满了悲观色彩。在 20 世纪早期，尤其是两次世界大战之后，现代社会学家对国家重塑公共生活的研究日益成为焦点问题，换句话说，社会的发展、日常生活的运行越来越需要国家扮演重要角色，国家开始不断地介入生活世界。与此同时，全球化时代的来临，也使得公共生活的范畴越来越具有跨地域特征。因而，公共生活就形成了一种既具有国家性质也具有超国家性质的二维特征。

　　第五章阐释了如何重建全球化时代的公共生活，集中讨论了政治自由、公共生活与世界主义三者之间的内在联结。首先，结合社会实质问题和方法论问题，贝克对民族国家和世界主义之间关系的探讨包含两个相互关联的方面，即为现代社会中世界主义的现实存在提供必要性的维护，与之并行的是，否认了在民族国家中发展出方法论民族主义的可能基础；其次，世界主义社会学正是他在全球化时代重新考察生活事实这种努力的结果；再次，公共生活的塑造和世界主义的分析都是建立在对"亚政治"这条主要线索之上，国家、社会与个人之间的关系是理解这一问题的基本框架；最后，世界主义的构想并非处于永久和平状态，而是处于不平等和争取承认的辩证法之中。

　　第六章吸取文化资源，重建道德共识。贝克更加关注当代人的生活世界，不再关注道德的原则问题，而把更多的精力用于研究道德行为的生成问题。基于这一认识，贝克从西方传统社会中——只有公民的或宗教形式的个人主义——汲取营养，获取道德资源，为重建当代社会的公共生活呕心沥血。贝克认为，作为一种意识形态的宗教，是社会结构变迁的产物。在人们获得自己信仰的同时，在与全球性的、多种族的世界社会，以及与此相关的、跨越界限的、跨越国家的组织的接触中，个人与世界社会始终处于相互联系之中。这时，一种具有世界主义特点的基督教信仰将人的行动与意义联系起来，使人们不再完全表现为"鲁滨逊"与"自雇型企业家"的混合体①，从而也无须在一切人反对一切人的斗争中经历世界社会，并存活下来。"自己的上帝"确实展示了一幅公共生活的图景，在个体化与世界社会的联结中凸显了公民宗教的身影。

　　第七章探讨道德政治中的公共生活何以可能。自现代性诞生

---

①　"鲁滨逊"意指孤立的个人，"自雇型企业家"意指"新自由主义"所刻画的自足的个人。

以来，以自由、平等、博爱、公平和正义为核心的自由主义民主政治理念吸引了芸芸大众，以科学技术、市场经济、工具理性为核心的西方普世理念与道德个人主义相结合，构建了一种新的社会图景——社会—权力国家。这样建立的社会使理性战胜了传统，使人与人之间的平等战胜了普遍存在于文明社会即传统社群的各个领域中的不平等。理性的普遍性与道德的个体性融入了一种依据法律而自由组织的社会思想里。这个模式随着民主和社会福利国家的出现，甚至达到过它最高的形式。由于民族国家保证了经济要求和社会需求的一体化，在它的干预下，个人福利和市场经济结合起来了。但是，在以福利国家、民主文化和古典个人主义为背景的前提下，个人获得了一种意外性的个体自由。贝克称此为"自我文化"。针对这一新的状况，新自由主义与社群主义展开了激烈的争辩。贝克在二者的基础之上，依然坚持一种个人主义的立场，只不过这一文化的思想源自德国的文化传统在当代社会的自我更新，呈一种既为自己而活，又为他人而活的新社会伦理。换句话说，在全球化的时代，当每个人都成为彼此平等又互有差异的个体时，我们如何共同生活？

第八章探讨了个体化命题在中国的适用性问题以及中国社会个体化命题的独特性。任何重大政治社会思想问题都必将引起争论、批判与反思。在中国现代化进程之中，针对中国的现代化发展路径始终存在三种主要思潮。[①] 第一种看法，即自由主义，又称启蒙派，这一理论相信社会发展模式存在普遍的价值选择，市场经济、自由、民主政治成为核心理念。胡适是自由主义的重要代表人物。第二种看法认为，现代化坚持一种普遍性与特殊性相结合的方式。西方的自由主义不能解决中国实际存在的问题，我们不可能将西方现存的制度模式教条式地运用于中国社会，这完全"掩盖了在普遍性背后的特殊性"问题。因而，他们坚持一种

----

① 也有学者认为当代中国存在八种社会思潮（马立诚，2012）。

马克思主义与中国特殊国情相结合的理论指导。以毛泽东为代表的中共领导人就坚持了这种理念。第三种看法认为，现代化是多重性的，每个国家都具有自身的文化传统，而不仅仅是现代与传统的"断裂"。相反，传统文化与当代社会新思想的相互吸收、消化、再创新与再阐释也是一种重要的思想源泉，像新儒家、新道家就属于此种看法。也有人将此种看法称为"文化保守主义"①。前面论述的三种社会思潮尽管存在差异、分歧甚至冲突，但它们都成为中国近代历史波澜壮阔的一部分，并一直延续到当下。因而，本章主要目的在于探讨如何理解个体化，如何理解现代性，如何理解传统与现代之间的关系，以及如何看待个体命运，这些是中国现代化进程中无法回避的核心命题。

---

① 许纪霖（1998）认为当代中国存在三种社会思潮：自由主义（启蒙派）、新
  左派（新马克思主义）、保守主义。

第二章　回溯与批判：个体化理论的思想谱系

在当代社会，关于如何认识和理解个体化这一概念处于持续的争论、批判甚至重构之中。在社会持续的变迁中，个体化不可避免地与自由、自主、社会、集体、国家等产生千丝万缕的关系，并因此形成个体与社会、个体与国家、个体与集体等社会学范畴的问题，再次引起学术界的讨论。不同学科关于个体化的讨论构成了理解个体化理论逻辑的主要脉络。从词源学来看，个体化的核心是个体的个性形成、发展和不断彰显的过程，是个体对自身行为做出规划的能力体现。政治哲学从本体论和认识论角度论证了个体的存在基础与价值信念，通过大写的人为理性自觉和道德自觉的个体确立了合法的自主性。社会学视角通过对社会结构如何约束个体行为的阐释深化了社会与个人关系的讨论。在当代个体化与新自由主义的争论中，前者过于弱化个体的自主性，而后者夸大了个体的自主行动和决策能力。本书认为应该引入全球化角度和社会—个人关系互构角度，通过社会形塑个体，让个体在不断建构和创造主体间性的过程中完善自我。

一　词源学考察：个体、个性及个体化的阐释

我们首先回到西方社会思想史中，从个人、个性、个体化的概念谈起。在古代西方语言中没有与"个体"这种近代概念对等的表

述。马克思在《政治经济学批判》一文中讲道："个体具有历史的生成过程，个体不是从来就有的，人越往前追溯，越是一群群的，古代人是一群群的，而不是一个个的。"（马克思，1972）在古代，人是以群的状态整体地存在，个人从属于共同体之中。按照滕尼斯对"共同体理论"的阐述，在雅典以及古罗马共和国时期，人们生活在"自然形成的"（而非"政治性的"）较小群体之中，诸如家庭、氏族、村社、教区、行会、采邑、自治市镇等（滕尼斯，2010：10）。此种情境下的生活形态是一种联系紧密、共同生活、自给自足的有机体状态。而此时对于个体一词的理解带有一种特殊的含义，是指一个与国家公共事务、共同体无关的，带有消极含义的个人。希腊语中"idiotes"这个词含有贬损的意思，表现出古代希腊人对于某个置身国家公共事务之外的人所持的看法。这个词有我们今天所讲的"privatmann"（无公职人）或"laie"（草民）的意思，又有"孤僻人"、"无教养人"或"愚人"的意思（埃利亚斯，2003：180）。或许"persona"这个拉丁语词近似于近代的"个体"概念，但这个拉丁语词完全不具有像今天的"个人"或"个体"概念呈现高度一般性或综合程度的特征。"persona"的原意是指假面具（mask），相传此意肇始于古罗马的一个左眼伤残的演员，此人为掩饰他的败眼而在戏剧表演中使用面具，而后，罗马的其他演员也广泛使用面具表演（伯格，2014：2）。从此，面具成为舞台上扮演角色所戴的特殊道具，也相应地代表着戏中角色的特定身份。然而，在古拉丁语中"persona"一词从未指过个体的肉体、生理特征（面貌、身段、外表）。当古罗马法律开始承认"人身、财物和行动"时，"persona"也不是指某一特殊的个体特性集合或系统，而仅仅是指自由人。这里的自由人是指相对于奴隶的自由公民，以表示他们有不可侵犯的"人身"资格。[①] 到了中世纪，拉丁

---

① 人格在古罗马法律里指的是自由人所具有的一种法律地位，甚至为了区别于奴隶，还曾用"人格"来代表"自由的公民"。人格成了一种划分社会身份的工具。

文中"persona"一词相较其古意，意义更加丰富了：它既指面具、戏剧角色，又指人的个体特征（包括肉体特征）和人的社会地位、官阶等（伯格，2014：3）。但是，"persona"的意义始终停留在这种特殊性比较高的层次，相对于今天的个人概念，它的一般性程度始终较低。

从哲学语言的发展过程来看，"个体"一词是从希腊语词"atomon"翻译过来的，并经过拉丁文词"individuum"转化成英文词"individual"（威廉斯，2005：23）。在埃利亚斯看来，个体概念是在近期才出现的。在中世纪的拉丁语中，"individuus"或"individualis"等词具有某种综合水平极其低下的含义，用来表述某种不能划分的、不能分解的东西（埃利亚斯，2003：183）。在把"individuus"一词用作标记某种不可划分的统一体的过程中，一种新的变化出现在中世纪教会学者的语言交流中——这一变化产生了另外一个较新的概念"individuum"[①]（个体）。在与形式逻辑问题有关的场合中，"individuum"被用来表述一定类中的个别项，进而又用来指称不仅是人类中的，而且是任何种属中的个别情况。按照当时的情况来看，从个别的陈述是推演不出任何东西的。因此，"individua"[②]在当时的定义是不确定的或含糊的（迪蒙，2003：59～89）。相应地，在逻辑学领域里，"individua"并不具有特别高的地位，如前所述，"individumm"在中世纪的概念还不是专门用于人的。按照此种理解，教会哲学家经过概念推演，一致认为这个世界的每一个事物，从某个角度来看，都是一个个别物，或者说，都具有唯一性。[③]经过历史的变迁，个体（individual）现在大约有两层基本意思（威廉斯，2005：231～

---

① individuum 是前一个词 individuus 的中世纪拉丁语写法。
② individumm 的复数形式。
③ individumm 这个中世纪的概念还不是完全专用于人的。这期间大概首先有一个 17 世纪对改制的进一步的构造过程，那是新一轮的对从前在逻辑和文法领域里被当作普遍概念来用的概念的专门化过程。教会哲学家们发现，这个世界上的每一事物从某个角度来看，都是一个个别物，或者说，都具有唯一性。

236）。个体的第一层含义强调相对于他者（others）的特殊性，含有与"普遍、一般"（in the general）相对的"个别、独特"（in the individual）之意：在逻辑学中，它指的是可以陈述的对象，代表着同一性质或名称不可再分的东西；在本体论中，它指的是单个事物或具体的存在者；在生物学分类中，个体先是属（genera），后为种（species），再为个体（individuals）。个体的第二层含义是指"个性"：个体并非表示原子或不可分割的东西，而是指个体的单一性或特殊性，一个能单独存在的生命形式，甚至任何数量上呈单数的存在物都有其个体性的历史性和独特性。政治学、经济学、社会学等学科则强调个体之间的关联和转换，甚至强调个体是社会关系的产物。

西方近代以来，"individumm"一词从个别情形的唯一性认识变成了人的唯一性，开始用来指称社会组织的最小单元——个人（individual）。当然，出现这种转变是与西方现代社会的形成与政治法律思想的演进密切相关的。文艺复兴、启蒙运动以及宗教改革之后的欧洲社会，开始了世俗化、理性化、个体化的漫长历史进程。个人不再仅仅是一种自然的存在，而是社会、国家和政治法律制度的出发点与目的本身，由此形成了所谓"个人主义"的观念形态（刘毅，2012）。如前所述，个体（individual）包括两种内涵，一种是作为不可再分的个体；另一种是带有差异性的个体，即个性。前者代表了18世纪的个人主义观，表达一种原子化的、基本上无区别的个人概念，进而演化成了一种抽象的个人观（卢克斯，2001：64～68）；而后者是用于反对18世纪的个人主义，用齐美尔的话来说，这是德国的"新个人主义"①。不同于

---

① 新个人主义也可以叫作质量主义，与18世纪数量个人主义相对照。或者可以称为独特的个人主义，它反对单一性的个人主义。总而言之，浪漫主义也许是一条最宽广的渠道，由此个人主义达到了19世纪的自觉。歌德创造了个人主义的艺术，施莱尔马赫则奠定了它的形而上学基础：浪漫主义为个人主义提供了情感上的经验依据。

前者的无差别性特征，这种个人主义更加强调个人的差异性，个体并非作为一个自足的原子而存在，而是个性的深化，需要个人在本性和成就两方面达到不可比较的程度。个人成为特定的、不可替代的既定个体，需要个人实现他自己特有的形象。从根本上讲，"个人的心智功能和独具个性的形成和差异化——我们在此用'个性'这个词来表述——之所以可能，是因为个人的成长乃是在人类集体中、在一定的社会里完成的"（埃利亚斯，2003：26）。也就是说，一个人最终将形成何种个体特性，并非单纯是他的自然天性使然，而是有赖于他整个的个体化过程。埃利亚斯对人类文明历程的考察已经十分清楚地表明，社会基本规范的历史演变，以及人与人之间各种联系的结构，在何种程度上决定了单个个人总体的类型化，并因此决定了个体形态的构成（埃利亚斯，2003：27）。人的个体化运动（如文艺复兴时期的个体化运动）既不是单个人的内心突变的结果，也不是众多的有才能的人偶然为之的结果——而是社会事件（例如，某些早期社团组织的解体，或是工匠工人、艺人的社会地位的变化）的结果，简言之，即人与人联系的结构发生特定改变的结果。基于这一认识，个体化（individualization）就是个体个性形成、发展和不断彰显的过程，是个体规划自己行为能力的体现。与它相联系的是社会化，即社会规范个人并使之适应的过程：个人在这一过程中内化社会价值标准、学习角色技能、适应社会生活，并获得自我规定和自我控制的能力。用埃利亚斯的话来说："人是在与他人的联系中并通过这种联系改变了自身，他们在彼此的联系中不断地塑造和改造自己，从根本上刻画了人的交织化现象的特征。"（埃利亚斯，2003：29）

　　基于以上论述，个体（人）主义（individualism）的核心可以理解为"我与他人的明显差别感；也可看成一个信仰体系，在这个体系当中，个人不仅被赋予了直接的地位和价值，而且也成为真理的最终决断者"（沙拉汉，2009：28）。与此同时，社会契约论、自然权利论等现代性思想也都是建立在个人主义理念的基础之上——特别是自然权利论：作为现代国家产生的前提与保护对象的自然权利，理所当然地指向个人的权利，而不是国家或社会集体等非个人的权利。① 在 17 世纪，人们（最初可能始于英国的清教徒们）开始面临区分个体的事功与集体的业绩的问题，这是个体概念进一步发展的最初时期之一。随着 19 世纪社会日益需要表达敌对的社会——政治运动理念的语言手段，于是个体概念又进一步发展——最终导致了一边叫"个人主义"，一边叫"社会主义"或"集体主义"的概念生成。这些概念的出现极大地促成了这种局面：在现代社会，"个体"和"社会"、"个体的"和"社会的"这些词语一经人们使用，就好像它们真的事关相互敌对之物似的（埃利亚斯，2003：185）。

二 政治哲学视角：启蒙理性与大写之人的意义

走出中世纪，在"上帝已死"的尘世生活中，启蒙运动通过"大写的人"取代了上帝的位置。启蒙象征一种知识文化运动，这种运动反对迷信和不宽容，反对教会和国家权力的滥用。启蒙的实质就是弘扬理性精神，康德认为："启蒙试图将人类从自我造成的不成熟状态中解脱出来，在一切事情上都有公开运用自己理性的自由。"（康德，2007：169）"从最宽泛、最一般的意义上说，启蒙指的是将理性应用于人类事务。启蒙是一个过程，通过这一过程，首先在自由的名义下，理性被运用于人类既存现实的各个方面。"而启蒙最为核心的要义就是如何运用理性为人类的知识奠基。这里涉及两个方面：一方面是自然界知识的基础问题；另一方面是人的道德判断的基础问题。

---

① 个体与个人可以通用。但有不同的相对词，如个体与集体、团体等相对，而个人与社会、他人等相对。在本书中，个体与个人不做详细区分，指代每一个个人，与其相对或相近的词有人类、社会、他者等。

（一）　存在是理性主体的知识基础

关于如何为人类知识奠基，哲学家们的努力总是集中于建构具有特殊认识能力的理性自我。如果我们以此为鉴，做一番回顾，兴许就能看清我们对自我和人类所抱有的看法的奇特之处。笛卡尔的名言"我思，故我在"（Mol, que je pense, je suis）奠定了近代认识论的一般范式，即通过分析"我思"来为人类知识奠基。笛卡尔一直问自己，是否存在某种绝对确定的东西，某种任何情况下都不容怀疑的东西，他不断地怀疑知识和常识，发现这些都是不确定的，然而他最终走出了不确定性的幽谷，因为他发现：尚有一个事实不容怀疑，那就是我可以有所思考和怀疑，即我思。至此，人们关于自我和人类世界的认识由原先强烈地依赖宗教开始迈向理性思考。而这样的过渡在笛卡尔在世的时代就已初见端倪，由此，写下"我思，故我在"的笛卡尔就成了倒转人类认知标准的先驱——这是从"我们—认同高于自我—认同"到"自我—认同高于我们—认同"的转换（埃利亚斯，2003：228）。笛卡尔的"我思"由于对自我的坚定张扬，在他的思考中忘记了自己是在与他人进行交流，他忘记了他人所具有的那些作为我们、你们或者他们的角色。因此，在他的意识里，从社会群体的笼罩中走出的只有那个孤单的自我。这样，我们—自我平衡的钟摆在这里就倒向了它相反的一面。这位孤独的思想家将个人人格体验成一种"无我们的我的"这种自我—认同形式，这样的一种思想主张，从笛卡尔开始得以盛行，并深入人心。

（二）　客体是如何被认知的

大部分的哲学知识论——或许可以说，这个理论的那些经典作家所代表的全部传统，即从笛卡尔开始，经由贝克莱和他的"存在即是被感知"的命题，或是认为外部世界的客体可能存在于主体自身的康德，直到与"唯我论"搏斗的胡塞尔——都基于这样一种观念：力图获取知识的人乃是一个独行的、完全孤立的生物，他必须始终怀疑在其自身之外是否真的有客体存在，进而也怀疑是否有他人存在。在传统观念、价值信念和宗教信仰已经式微的现时代，他们相信知识理性的无限可能性。但这种知识性的"我"是孤单的、单一的，其内容也是空虚的，在他们看来，个体只能依靠沉思生活。按照卢克斯的理解，这种"我"导致了一种抽象的个人观（卢克斯，2001：68）。这种个人观把决定社会设置的目的的个人特征（不管是本能、才能、欲望、需要、权利还是别的什么）都设想成了既定的、独立于社会环境的。在这种个人观看来，"社会生活的所有形式都是个人的创造"，也就是说，社会生活就是实现个人目的的手段。

（三）抽象人的权利观

个人观念在早期的功利主义者和古典经济学家笔下有着不同的形式，但总的来说依然坚持一种抽象人的权利观。一般来说，它与建立在自然状态中的个人观念的社会联结形式有关。霍布斯认为每个人的生命和安全是脆弱的，需要一种超越所有个体之外的人造物加以保护（Hobbes，1839：109）。与此不同的是，洛克认为人自从来到这个世界之后，就是成熟和坚强无比的，根本不需要他者的保护。在批判霍布斯和洛克的基础上，卢梭坚信，"立法者能够把整体中孤立的个人转化为一个更大整体的一部分，这个个人就以一定的方式从整体中获得自己的生命与生存"（杨君，2014b）。面对抽象的理性个人，休谟提出了建设性的批判：我们如何从主体理性推导出我们应该做什么，不应该做什么？其根本的困境是通过主体理性我们无法推导出价值判断问题。由此，事实判断和价值判断就出现明显的分歧，也就成为困扰个体存在的问题。

（四）人性的构成："大我与小我"

为了化解事实判断和价值判断之间的矛盾，康德在吸收霍布斯、洛克和卢梭等人的人性论后，提出人性是由两个"我"构成的，一个是完满状态的"我"，另一个是不完满状态的"我"，即"大我与小我"。"大我"是一定社会关系内化的"我"，西方世界把上帝内化成"大我"，神圣而不可侵犯，这样可以帮助"小我"，拯救"小我"。在宗教之"大我"消失之后，康德试图建构的是理性之"大我"。他在《实践理性批判》一书中将其表述为三条绝对律令：①在任何时候、任何条件下，我都要让我的行为具有普遍立法意义；②在任何时候、任何条件下，让我们的欲望和行为受制于理性支配（在这里，康德把"小我"看成感性之我、情绪之我）；③在任何时候、任何条件下，把每个人当作目的，而不能当作手段。在康德思想之中，"理性之大我"取代了"上帝之我"，以建立一种每个人都不被当作手段的目的王国。

然而西方历史的发展历程证明了"理性之大我"的思想事实上也被当作一种手段，用以控制人类的生活世界。人类的共同利益又是什么？正是由于"理性之大我"限制了"小我"，实际上，理性就变成了一种手段用以满足人类多元的利益。在韦伯看来，凌驾于诸神利益斗争之上的是命运，一个不可抗拒的命运，到底是要赋予人生活意义还是一场生死斗争？在他看来，在"不知有神，也不见先知"的今天，作为个体，人如何在"价值多神"的状态下克服虚无主义而获得生命的意义和价值，实现积极的自由，韦伯对此的回答很平淡："在现代社会中，人要获得个性与自由……只要每个人都找到操持他生命之弦的守护神。"（李猛，2001b：127）唯有如此，一个人才能在世界上成为一个真正的人，才能成就他的"人格"。

（五）"小我的战斗"：来自后现代主义的批判

启蒙让人成为理性自觉和道德自觉的个体，于是启蒙走向反面，即"启蒙辩证法"①。尤其是后现代主义针对启蒙理性进行了疯狂的批判，并提出了解构理性主义的论调。从而在后现代主义的话语体系里，个体就成为一个孤独和空虚的主体。在以萨特为代表的存在主义者看来，没有共同的"大我"，"小我"只能战斗，攻击各种思想。进而，对于一个独立的、孤独的、自以为自己是理性的主体来说，发现一个抑制的他人，他人就是地狱。他人就被带入自我中心主义的幽灵深渊。萨特诊断出了欧洲文明的病症，在他之后，海德格尔提出的"存在与时间"、尼采描绘的"超人学说"、弗洛伊德刻画的"精神心理学"以及亨廷顿提出的"文明冲突理论"都表明西方的理性主义遭受了严重的精神危机。从而理性的主体或个人就被这个真实的世界所解构，哲学认识论也就自然而然地转向了存在主义学说。

这种抽象的个人观被 19 世纪的诸多思想家所诟病，马克思是其中的代表人物，他对这一思想进行了最彻底的批判。与抽象个人观相反，在他看来，"人并不是抽象地栖息在世界以外的东西。人就是人的世界，就是国家和社会"（马克思，1972：452）。所有关于抽象个人的论述只是文学上大大小小的"鲁滨逊漂流记"式的错觉。以马克思为代表的诸多社会学家提出了历史与结构视角下的个人观，持这种立场的包括法国、英国和德国反对革命的浪漫保守主义者，黑格尔和马克思及其追随者，圣西门及其信徒，孔德和实证主义者，社会学家（涂尔干）和社会心理学家（米德）等。这些学者都一致认为："不是人构成社会，而是社会构成人，即社会通过教育塑造人。"（Bonald，1854：103）人乃是社会的人，他是真实的，就因为他是社会的。如果我们抽去来自他的社会环境的所有特征，那么他就成了纯粹从理论上试图加

① 启蒙是为了破除专制的神话，宣扬理性、宣扬自主。经过启蒙精神引导的启蒙运动，实现了神话的破除。此后，理性成了社会的主要特征，理性统治了这个社会，特别是工具理性。启蒙显然已经异化为另一个神话了。因此被称作启蒙辩证法。

以分离的不可分离之物。由此，我们应该将个人带回历史与结构中加以理解。

三　社会学视角：个人与社会关系的本质

政治哲学从本体论和认识论视角论证了个体的存在基础与价值信念。这种启蒙理性试图让人成为理性自觉和道德自觉的个体，进而确立合法的自主性问题。然而，启蒙时代的自由承诺是空洞的：那些自治的个人，那些从传统权威中解放出来要掌握自己命运的个人，并没有获得启蒙所承诺的"自由"，转而被机器般精巧的系统所控制。于是，启蒙走向反面，即"启蒙辩证法"（莱昂，2004：56）。如果现实生活变成如韦伯笔下描绘的理性化的牢笼世界，那么，个人的命运又将何去何从？如果没有个体生活意义的存在，理性也将仅仅变成合法化的权力。基于这一认识，社会学与政治哲学分道扬镳了，他们放弃对个体自身对象的界定而选择方法论的角度来为社会学正名，为自身的职业正名（肖瑛，2004）。对个体自身而言，除了对那些自身内在的概括之外，还必须对其存在的历史和结构进行一种新的分析、归纳和整理（齐美尔，2002：20）。由此，社会学就把"人带回了社会"（肖瑛，2006）之中。而个体的个性不断发展和完善的过程，也就成为社会学一股重要的个体化思潮。

（一）劳动分工中个体的崛起

在社会学传统之中，稳定社会结构的出现与个体的崛起有直接的关系。在一个世纪以前，古典社会理论家如涂尔干、韦伯和齐美尔等人，对个体化理论进行了持久的关注，既展示了个体化多方面的特征，也展示了个体化研究的困难之处。韦伯的理性化研究表明，宗教改革促成的人与上帝间的个体化联系，产生了一种强调自我责任与个人成就的现代个体意识（Nollmann & Strasser，

2002：3 - 36）。齐美尔认为，尽管大众社会最终会消解个体的独特性，但他仍把大众社会的产生归因于个性出现的关键因素。而社会学中最早明确提出个体化概念的是涂尔干的功能分化概念。涂尔干关于个人主义的著作是当代个体化理论的前身，他的著作证明了个人从传统关系中脱离，获得更大的自治权和选择自由的过程和影响。在《社会分工论》和《自杀论》中，涂尔干关注组织关系的削弱作为个体选择形成的原因，以及对其产生的影响。在他看来，现代社会由于劳动分工和专业化的角色更加复杂，形成了功能分化、互相依赖的有机团结社会，从而个人将更少地表现出在机械团结社会（传统社会）中那样，彼此在价值观、信仰、规范以及最终行为上的相似性。涂尔干用功能分化概念描述个体数量的增长何以塑造个体的生活。在社会分工带来自主选择的同时，也产生了大量的社会"失范"现象，他称之为"反常性分工"（Lesthaeghe，1995）。他指出，"失范"状态造成了经济世界中极端悲惨的景象，冲突和混乱频繁发生。但是，涂尔干没有对这一问题进行详细阐述，在此，涂尔干也就没有像马克思那样在全面地批判社会的基础上，提出建构新社会的宏伟蓝图，相反，他选择了一种保守主义的立场——探寻个体存在的社会道德基础，进而重构社会秩序。具体来说，涂尔干认为，一个发达的社会和以传统文化为特征的道德整合，大多数人的行为通常受到来自宗教的规范和内化。这种内化被称作"集体意识"，支配着机构并提供了个体化的感觉或替代性的集体意识，在极端状态下，这形成了涂尔干宣称的"机械团结"（涂尔干，2005：7）。适度的劳动分工和压制性制度的优势规定了一个社会代表这种团结的规范和信仰，提供了几乎一致性的人生体验。尽管有证据支持涂尔干关于宗教的讨论不再作为团结社会凝聚力的一种约束力的预言（Lesthaeghe，1995），其他有凝聚力的因素可以填补这个空缺，但随着越来越多的人反对日常生活的去标准化证据被证实，就有必要在现代社会寻找不同的社会团结来源而不是只从传统中获取文化资源。

（二）社会性的个体：社会心理学的视角

埃利亚斯引入社会心理学的视角，从人类如何变成复杂和分化的个体成年人开始研究。在他看来，人类出生时比其他动物欠发达，一种散漫的"未成形的冲动"仅在他与成年人交往之后才开始形成固定的形状和方向（埃利亚斯，2003：23）。这些欲望开始出现明显的外形，孩子学习别人如何接受这些形式进而调节自己的思想和感情。在他看来，不在社会相互交往中成长起来的孩子并不是一个独立的个体，而是一个"半野生的人类动物"（埃利亚斯，2003：23），个人只有在具体的社会交往关系和依赖性中才能发展和成熟。个性是一个人特殊性的心理功能，调节个体与他人关系的结构性力量（埃利亚斯，2003：57）。按照埃利亚斯的论述，一个人的"心智功能和独具个性的形成和差异化之所以可能，是因为个人的成长乃是在人类集体中、在一定的社会里完成的"（埃利亚斯，2003：26）。所以没有一个明确的社会本体论优先于个人的说法。埃利亚斯描绘了社会进程和社会结构促使个体化产生的方式，他可能采取一种更为特殊的分析方式来探讨具体的制度和机制带给现代个体的影响。

（三）权力对人的塑造

福柯使用"规训权力"这一概念深入地阐述了纪律和权力是如何塑造个体的。比如，考试参照标准尺度测试每个人，促使个体产生知识，包括他们的力量和弱点，与此同时，也在一个等级结构中监视他们。新的监视技术，包括来自圆形监狱的乌托邦理念的建筑设计，起到了提高个人行为的透明度，增强个体顺从纪律惩罚和科层命令的作用。更为重要的是，福柯认为惩罚性实践和关系产生了内在的具体机构，但他建议把它们逐渐蔓延到生活的其他领域，从而构成一个普遍的治理逻辑。在福柯笔下，纪律具有预防和抑制的功能，是一种积极力量，能够给个体带来新的力量——才能和能力，个体同时通过利用这样的力量营造共同的事业。相较于18世纪和19世纪的自由主义思想家，他们声称个性是解放的产物，社会是由契约组成的。但福柯提醒我们，在早期现代性个体的建构过程中，他们被融合在社会整体之中。这需要社会机构通过控制、监督和权力等力量维持个体的生存（Foucault，1977：194）。

从本质上讲，现代的诸多社会学家否认了福柯关于个体化的论述。这是因为，越来越多的学者认为社会结构的转型已经破坏了古典社会学时期社会的确定性状态（杨君，2013b）。古典理论家声称：早期的现代性假设个体通过扮演不同的角色稳定社会秩序，同时后者制约了个体的行动选择（Beck，2002：98）。贝克坚决反对，认为当代人不能使用既定的社会角色或依赖于传统变迁的确定性来生活，需要从一个广阔的竞争领域和社会环境选择中建构自己的身份。虽然这暗示了个体享有更多的选择和自由，但就个人如何界定他们的身份和制定他们的生活规划问题，带来的后果是"不确定的自由"。这也就表明不确定性在多大程度上让人们的选择和策略产生预期的效果（贝克，2011a：1~2）。

因此，古典理论家研究和描述工业社会的稳定和个人生活的确定状态，而当代的个体化理论家试图在带有风险和不确定性的时代理解个体的本质。正如贝克夫妇所观察的，如今人们并不是从封建和"宗教超验"的确定性中脱嵌到工业社会，而是从工业社会脱嵌到全球性的风险社会。除此之外，这些理论家声称，早期带有统治和压迫的理论无法捕捉当代社会背景下权力体制的不稳定性。正是由于这个原因，贝克认为他的研究不同于福柯意义上个体化的控制功能所隐含的线性观念。

四　当代个体化理论与新自由主义的对话

贝克、吉登斯等人是当代个体化理论研究的杰出代表，形成了与新自由主义的对话。贝克从风险社会视角解析个体化是最有创造力的表述，但并未被新自由主义学派所接受。新自由主义继承了政治哲学中"个体自主"这一思想观念。在自由主义看来，人类被先天性地赋予自主性和自我决定的能力，独立的个体能够把握其生活的全部，能够从自身内部驱动、更新其行动能力（Yeatman，1997：39－56）。按照这种观点，人类天生具有合理的能力和行为并依据内心的意志规范自己的行为。这将会形成一个人最基本的特性和个性，是真实的个人，而不是因为受到外部因素显著影响而形成的个人。由此可见，个性的形成是指依据自己的意志，从而减少来自外部控制和约束个体行为的能力。当一群人一起生活在社会中时，通常需要创建一般性的规则，限制个人行为以防止某些人根据自己的内在意志不合理地干涉他人的自由。这些外部的控制和强迫被证明是有道理的，群体中的所有人都同意严格遵守法律，维护他们的自由以防止别人侵犯。这种自我强加的法律，体现在"社会契约"概念上，是形成政治社会的基础。埃利亚斯指出，自由主义认为个人先于社会结构，这意味着个人可以在自己与他人形成社会关系之前，完全形成拥有合理的自我决定、自我管理的人（埃利亚斯，2003：56）。这种个人本体论优先性的想法体现在当代新自由主义之中，但是这种观念与工作、家庭、社区诸领域中的日常经验明显不符。众多的经验表明，个体并非单一的纯粹原子，也不是自足的，而是与他人的联系越来越多，包括全球网络层面和制度层面的联系（贝克，2011a：30）。自足这一个休观念，最终意味着一切义务的消失，这也是新自由主义必然危及西方福利国家的缘故。

（一）自反性的个体：个体化理论的新取向

当代个体化理论研究强调社会结构、权力与个人自由新的关系。从根本上讲，他们反对个体自由与外在社会结构之间的二元对立，二元论的思想体现在古典社会学与当代变迁中的自由主义之中。古典社会学提倡一种社会结构对个人行动的制约，社会结构在哪里都存在，这些预先确定的人类行为很少用于选择或更改个人的生活方式。即使社会结构没有明确限制或"规训"个人，它们对个人根本的价值观、信念和喜好也都有重要的影响。在这方面，古典社会学观点认为，决定人类行动的外部和内部之间关系的因素完全不同于自由主义的理论意图，后者通常认为内在意志与外部环境是截然分开的。

众多的社会学研究已经开始以经验性的方式来平衡结构与能动性之间的关系。当代个体化理论家叙述的个人与社会决定论之间的关系比"非此即彼"的传统社会科学更为复杂。可以肯定的是，他们看到了个体化从特定的限制中解放出来（Beck，Giddens，& Lash，1997：52）。这主要体现在以下几个方面。首先，传统的观念是人们采取某些特定的方式行事，并基于历史上建立的行为方式和生活习惯理解他们的经历。在这个意义上说，个体化是指传统力量的弱化，个体决定自己的行为并为此证明自身行动的合理性，吉登斯称这一过程为"去传统化"（Giddens，1991：98）。在传统的地方，人的行为变得越来越具有"反身性"，这意味着人类开始有意识地行动和选择并形成自我意识。其次，个体化的过程也是个人身份与特定集体的社会成员之间的联结，包括社会阶层、宗教组织、地方社会团体和国家等，按照既有的看法，传统和组织继续在个人经验方面发挥作用。但如今，传统的意义和组织成员的身份已从外在的强制转移到一个深思熟虑的行动或联系。因此，个人顺从传统或是加入组织中的行为日益被解释、质疑和挑战，理由是个体有意识和深思熟虑地告知自我认同和个人传记，这是一个"自反性"的选择过程（Elliott，2002）。

个人选择和决策范围的日益扩大，并不意味着个人可以不受社会结构和规范的约束，自由地做自己想做的事。经验表明，社会结构并没有消退它对个体产生的影响；相反，它正在改变个人的需求。按照贝克的理解，个体化是社会结构转型的产物，而不是来自社会进程的个人解放（Beck & Willms，2004：101），社会结构迫使人们成为独立的个人并对自己的人生负责。因此，鲍曼认为，当今时代的特征是"社会的强迫和强制性要求个体做出自我决定"（Bauman，2000：32）。与此类似，贝克也认为，为了最基本的物质生活，今天的个体也是被迫的——这让自己成为制定规划和管理生活的主体（Beck，1992：88）。

（二）社会机构对个体的影响

当前，如果人类被迫变成反思性的个人，那么这种强迫性是什么以及被强迫的对象是谁呢？在吉登斯的著作中，晚期现代性下的社会机构在强迫和建构个人选择方面发挥了核心作用。当代社会机构采用"抽象系统"的形式（包括象征符号，如金钱和"专家系统"）由持有专业知识的专家来解释个体组成。吉登斯认为抽象系统通过以下几种方式帮助个体选择：首先，通过常规化和规范社会进程，他们产生了韦伯式的可计算性行动；其次，他们也授权个体采用新的知识和技术，进而塑造自己的生活并处理不确定性的问题，比如，医疗系统和心理医生提供的意见等；最后，社会机构以经验封存的方式安排选择，也就是说，通过抑制和排斥道德和伦理潜在的令人感到不安的问题，这可能破坏稳定的社会结构中的个人信任，从而破坏发展个人日常工作和规划个人系统生活的可能性（Giddens，1991：122）。按照吉登斯的叙述，当代社会机构提供了可预测性、社会资源和技术，可以使人类个体发展出独特的生活方式。

与吉登斯一样，贝克夫妇也强调了社会机构对当代个体化的重要性。虽然他们比吉登斯论述的社会机构如何运作更为不正式和抽象，但是他们认为现代社会机构不同于早期的社会机构和社会进程，他们需要来自个体的积极性和主动性。他们提供行动激励措施，但没有规定具体的行为（Beck，Giddens，& Lash，1997：1-23）。鲍曼也接受了社会机构在个体化中发挥了重要作用的观点，他主要关注文化机构的影响，比如，媒体的作用是反射性地关注我们的经历和关注自己的取向，以及商场帮助个人提供现成商品的身份作用。而他关于晚期现代性机构的思考是非常多元化的。他认为，机构普遍性地在安排个人经历方面扮演了重要角色，特定的机构只有短暂的影响。晚期现代性以来已经产生并允许大量权威的共存，但不能存在太久（Bauman，2000：63－64）。

五　贝克个体化理论的原点

　　基于以上讨论，社会学和政治科学已经有了明确的突破。压制新事物是现代资本主义最大的不幸。其结果是导致了一个迟钝的、否定的庞大结构，这个结构声称一切如常。但是，作为一个更加根本的"自反性现代化"①过程的结果，社会范畴和政治范畴的性质正在发生根本改变——人类学证据的冲蚀，迫使社会科学在与历史学、地理学、人类学、经济学及自然科学的合作分工中，修正自身的理论工具，甚至重新发明社会科学本身。当然，更为关键的问题是，社会学除了声称自身带来了一个重大突破以外，还可使自身的理论、方法和组织基础变得更加具体，更加有针对性，从而加强这些基础，最终声称自己带来的是一次新的启蒙。其结果就是，必须在社会理论和政治理论中引发一次"普世主义"转向：社会理论和政治理论如何才能向新近出现的、扭结缠绕的、危及其自身基础的现代性敞开？如何解释 21 世纪初在资本和风险的全球化背景下形成种种社会动力的根本脆弱性和易变性？

（一）从工业社会到自反性现代化理论

　　从社会学视角来看，社会是不可能被直接感知的，它同社会成员的自我解释是相抵触的。同时，社会仿佛模糊不定的庞然大

---

　　① 贝克在《自反性现代化》一书中对此该概念进行了详细阐述（贝克、吉登斯、拉什，2001：1～10）。

物，无处不在，对许许多多的事情负有责任。进一步来讲，社会学同国家、政治权威的联系是既定的。在社会的通常理解中，各个社会都是依据民族国家而组织起来的。国家充当了社会的缔造者、监控者、庇护者。各个社会都被设想为承受者，它们是在民族国家的势力范围内产生并延续的。这种看法将社会同民族国家等量齐观，认为社会在地域上是有限的，它深深地切入了社会学的认识、社会学的概念、社会学的视角。可以说，这切入了社会学的想象力。民族国家也就自然成为社会学的感知背景，从而社会学的着眼点就是民族国家。具体来说，涂尔干目睹了法国的状况，基于"是什么在维系现代各个社会"这样一个问题形成了自己的思想，即某种"有机团结"是在劳动分工的基础上形成的；韦伯也是如此，他在考察官僚制的合理目的性时，反思世纪之交时普鲁士的管理机构。基于这样的认识，在古典社会学家之中，从自己的社会推论出社会之一般，这种对普遍性的错误推论构成了社会学的出发点，同时这也是社会学取得成果的秘密之所在（贝克、威尔姆斯，2002：7）。在此基础上，贝克批判了古典社会学观念所面临的基本矛盾。他认为，古典社会学观念建立在三条原则的基础上，而这三条原则如今已陷入困境。一是地域性，即主要从民族国家的角度对人们的社会行为进行考察。自从《威斯特伐利亚和约》确立了一些新的原则以来，社会科学便产生了一种民族主义（或国家主义）的倾向，民族国家构成了思考和解决各种问题的出发点，以地域来界定社会领域的时代形象从不同方面强化了政治、社会和科学的特征。在当前的社会世界中，社会性界限虽然不依赖地域性界限，但正在被重新划分和界定。二是个人在很大程度上依赖于他所处的环境，隶属于既定的社会集体，如家庭、阶级乃至民族等。这些概念是社会学的重要前提，但这些概念都是抽象出来的。个人有理由对自己的意识做出意识形态上的怀疑，因为这些集体并未在人们的生活世界中得到适当的体现。因此，社会学就应该将社会个体化的新形式放大到突出的位置上来。三是进化的原则，相信社会所取得的任何成果都意味着进步（贝克、威尔姆斯，2002：14～15）。持有这样一种进化论上的偏见，社会学既不能思考，也不能组织，因为取代有限的进步乐观主义的，是一种随意性，也就是说，发展是无法预测、无法控制和不确定的。在批判和反思古典社会学理论的基础上，贝克提出了自反现代性理论。

"自反性现代化"指创造性地（自我）毁灭整整一个时代——工业社会时代——的可能性（贝克、吉登斯、拉什，2001：2）。这种创造性毁灭的对象不是西方现代化的革命，也不是西方现代化的危机，而是西方现代化的胜利果实。如果说简单现代化归根结底意味着由工业社会形态对传统社会首先进行抽离，接着进行重新整合，那么自反性现代化就意味着由另一种现代性对工业社会形态首先进行抽离，接着进行重新整合。在贝克看来，现代社会凭借其内在的活力暗中削弱阶级、阶层、职业、性别角色、核心家庭、工厂和商业部门在社会中的形成，当然也削弱自然的技术经济进步的先决条件和连续形态。在这个新阶段中，进步可能转化为自我毁灭，一种现代化削弱并改变另一种现代化，这便是贝克描绘的自反性现代化阶段。也就是说，自反性现代化指出了这样的情形：工业社会悄无声息地在未经计划的情况下紧随着正常的、自主的现代化过程而来，社会秩序和经济秩序完好无损，这种社会变化意味着现代性的激进化，这种激进化打破了工业社会的前提并开辟了另一种新的现代化之路。

贝克坚持认为，自反性现代化不会发生革命（贝克、吉登斯、拉什，2001：6），但会出现一个新社会，二者恰恰是简单现代化问题上的两大权威派别——马克思主义者和功能主义者异口同声认为绝对不可能的。在社会变迁之中，从一个社会时代向另一个社会时代的过渡可以是无意的、非政治的，可绕过所有政治决策场所、路线冲突和党派斗争，这种思想与社会学的基本信念相抵触，同样也与这个社会中流行的自我理解相矛盾。

（二）超越结构—行动理论与新自由主义

在贝克的语境下，自反性现代化等同于风险社会理论（杨君，2013b）。工业社会文化中的集体或具体某个团体的意义之源（如阶级意识或进步的信念）正在枯竭、解体、失去魅力。个体化意味着工业社会的确定性的瓦解以及为缺乏确定性的自我和他人找到和创造新的确定性的压力。但它也意味着新的相互依赖，甚至是全球性的相互依赖。个体化和全球化实际上是同一个自反性现代化过程中的两个方面（吉登斯，1991：63；沃勒斯坦，2013）。

首先，贝克批判了社会学中的结构—行动二元论。传统社会学中的个人永远是社会中的个人，个人被置于某一社会类别之下，社会学关心的不是个人本身，而是个人的社会属性。传统社会学又假定，少数几项社会属性是基本的，是社会分类的主要指标。这些基本的社会属性就是所谓的社会人口变项，包括职业、受教育程度、性别、年龄等，而前三项又是阶级划分的主要指标。传统社会学希望所有的个人都能纳入基本的社会分类架构之中，而社会阶级便是传统社会学中最重要的基本社会分类架构。最具代表性的是马克思关于个体化的思考。他将个体化的过程和阶级的形成视为同一。如贝克所说，个体化过程只有在马克思所预言的阶级形成的条件的物质贫困化被克服的时候，才能确立。也就是说，马克思否定了在阶级社会中产生个体化的大趋势。在贝克看来，马克思笔下的个体化主题只有在少数几个国家里发生，并且只是在最近的福利国家发展过程中才被意识到。另一位社会学家韦伯，尽管更为赞赏马克思所忽视的现代生活方式的巨大变动，但与马克思一样，他也否定了在市场社会中出现的个体化趋势。事实上，韦伯抛弃了马克思关于阶级社会与个体的关系的论证。依照韦伯的看法，朝向个体化的趋势被基于身份的传统与亚文化的延续性和权威所阻碍。无论是马克思笔下强调的阶级社会中的个人，还是韦伯笔下基于身份制约的个人，都表达了工业社会时期，人们生活在一种结构性的现代社会之中，个人无任何的自主性。贝克将工业社会的现代性称为简单现代性，抑或结构现代性，社会被视为线性系统。① 对于其他社会学家，作为结构功能主义的集大成者，无论是涂尔干眼中的"道德个人主义"②，还是帕森斯笔下的"制度化的个人主义"③，"社会结构论"始终

---

① 在社会学家中，涂尔干和帕森斯的社会体就是这样的线性系统。涂尔干坚持了某种整体性的线性社会观。在涂尔干的眼中，社会既被看成一种实体、一种事实，也被当成神圣的范畴，任何人都需要进入其社会范畴中，而个体仅仅是社会中的附属品。作为结构功能主义的集大成者，帕森斯认识到了行动与社会秩序的脆弱性，看到了分化和进步的同一性，同时相信现代社会规范秩序的能力。他通过社会化理论和一种或多或少和谐的方式来团结社会。因此，帕森斯的线性社会观强调了个体在社会平衡中的计划作用，同时，假设了各种不同系统的存在，而其中的每一个系统都受到独立结构化机制支配，仅仅随着或多或少偶然的和不可控制的运动互相渗透。在帕森斯的笔下，个体的命运仅仅是生产系统中的一个环节。

② 依据涂尔干的观点，我们一方面由感觉和感觉趋向组成，另一方面由概念化的思想和道德组成。我们的感觉趋向是利己的，它们不来源于社会，甚至与社会相对。在涂尔干看来，人性中属于社会性的那一部分，是集体欢腾的情感强度孕育并滋养的。比如说，人们的行动之所以遵从道德义务，并不是理性的原因或纯功利计算的结果，而是因为这些道德义务的神圣性。事实上，观念和情感构成了社会成员的遗产，但它们是"非个人性"（impersonal）的，它们是经社会演化而形成的，并非任何特定个人的产物或特性。也就是说，在我们心中存在某种"非个人"的因素，因为某种社会因素内在于我们每一个人。既然社会生活既包括表现，也包括实践，那么这种"非个人性"就自然而然地扩展到了观念和行为上面。

③ "制度化的个人主义"这一概念最初体现在帕森斯关于社会变迁思想分化、包容和价值普遍化三个观念之中。一方面，人在个体化过程中应当获得更多的自由和自律；另一方面，自由度的提高又得到了决定论的描述：即便是从苛刻的强制中解脱出来的制度化的行为期待，也被描述为一种新的规范期待，即一种制度。其实，帕森斯这一线性自我再生产系统的"制度化的个人主义"（亚历山大，2000：58~59），在笔者看来，是第一现代性的调节系统，主要强调一种制度对于个体的限制和束缚。而第二现代性下的制度并非完全是社会性的，同时也是社会—技术的。它是一种复杂的线性系统，或被称为非线性系统。第二现代性的常态性混乱，既是由非线性系统来调节，也是由强力交织在一起的社会系统和技术系统来调节的，或者说得更准确些，就是由社会—技术系统来调节的。正是在社会的东西和技术的东西相互交织的地方，我们发现了第二现代性的个体，获得了"为自己而活"的不确定性的自由，而这种自由使得个体享有哲学意义上的自由之美名，却担负着现实处境中沉重的负累。

处于整合个体的支配地位，个体始终受到来自外部的束缚和压力，没有自主性与能动性。正是在这种背景之下，哈贝马斯在反对涂尔干、帕森斯的线性理论和帕森斯式社会学基础之上，试图否定社会结构，通过沟通行动来建构线性的社会系统。[①] 在贝克看来，哈贝马斯行动线性的另一面变为涂尔干、帕森斯的系统线性。

由此，贝克从社会结构层面批评了哈贝马斯的行动线性论。在当前的风险社会的自我概念中，社会具有自反性，也就是说，社会成为自身的一个主题和问题。风险的范畴代替了理性个体的线性逻辑。因而，人们的反思性判断总是不确定的、有风险的，但同时也向革新敞开了大门。这明显不同于哈贝马斯所刻画的沟通理性观念。另外，从个人主义立场出发，贝克批评了涂尔干的道德—伦理个人主义、帕森斯的制度化的个人主义，因为这些僵化的个体化观念忽视了在社会结构变迁背景下新的文化观念的形成。在贝克看来，在个体化进程中，个体会确立自主的合法性，即一种"为自己而活"的选择性人生；与此同时，一种新的社会伦理将会形成一种"我们感"，即"利他个体主义"。这二者看似矛盾，实则有内在的、实质性的关联。

其次，贝克批判了以新自由主义为代表的自由市场个体观念。占支配地位的新自由主义描绘了自由主义政治思想、理性选择理论和经济学理论等理论假设（Clarke，2004；Hindess，1996）。它假设独立的个人是理性的、追求物质财富的自利的人，个体能够把握其生活的全部，从而排斥公众或社会干预他们的生

---

① 因此，他希望完成这两个范畴的综合。哈贝马斯认为，现代社会的生活世界是殖民化的，系统以及系统理性化的特质已经比生活世界以及生活世界理性化的独特形式更具有优势。其解决之道在于生活世界以及系统必须以各自的方式实现理性化。系统和它的结构必须能被允许变得更具有差异性、复杂性，但生活世界必须再精练以便让自由沟通变得可能，让论辩主张能够胜出（杨君，2012）。也就是说，在哈贝马斯看来，生活世界和系统这两者的完全理性化能促使它们相互成长，而非以相互压抑的方式结合在一起。行动者中的个体能够通过交流、沟通来实现生活世界和社会系统的融合（杨君，2013b）。

活。这一模式等同于个体与自由；后者被认为是人们的生活没有受到外界的干扰。

在贝克看来，"自雇企业"鲜明地反映了这种观念。在"自雇型企业家"的概念中，个人生活被当作企业来设计。在这样的企业中，人必须把自己当作资本，以发自内心的、前瞻性的顺从态度迎合市场的条件，以此来安排个人生活的方方面面。如此一来，人就成为他自己的雇主。因此，贝克认为，"自雇企业"中人的形象应该与他所讲的个体化形象明确区分开来。贝克引用了塞纳特的话，批评性地指出，"自雇型企业家"生活于幻想中，即生活于毫无限制的自治的幻想中。他觉得自己是巨人海拉格斯，是一个小规模的全球活动者，觉得自己生活在社会真空里面。他的确具有单子的幻想，即人完全互补依赖的幻想。从严格意义上说，他生活在错误的观念中。原因在于，这种"自雇型企业家"归根结底只是极其复杂的社会化形式中一种人为的结果，其实他有极大的依赖性，他现在不仅要依赖民族国家或地方特性，还要依赖世界体系。不难看出，新自由主义理念的矛盾之处在于：正是"自雇型企业家"全面依赖于世界市场丛林中的种种全球势力的时候，他们想像"鲁滨逊"那样在世界社会中过一种与世隔绝的生活，而没有意识到自己的依赖性。因此，这是一种极具幻想色彩的观念，同时也是极其矛盾的观念，因为"自雇型企业家"没有意识到自己所处的社会条件。

贝克对新自由主义的批判经验和理论得到了批判理论、女性主义、后殖民研究和后结构主义的支持（Weedon，1997；Rose-neil & Budgeon，2004）。包括对殖民统治的前任和现任者的权利主张，男同性恋者和女同性恋者，残疾人，受国家救助的人和妇女等，这些个体并不认为自己是一个自足的个体，也没有反对接受来自外部的集体机构的帮助，而是试着去了解如何通过公共干预措施和组织来增强传统上被边缘化的社会阶层成员的自主性和自我决定的能力（Yeatman，1994）。与此同时，这种观念与工作、家庭、社区诸领域中的日常经验明显不符。众多的经验表明，个体并非单子，也不是自足的，而是与他人的联系越来越多，包括全球网络层面和制度层面的联系（贝克，2011a：30）。自足这一个体观念，最终意味着一切义务的消失，这也是新自由主义必然危及西方福利国家的缘故。

（三）贝克个体化理论的起点

个体化理论描述的是个体与社会关系的一种结构性的转变。在个人和机构自反性的时代，个体的主观性促进了个人行动和反应，从而影响社会制度的变迁，个体在享有一种为自己而活的"自我文化"时，也不得不处理来自系统和社会的风险（Nollmann & Strasser，2002：3－36）。针对以上对个体化理论的回溯和批判，笔者以为应该转换研究视角，从全球化角度和个人—社会互构角度重新理解个体一词的内涵，深化对个体化理论的研究和思考。

基于以上论述，个体化理论的已有研究局限在民族国家范畴内，忽略了全球化对于私人生活变革产生的影响。全球化的兴起对个人生活意味着跨国多地生活的形成（例如多地婚姻），这是个人生活领域中全球性的重要特征，它推动了个人生活经历的全球化（贝克，2008a：76～77），表明全球化影响着我们每一个人，所有人的生活都是全球地方化的生活。在此，我们面临着全新的生活形态：各大洲、文化以及宗教的对立和矛盾，包括第一世界与第三世界，臭氧洞和疯牛病，养老金改革和各国政党的烦恼，这些都存在于无法封闭的个人生活之中。全球化不是作为一个庞然大物在外部威胁着我们，实际上，它就盘踞在个人生活的私人空间里。甚至有的时候它决定着我们个人生活的良好特性和特征。因而，个人生活不再受到地域限制，也不再是特定和定居的生活。个人生活经历的多地性、跨国性，个人生活的全球化，不论是出于自愿还是被迫的抑或是两者兼有，人们的生活跨越了被分割的不同世界。多地生活不断迫使个人建构自己的生活，过一种变来变去的个人生活。

从个人—社会关系的角度来看，个体化并非一种新生的社会现象，而是个体与社会关系的一种结构性变迁。我们应该把社会科学意义上的个体化与新自由主义的个体化区别开来。社会学的主要理论家已经将个体化作为一种基本观念，即个体化是复杂、偶然，同时也是高水平的社会化的产物（贝克，2011a：20）。尽管他们对个体化的叙述差别很大，但他们的观点贯穿着一条主线，即个体化：①是高度分化社会的结构特征；②不仅不会危及社会的整合，反而是实现整合的条件。人的主体性所释放出来的个人创造力，被认为是社会在急剧变迁状态下进行革新的空间。自反（晚期）现代性下的个体特征包含一种流动的逻辑，并非个体选择的自由，而是要认识到自我本身从根本上说是不完善的，这是个体成为个体的观念过程。这一过程是个人与社会之间"交互观念"的想象：社会形塑了成员的个性，个体则在他们通过交往编织成的相互依存之网中，采取合理、可行的策略，用他们的生活行动造就社会。这种观念既与撒切尔夫人、里根、老布什所主张的占有式、自我本位主义的个体主义明显不同，也与当代全球自由市场宣称的新自由主义观点明显不同。更为重要的是，这种关于个体范畴的观念，甚至与启蒙运动中伦理的、利他的个体主义也截然不同。启蒙个体主义，更多的是"作为个体"，而非成为个体，这是因为启蒙个体主义发端于贝克所谓的"简单现代性"，而个体化理论属于"自反（晚期）现代性"现象。简而言之，个体化正在变成自反（晚期）现代性社会自身的社会结构，个体在历史上首次成为社会再生产的基本单元。要成为一个完善的个体，个体就不得不在建构和创造主体间性的过程中实现自我。这个社会不是"克鲁索"所描绘的人人为己的社会。恰恰相反，在日常生活中，生成了一种新的社会伦理，这种伦理能把个体自由和与他人的关系，甚至是跨国关系结合起来。因而，贝克的个体化命题就从社会学视野中的结构—行动范式转变为结构—价值范式。

第三章　现代人的私人生活

　　一般来说，贝克的个体化理论属于社会科学范畴，尤其是社会学领域对个体化问题研究最为系统的理论阐释，在当代社会学中赢得了众多学者的认同和赞赏。他们主要运用定性和定量的方法研究该理论，并对其所提出的基本命题或结论进行对话、阐释和修正。就此而言，贝克的个体化理论不仅继承了古典社会学的经典命题"个人与社会"关系的探讨，更为当代社会结构变迁背景下现代人的生活境况提供了新的解释命题和理论创新。

　　其实，个体化既是新的理论命题，又是一个鲜活的经验问题，除个人的原因之外，贝克为什么要对"个体"进行重新研究呢？笔者认为大致包括以下几个原因。第一，与古典社会学理论对话，试图为个人与社会关系命题提供新的解释范畴。贝克的个体化论题描述的是社会制度以及个人与社会关系的一种结构性的、社会学的转变（Beck，2002：202）。它暗示个体化是社会结构转型的产物，而不是来自社会进程的个人解放（Beck & Willms，2004：101）。由此，贝克批判了社会学中结构与行动二元对立的观点。从社会结构层面来看，贝克批评了以哈贝马斯为代表的行动线性论。在他看来，在当前的风险社会的自我概念中，社会具有自反性，社会成为自身的问题。风险的范畴代替了理性个体的线性逻辑。因而，人们的反思性判断总是不确定的、有风险的，但同时也向革新敞开了大门。贝克笔下刻画的社会图景明显不同于哈贝马斯所宣称的沟通理性观念。而从个人主义立场来看，贝克批评了涂尔干的道德个人主义、帕森斯的制度化的个人主义，因为这些僵化的个体化观念忽视了社会结构变迁背景下新的文化观念的形成。贝克并不认为个体化的主观性和客观性现象是彼此截然分开的，因为这种区别假设社会结构已经超出了个体主动性的控制。相反，在他看来，自反性现代化和个体化的结果，模糊了结构、意识和阶级之间的区别。所以，在此种背景下，个体化不能再被理解为仅仅是通过客观的阶级分析所揭示出的主观现象（Beck & Willms，2004：101）。这是因为，在个人和机构自反性的时代，个体的主观性促进了个人行动和反应，从而影响社会制度的变迁。用贝克的话来说，个体化也意味着生成新的文化，个体正在变成第二现代性社会自身的社会结构（贝克，2011a：31）。

第二，是与新自由主义的争辩。贝克认为，个体化既不是新自由主义一再宣称的利己主义，也不像许多人所设想的个人获得越来越多选择自由和自主生活，借此使个人具有个性和独特性。这就表明，个体化并非表达了一种自给自足的个体观念。贝克的个体化是指从制度化的个人主义入手。制度化的个人主义表明，个体化不仅与个人的感受形式有关，而且涉及现代社会的各种制度，譬如发展自我的必要性、摆脱集体规定的必要性等。

第三，涉及贝克对当代人生活文化的诊断：要成为一个完善的个体，个人不得不相互交往，建构和创造自己的主体间性。这种文化观念不是《鲁滨逊漂流记》中人人为己的荒野社会。恰恰相反，在日常生活中，个体化生成了一种新的社会伦理，这种社会伦理能把个体自由和与他人的关系联结起来。贝克相信，新的社会伦理将会形成一种"我们感"，这种"我们感"类似于某种合作个体主义或利他个体主义（贝克，2011a：246）。既为自己打算又为他人而活，这二者看似矛盾，实则有内在的、实质性的关联。

基于以上认识，本章是阐释贝克个体化理论的一次尝试，但无意于后续学者对此命题的评述，笔者的关注点是"个体化"的理论贡献，即贝克提出的作为解释框架的个体化类型学。除此之外，笔者还将结合其他学者的研究阐述其理论意义。最后，笔者还将联系贝克的相关著作，探讨贝克个体化理论的实质性问题，特别是私人生活与公共生活之间的关系问题。经由以上论述，揭示现代人的生活境况，以此彰显个体化理论对现代人生活的意义。

一 贝克的个体化类型学

在《风险社会》的第二部分"社会不平等的个体化与生活形式和传统的消亡"中，贝克提出了由三种个体化类型构成的"个体化类型学"。在贝克的论述中，个体化并非一种单一的线性理论模式，而是充满诸多的矛盾和紧张。因此，从类型学的视角阐释个体化理论具有重要的理论价值和现实意义。

（一）个体化命题与个体的类型学分析

实际上，《风险社会》提出了不止一种个体化现象。例如，在探讨"个体化生活境况和生涯模式"的关系时，贝克认为个体化既不是一种自然现象也不是一项 20 世纪下半叶的发明。相应的个体化生活方式和生活境况在文艺复兴时期，在中世纪的宗教文化中，在清教徒内心的禁欲主义中，在农奴从封建束缚的解放过程中已经出现了，同样的状况发生在 19 世纪和 20 世纪早期现代家庭的松散化过程中，发生在离开乡村和城市爆炸性发展的过程中（贝克，2011a：235）。在这一普遍意义上，"个体化"是指文明进程中某些主观生涯性的方面。现代化导致了中央集权化的国家力量、资本的集中、更紧密的劳动分工和市场关系网络，以及流动性和大众消费的发展。与此同时，贝克认为还产生了一种普遍化的三重个体化：脱离，即从历史地规定的、在统治和支持传统语境意义上的社会形式与义务中脱离（解放的维度）；与实践知识、信仰和指导规则相关的传统安全感的丧失（去魅的维度）；重新植入——在这里它的意义完全走向相反的东西——一种新形式的社会义务（控制或重新整合的维度）（Beck，1992：206）。在此，贝克所谓的三重个体化分类可简化为：①个人从旧有的社会形式与联系中解脱出来（解脱面向）；②旧有的信仰与规范失去了意义（去魅化面向）；③个人嵌入了新的社会关系（控制或再整合面向）。

如此一来，可以将贝克的个体化进程概括为四项基本特征：①去传统化；②个体的制度化抽离和再嵌入；③被迫寻找为自己而活，缺乏真正的个性；④系统风险的生平内在化。

另外，根据贝克个体化方法论的论述，个体化命题描述的是社会制度以及个体与社会关系的一种结构性的、社会学的转变（Beck，2002：202），因此，它暗示个体化是社会结构转型的产物，而不是来自社会进程的个人解放（Beck and Beck-Gernsheim，2004：101）。在此基础上，佛列德利斯（Friedrichs，1998：35）进一步批判和诠释了贝克的观点。他将个体化区分为以下三阶段：高程度的制度化；逐渐增强的制度化及个人选择可能性的增多；再制度化。若对后两个阶段做更细致的描述，则可区分为以下三个过程：①对传统机制依赖程度的降低；②选择多样化，个人可规划自己的生涯史；③新的制度化依赖，最重要的是劳动市场。①

根据贝克的论述，个体化是社会制度结构性转变带来的个人与社会关系上的变化。虽然并不总是明确的，但当代的学者都提到了"去传统化"，或从传统关系和从属关系中脱离，从个体化根源的集体结构中解体。其隐含的假设是，从传统思想、价值观、规范和信仰中分离出来，产生更大的个人自主权和个人选择自由的意识形态来塑造他们的生活。个体化实际上不是什么新东

---

① 以上①与②的观点来自贝克关于个体化的论述（Beck，1992：116 - 117，1998：14 - 15）。

西，而是一种假设不同形式的周期性现象。由此，贝克所谓的三重个体化，其头两个面向——解脱面向与去魅化面向，均属于旧社会秩序瓦解的过程。简单地说，个体化进程包含旧社会秩序解体与社会再整合两个面向。对个体化这一命题的理解，贝克夫妇早在1994年的论文《迈向个体取向的社会学》一文中就有所阐释，在他们看来，当既定的社会生活形式瓦解之后（例如阶级和地位、性别角色、家庭、邻里关系等），与此伴随的问题是：出现何种新的生活形式。以上对于个体化进程的理解符合贝克在《风险社会》中论述个体化的三个变化维度：解放（从制度结构获得自由）、不稳定（失去传统的确定性）和重新整合（控制公共生活的新形式）。因而，笔者以为，那些广为传播的个体化现象就是根据贝克所谓的社会制度的结构性变迁来划分的。三重个体化类型包括去传统化的自由、放松的制度规则、价值观的重新整合。因此，这个类型学就是贝克笔下试图一再应用的个体化理想类型。

根据贝克在《风险社会》中的相关论述，贝克并未对客观结构变迁背景下的个体化生命历程进行详细阐释。对这一研究问题的忽视遭遇到了诸多学者的批判（Yan，2010）。在他们看来，必须明确区分贝克笔下描绘的制度化的个体化（公民权利、政治权利和社会基本权利；新自由主义市场经济）与实际生活世界中的主观个体化（主体取向、意识、想象的共同体）。这一问题的关键是：在个体的结构维度与行动维度之间，是否存在某种逻辑关联或只有某种历史关联？为了回应这些命题，贝克在《个体化》中详细论述了主观个体化的生活历程：①去标准化的个体化（选择性的）；②默认个体化（循规蹈矩的）；③脆弱的个体化（社会道德沦丧的）。笔者认为这三个表述是原型的理想类型，且是并不完全相互排斥的类型。也正是因为如此，个体化的理论讨论也越来越多地与大量可检验的、可探索的、与个体化主张相关的实证研究相连接。

（二）自反性、默认性和"去道德化"的个体

为了详细探讨个体化类型学，我们不妨先来研究贝克个体化类型学中的具体内容。贝克认为，社会结构的变迁增加了个人选择的机会，增强了其自主能力，从而导致个体多方面的生命历程，也因此导致生命历程的多元化、去标准化或去结构化。由此，面对社会结构的去传统化，个人必须通过培养风险评估对自己过去和未来开发出适应性机制。去传统化的生活轨迹包含对选择的基本组件的风险计算和锻炼。其假设是个人检查风险，然后创建并采取一种生活方式，而不是从传统或前几代人手中传承生活方式。生活在这样一个具有高度选择性的世界，个体自反性成为一种本能地组织未来进程的行动。在个体规划中，自我成为一个"反身性项目"（Giddens，1991）。个人不断被迫组织未来和重建自己的传记来阐述快速变化的信息和经验。"自我"为了建立一个作为个体连贯一致的传记，被迫解释多样性的生活经验，从而被本能地塑造出来。为了达到自我实现的目的，个人必须首先通过使用资源来行使能力，如教育水平、阶级、解决问题的能力、支持网络或个人效能。[1] 这些反身传记和选择显示当前人类的选择范围是无限的、积极的。[2]

---

[1] 这种个体化的唯意志分类把个人的地方资源、权力、机构和选择集中在生命历程的形成中。这种方法符合齐美尔的著述，齐美尔关注增加自主权，但强调"创建真实性"，或强调个人努力表达以自我实现（Hoy，2004）。它还让人想起亚伯拉罕·马斯洛经典的需要层次理论，它认为，一旦个人满足生理的基本需求（生理需要）、安全、爱、归属和状态（尊重），他们会努力在层次结构上进一步来满足自我实现的最高需要（Maslow，1943：370-396）。

[2] 这一主题主导了个体化的理论和实证研究，但是在两个不同的形式上主导。第一种形式是越来越普遍使用个体化理论进行"操作化"，或者代表了一个社会中最个体化的群体。换句话说，按"个体化程度"排名不同群体以排斥最个体化的群体是一种最常用的尝试。最个体化的群体通常被认为是单身或那些不与另一半共同生活的人群。这种观点认为，这些个体把他们从传统的社会控制中有效地分离出来了，因此能够自我选择，自我实现，实现反身选择的传记（Roseneil & Budgeon，2004）。

　　在此，个体化的关键是把人的身份从既定的东西转变成一项责任，要求行动者承担执行这项任务的责任，并对其行为的后果负责。换句话说，自反性或去标准化的个体目的在于确立合法的自主性。在当前无数实证研究中，贝克去标准化这一主题的应用验证了：时间和生活事件排序的变化，为大量有形的、客观的个体化研究提供了证据。① 已有众多学术概念支持了贝克个体化理论中"自反性"个人这一特点，如"生命历程的去标准化"（Mayer & Blossfeld，1990），"生命历程的分化"（Berger，Steinmuller，& Sopp，1993），"生命路径的分化"（Lesthaeghe，1995：17 - 62），"复杂性"（Mills，2004）或"生命周期的去标准化或个体化"（Elchardus & Smits，2006）等个体化论题的去标准化生活方式解释性概念。

　　个体化进程中去标准化或自反性的个体，其对立面是默认或循规蹈矩的个体。最近的大量观点强烈反对去标准化、去结构化生活路径证据的考察（Billari，2001；Huinink & Wagner，1998）。这种分类的依据来自实证研究中大量标准化、结构化的生命历程持久存在。在贝克看来，人们从传统的经验和生活环境中解脱出来。然而，与此同时，每个人都处于一种相似的位置——他们都在消费制度化生产的东西。个体化，更确切地说，就是从传统生活过程中脱离——伴随着生活方式的一致化和标准化（Beck，1992：162）。贝克进一步举例证明，当所有的人在家独自看电视时，自然会出现一群孤立大众观看的社会图景，说得更直接一些，就是孤立的大众隐士的标准化集体存在（Anders，1980）。对

————————

① 如霍耐特指出，"生命历程的个体化描述一个容易观察到、客观发生的过程，这种观点似乎是没有争议的"（Hoy，2004）。他通过非线性的考察和高度不可预知的人生轨迹的增加、生活事件排序的更多样化、生命事件可观察到变化和其期望时间更广泛、新型生命事件的引入、平行生命域之间的更多交互（如个人同时可以担任学生、家长、伴侣和员工多个角色）、阶级等标准不平等结构的相关性支持的减少等一系列方式，支持去标准化生命历程的经验证据也越来越多。

于此命题，涂尔干曾在《社会分工论》中进行过详细探讨：适度的劳动分工和压制性制度的优势代表了社会团结的规范和信仰，提供了几乎相同的人生体验。

随着越来越多的人反对日常生活的去标准化，从现代社会寻找社会团结的不同来源就显得十分必要。凡伯伦对现代社会消费的研究，是从当代社会中汲取凝聚力因素最好的例证。他认为，现代消费者有一定的"主食"要求和规定，带有个人消费者征服标准指标的特性或"地方色彩"（Veblen，1904）。从这个意义上说，真正个体的机会是逃离现代标准化的消费来创建一个依赖性的、不深思熟虑的个人消费方式。这样，"没有适当的能力和准备的人，不需要太多努力，只需要简单地做一系列现代大众文化中适用的默认选项选择，即可以追求自己的生命历程"（Cote & Levine，2002）。科特（Cote）（Cote & Levine，2002）将此称为"默认的个体"，施罗尔（Schroer，2000）称为"循规蹈矩"的个体。

但这个群体是否真正只由那些缺乏"适当能力"的人组成，比如那些拥有较低的人力资本和社会资本的人组成，或者这个现象是不是一个更广泛存在的现象，仍然是一个实证问题。① 不管怎么说，贝克笔下刻画的个体特点并非自足的个体观念。像以往一样，个体不仅具有自反性的特点，也具有命定性的特点，而非仅有选择性。在个体自由选择的范围内，逃避个体化和拒绝参与个体化之游戏的事情大量存在。就像贝克所讲的那样："生活中的个体，终生都要去解决各种系统矛盾。"风险和矛盾依然被社会产生出来，个体不得不处理来自系统的矛盾。为了逃避风险，人们可能自觉选择一种对社会制度的依赖，以此形成一种标准化和一致性的安全生活模式。

---

① Schroer（2000）认为循规蹈矩的个体化不同于传统时期纯粹循规蹈矩（从传统中解放但仍讽刺地保持着因循守旧的平行趋势）的群体组成的"不偏不倚"的概念化的个体化。

　　按照贝克的论述，个体化在流动的时代意味着什么？通过前面的论述，贝克坚持个体化理论所呈现的个人从传统中获得解放，获取一种增强自主能力的机会。然而，贝克引用涂尔干社会结构变迁的观点表明，在从一种社会结构转向另一种社会结构的过程中，必然出现社会的动荡不安，容易出现社会的"失范"现象。在贝克笔下，这种"失范"有可能转变个人选择和行为对个人责任感的风险和负担。换句话说，就当前的个体化特征而言，我们依然面临一个问题，即在命定的个体性和作为自决实践能力的个体性之间（后者对应着个体化）——贝克用这个词来区分自我维持、自力推进的个体和仅仅被"个体化"的个体，后者指的是别无选择、只能如此、仿佛个性化并未实现那样去行动的——有一道正在逐渐拓宽的裂缝（杨君，2013b）。

　　贝克详细讨论了集体的或社会的控制对日常生活决策影响的削弱。传统的退化导致出现了决策行为后果的模糊性和不可预测性，从而导致个人被迫对生活事件做出具有选择性的和高度不确定性的抉择。去标准化既表明了对个人选择和责任的强烈关注，也带来了有关决策选择的真空规范、信仰和价值观。这刺激了脆弱的或社会道德沦丧的个体化的发展，社会关系和价值观的弱化使人没有任何相关事务的道德指导。在某种极端形式下，当个人无法从群体中获得足够的监管和指导时，将导致社会道德沦丧的自杀。

　　毋庸讳言，传统的退化导致决策行为后果的模糊性和不可预测性，或者导致贝克所宣称的"风险社会"的产生。这种不确定性导致个人被迫对生活事件做出具有选择性的和高度不确定性的抉择。生命历程的选择逐渐模糊，不仅仅在于替代选择的问题（如选择一个事业或建立一个家庭），还在于什么时候做出选择的问题。因此，如贝克所说，个人可能会不断从他们的欲望和实际生活中体验到差异，撤回或放弃生活事件，或难以承担特定的或多样化的角色，从而产生脆弱的身份，并不断得到重新解释。

（三）自由与风险：现代人生活的双重维度

个人从依赖传统向标准制度结构转换的潜在假设是，在前现代时期，命运和天数起着重要的作用。命运的概念与"运气"相关，反映了命定的人生道路通常由宗教、宇宙论或老一辈的习惯传统绘制这样一种想法。相比之下，在个体化的时代，命运和天数失去了它们在自然和社会世界对世俗化和人类的控制。一般来说，或许只有在主观上，个人才认为正在控制自己的命运。在贝克笔下，个体化预示着一个转变的过程，责任风险从社会结构（如福利国家或雇主）转移到个人身上，通常称作"个体化的风险"（Mills，2004）。随着不确定性和风险的加剧，或由于传统的消亡，"风险社会"的增长（Beck，1992），在近代世界，风险涉及自然灾害风险以及军队、地方军阀和人类暴力的风险。相比之下，在现代世界，风险源自自反性，来自工业化，来自战争的人为暴力、环境恶化，而且，更具体地说，涉及生命历程中个人无意义改变的威胁，个体的适应性和高度强调自我认同、自我实现、个人主义和个人责任的生命历程。

风险社会的出现和个人自由的获取，要求个人被迫发展出具有"反身性"的传记。在这里，个人要不断面对多元化的、不确定的生命历程，被迫发展出可"计算的态度"对潜在的行动做出预测。或者，如吉登斯（1991）所说："我们别无选择，只能选择如何生活以及如何行动。从而，个人的欲望和选择越来越产生于'自己生产、上演和拼凑自己传记的各种制度'。"正如齐美尔（1990）指出的那样："摆脱传统束缚的个人自由概念意味着越来越个体化。"齐美尔目睹了越来越多社会关系的匿名化和集团联盟关系的破裂。他主张，尽管从集团联盟归属和更多的匿名关系中解放出来导致多样性和可能性选择的增长，但这些趋势不一定保证个人自由地做出选择。这是违反直觉的，也因此，个体化存在一个核心矛盾，即可能导致自身的匿名和缺乏组织关系，致使个体越来越孤独、隔离或冷漠。

不难看出，选择的自由和选择的阴暗面可能带来高度的焦虑、负担感，甚至抑郁。生命历程越来越成为个体负担的体验过程。当一个人失败了，他不能再呼喊甚至指责他的家人、朋友和（福利）国家。在西方社会，闲暇时间的增加，加上对自我实现的关注，个人有了更多的时间来思考他的存在和人生选择，而不仅仅是继续追寻既有的传统。

二　家庭、私人生活与个体化

埃利亚斯把他最后一部书取名为《个体的社会》。他继承了古典社会学中个人与社会关系经典命题的探讨。在他看来，在个体化的时代，社会形塑了成员的个性，个体则在他们通过交往编织成的相互依存之网中，采取合理、可行的策略，用他们的生活行动造就社会。在此，埃利亚斯（2003）试图将过往个人与社会的二元对立概念转向"交互观念"。也就是说，把社会成员铸造成个体，这是现代社会的特征。不过，在贝克看来，这种铸造并非一蹴而就，而是一项坚持不懈的活动。现代社会既存在于自身的个体化活动中，也存在于个体活动之中，[①] 因此，社会和个体双方不会长时间保持不变。个体化的含义也始终在变，不断呈现新的形态，因为它过去累加的后果不断预设新规则，不断增加新的游戏筹码。另外，个体化也不是自由的决定，而是个人被强迫形塑、导演自己的个人生活和社会网络，在自我形塑的过程中，伴有个体喜好和生活世界的变迁，个人必须配合其他的个体以及劳动力市场、福利国家等的规则（Beck and Beck-Gernsheim,

---

① 个体日复一日对其相互关系进行重塑和磋商形成的所谓"社会"。

1994：19）。实际上，在贝克笔下，个体化理论的背后并非新自由主义所宣称的"自足个体"，而是展现了现代人生活风格的新面向。因此，关于个体化的诸多论述都必须结合其生活方式才能得到深入和充分的理解。

（一）阶层理论困境与不平等的个体化

在传统社会学中，个人被置于某一社会类别之下，社会学关心的不是个人本身，而是个人的社会属性。传统社会学又假定，少数几项社会属性是社会分类的主要指标。这些基本的社会属性是社会人口变项，包括职业、收入、受教育程度、性别、年龄等，而前三项又是阶级划分的主要指标。传统社会学希望所有的个人都能纳入基本的社会分类架构下，而社会阶级便是传统社会学中最重要的基本社会分类架构。最具代表性的阶级分类框架是马克思关于社会阶级与个体化关系的思考。他将个体化的过程和阶级的形成视为同一。如贝克所说，个体化过程只在马克思所预言的阶级形成条件的物质贫困化被克服的时候才能确立。也就是说，马克思否定了在阶级社会中产生个体化的大趋势。在贝克看来，马克思笔下的个体化主题只在少数几个国家里发生，并且只是在最近的福利国家发展过程中才被意识到。另一位社会学家韦伯，更为赞赏马克思所忽视的现代生活方式的巨大变动，但与马克思一样，他也否定了在市场社会中出现的个体化趋势。韦伯抛弃了马克思关于阶级社会与个体的关系的论证。按照韦伯的论述，朝向个体化的趋势被基于身份的传统与"亚文化"的延续性和权威所阻碍。无论是马克思笔下强调的阶级社会中的个人，还是韦伯笔下基于身份制约的个人，都表达了工业社会时期，人们生活在一种结构性的现代社会中，个人没有任何自主性的空间。对于阶级或身份团体概念而言，传统社会学者仍然相信每个人在社会中固有他的位置，这表明，一个人的地位或身份在很大程度上决定了他的思考和行为模式。

正是因为如此，在传统社会学中，人的社会属性，也就是人在社会结构中的位置先于人们的生活方式。在关于阶级、阶层模式的质疑和宣称阶级、阶层终结的争端之中，出现了对个体化现象的讨论。学者们关于个体化主体是否会增加个体对全新的不平等结构和"没有阶级"社会的关注，或者只会加剧现有的不平等结构，展开了激烈的争辩。总体而言，德国学者关于个体化命题提出了独特的见解并达成了一致性的三个命题：①社会阶级（阶层）模式描述的社会不平等是团体（亦即阶层或阶级）间的不平等（Kreckel，1997：123），并且此种模式假定，同一阶级（阶层）的成员有着共同的社会性质与命运；②他们用垂直式的语意学（上、中、下阶级或阶层）描述社会不平等的结构；③社会阶级（阶层）模式视收入、教育、声望、权力为主要的社会不平等面向（Hradil，1987）。

其中，争辩最为激烈的是，上述③使社会阶级（阶层）模式无法涵盖所有的社会成员、社会部门和社会次体系。因此，自 20 世纪 60 年代末，学术界越来越倾向于以较广泛的"社会不平等"概念取而代之（Kreckel，1982）。这是因为社会不平等的真实结构远比社会阶级和阶层结构更为复杂。① 这就使得研究者应对社会不平等的真实状况显得更为困难。因此，一些学者开始对阶级和阶层模式进行修正。例如，英国社会学家桑德斯（Saunders）注意到社会福利制度带来的新的社会不平等关系。他认为阶级关系不是只能从生产关系来界定，消费的社会关系也具有重要性。在他看来，福利社会的消费分化可以使我们区分出两种阶级：其一是以私人所有在市场中满足主要消费需要的阶级；其二是主要消费需求依赖于国家供给的阶级（Saunders，1986：289－351）。按照桑德斯的论述，社会福利制度并未消除阶级，只是对阶级进

---

① 如无经济自主性的社会成员，或者根据他们的经济支持者（例如家庭主妇根据其丈夫、未成年人根据其父亲或母亲），或者（例如退休者）根据他们从前、例如学生）未来（可能）的经济活动，来决定其隶属之阶级阶层。

行了重新划分和定义。此外，法国社会学家布迪厄（Bourdieu，1974：274 - 404）试图以生活风格代表社会不平等模式新的方向。但是他依然没有放弃阶级这一概念范畴。在他看来，社会空间概念包含两个层面：社会位置和生活风格①。联结社会位置与生活风格的是惯习，即客观的生活条件塑造了惯习，而惯习又决定了生活风格。

如前所述，桑德斯和布迪厄对阶级概念进行了修正和再阐释，他们的分析方法不同于过去的阶级分析方法，集中关注日常生活的变迁。但是，他们很难用阶级范畴来展开丰富多彩的经验研究。他们只能根据客观的收入水平、工作结构和就业结构来展开阶级研究，却无法用阶级范畴来分析人们如何生活和思考，吃什么，穿什么，如何恋爱，如何安排自己的生活，等等。如果想知道一个人的生活世界，了解他们的生活方式，就必须摆脱阶级范畴（贝克，2011a：241）。针对此问题，贝克及赫拉迪②（Hradil）都明确提出了个体化论题，他们的论题比其他社会不平等概念更具有杀伤力。③ 1983 年，贝克提出了具有挑战性的问

---

① 在布迪厄看来，社会位置牵涉的是客观的生活条件，具有相同位置的人组成某一阶级；生活风格则是行动者在象征体系中的外显行为（Bourdieu, 1998：171 - 399）。

② 赫拉迪认为，不平等不仅与客观的生活条件有关，也与个人的态度、气质等主观因素有关。经济的富裕、信息的爆炸及社会福利的扩展，使个人越来越有能力规划自己的生活，主观因素与不平等之间也因此有了越来越强的相关性。因此，社会不平等的个体化得以形成（Hradil, 1987：161 - 162）。换言之，哪些生活条件是重要的、自己过得比别人好或是不如别人，越来越属于个人主观认知的问题。很明显地，赫拉迪所谓的生活风格与前文提及的布迪厄的生活风格概念是不同的。对于布迪厄而言，生活风格与社会阶级密切相关，某一社会阶级内相同的生活条件导致该阶级成员拥有近似的惯习（habitus），而惯习又决定了该阶级的生活风格。赫拉迪的生活风格概念与外在的社会不平等结构间则不一定有相关性存在；生活风格可以是客观环境条件的产物，也可以是个人的主观选择。因此，在赫拉迪看来，生活风格未必与社会位置相关（Hradil, 1987：164）。例如，消费风格固然与收入（客观条件）有关，但也与消费者的主观品位、欲望有关。

③ 克里克尔（Kreckel）则有所保留。总体来说，德国学者对于社会阶级的终结这一论题持有保守的态度，即便贝克也是如此。

题——是否西方社会已经"超越地位和阶级"？他问道，是否新的社会条件、个体化和多元化带来了社会阶层的标准分层模型？紧接着，贝克又宣称个体化产生"新的不平等和不安全感"。此外，在贝克（Beck, 1998b: 1）看来，"个人的安全问题盛行在几乎所有的社会位置"。在某种程度上，我们已经进入了一个"后阶级社会"。他说，"即使在看似繁荣的中间阶层，大多数人的基本生存和生活世界依然流行着不安全感"。贝克（Beck, 2002）甚至挑战旧有社会构造的标准阶级分类，并指其为"僵尸范畴"或者空的表达式，可以不再作为一个重要的预测指标。社会阶层的消亡是一个有用的预测类别，是对整个社会群体平等的不安全感进行革命性预测的类别，他试图推翻先前分层和社会不平等的研究。

在贝克提出"超越地位和阶级"[①]观点之后，德国也开始出现对个体化的讨论。当时有种观点认为，个体化只和富人有关，但一些关于穷人个体化的重要研究对此提出挑战。研究表明，在不同的人之间，在不同的时间段之间，贫穷的内涵是多变的。当然，长期来看，贫穷人口还会增长。但是在此过程中，既有人陷入贫困，也有人摆脱贫困。个体化使穷人中间没有形成政治组织。在贝克眼中，没有阶级的资本并不意味着将来会更加平等，更加不平等也是可能的。只有在个体化背景下，或者更准确地说，在原子化背景下，才能恰当地理解当前盛行的那种排斥观念。在个体化催生的制度环境下，个体失去了传统保障，也不再有机会获得现代性的基本权利和资源。

———————————

① 贝克认为，英国有一种社会学依然把阶级作为核心说明范畴。就连吉登斯的著作也不例外。这种社会学把阶级范畴相对化了，但他们依然相信不能抛弃阶级范畴，这么做的原因可能与英国的经验有关。但是，他们对阶级身份的经验定义是以家户范畴为基础的，而家户要么是用男性户主界定，要么至少是根据家户的做主者来界定的。在贝克看来，这种定义阶级的方式根本不切实际。如今无论是用经济术语还是用社会术语，没人能真正说清楚什么是家户。

贝克关于"社会不平等化"的这一论述也在实证文献中得到了诸多学者的验证。如同根据个人的不同特点选择享受的运动或专注于自我实现的不同方式，脆弱的身份和风险负担也集聚在特定的社会群体中。选择和自由、从事反身传记的能力分布是不平衡和不平等的（Mythen，2005）。例如，麦克德莫特和格雷厄姆（McDermott & Graham，2005）关于年轻母亲的一项研究证明，显示自反性和个人主义的实践和能力深刻地展现了结构化的社会不平等。当个体做出决定的能力、资源和权力不同时，这意味着风险经常在底部阶层或弱势群体如年轻母亲群体中积累。

尽管贝克所宣称的"无阶级社会"概念得到了更多的实证研究支持（Leisering & Liebfried，1999），但也有大量的经验证据反对此说法。研究表明，社会阶层持久存在于对个体生命历程的机遇和约束的建构中（Breen，1997；Erikson & Goldthorpe，1992）。例如，柏特伦和纳里贝克（Bertram & Dannenbeck，1990）发现，社会不平等的经典指标（即教育水平、职业地位、家庭收入和地区差异）在德国仍然是有效的预测因子。也许最确凿的一个实证研究当属德国社会学家科勒（Kohler，2005）最近的著作，他验证了个体化主题的"超阶级"假说。科勒使用来自28个国家的实证数据，检验了是否垂直社会地位的不一致性有所增加以及社会阶层对个体日常生活的影响有所减少。证据表明，结构化和去结构化的个体化并没有单一的线性过程。

与此不同，诺尔曼和斯特拉瑟（Nollmann & Strasser，2002）将个体化论题从社会阶层研究中移开，在这场辩论中提出了另一种声音。他们认为个体化实际上并不代表社会不平等，而是应该作为解释方案，并要求回到韦伯对社会行动进行解释性理解的关注上。这意味着关注特定的行动动机的背景，将职业阶层的解释方案与非正式团体和个人自我反省的解释方案进行对比。忽略他们所处的位置，个体化不仅可以为脆弱的生命历程带来更大的可能性，而且对于被边缘化的社会群体，这种脆弱的可能性也更直接和强烈。西方社会似乎还尚未"超越地位和阶级"，其社会机会仍然强烈地嵌入社会结构中，反过来对于个人的位置来说仍然是一个中肯的预测（Wohlrab-Sahr，2003）。

如前所述，贝克（Beck，1992）笔下描绘的个体化图景是一幅被迫的个体化生活境况。尽管一开始贝克的个体化研究主要集中于客观层面，但是主观层面是否也有加强的趋势，则是有待研究的。在贝克看来，不管原因是否在于主观的个体化，异质性增强的事实使得大团体社会终结，社会阶级作为传统社会学中最重要的大团体，其作用明显式微了。通过个体化这一概念，贝克试图弄清楚人们在认同和意识方面如何应对社会结构的变化，并考察他们的生活处境和人生轨迹是如何改变的。因此，贝克进一步以家庭、婚姻为对象，详细探讨了个体化进程中人们生活境况中的最新动向。

（二）个体化与为自己而活的女性

在前现代社会和现代社会的早期阶段，个人生活于传统的社会纽带之中，这包括从事家庭事务、乡村公共事务、宗教活动。这些纽带具有正反两方面的性质。一方面，它们严格限制了个体的选择；另一方面，它们又提供了亲密与保护、稳固的立足点以及特定的认同感。只要这些纽带存在，个人就不会孤独，而是被整合到一个更大的整体之中。

向现代社会结构的转型，造成了意义深远的个体化进程，而这进程将人们从传统的纽带、信仰及社会关系中分离出来。就如韦伯在《新教伦理与资本主义精神》中所说，个体化过程是由宗教改革的教义展开，而后者取消了救赎的确定感，并将人们并入一种深刻的内在孤单中。在接下来的几个世纪里，这个过程在许多层次上继续展开。在贝克看来，在复杂的经济体系及其错综复杂的基础结构和渐增的世俗化、城市化、个人流动之中，都可以见到个体化过程。越来越多的人被他影响，目前，个体化过程已经扩展到独特的面向上。其结果是，我们每个人都逐渐被期待，也同时被强迫要求在任何特定社群或团体的限制之外寻找自己的生活。

对于个体而言，与传统纽带的断绝意味着从先前的束缚中解放出来。然而与此同时，紧密结合的社会所提供给人的支持与安全感也开始消失。当世俗化站稳脚跟、新生活方式孕生、价值体系与宗教竞相争取人们心智的同时，从前那些提供给个人取向、意义及大宇宙中托身之处的众多标志已不复存在。其结果是哲学家、史学家、社会学家及心理学家所描绘的一种内在稳定，从根本上开始失落。随着世界的"除魅"而来的是一种内在无依状态，个体孤身处于宇宙洪流之中（Berger，1973）。荣格恰当描绘了人与自然的关系已发生的变化：

> 我们的世界失去的人性的程度等同于我们的科学知识进步的程度。人类在宇宙中感到迷失，因为他不再是自然中必然的一部分，它已经失去了与自然现象间那种情感的潜意识认同。自然现象逐渐失去了它们的符号内涵。雷声不再是神明的怒号，闪电不再是施予惩罚的矛……石块、植物与动物不再对人们说话，而人们也不再怀着它们会懂的信念。人们失去了与自然间的接触，而此符号性结合曾经产生的强力情感能量亦随之一并消失。（Imhof，1984：174 - 175）

以上这种现象是个体化的初始阶段。在几个世纪里，传统的诠释即信仰形式——社会所规定的解答，已被逐渐磨蚀。当个体遇到一系列新的问题时，个体化的新阶段就开始了。在此，贝克通过引用雅各布·布克哈特（1979：161）在1860年出版的《意大利文艺复兴时期的文化》一书的话，描绘了中世纪人的意识：

> 睡梦状态或半醒状态，笼罩着一层集体面纱。它由信

念、幻觉和天真的先入之见编织而成。透过这层面纱，世界和历史蒙上了一层异样的色调。人们意识到，通过某种一般性范畴，自己只是种族、民族、政党、家庭或企业中的一员。在意大利，这层面纱最先破碎消失，从而使得客观对待和客观思考国家及世界的一切事物成为可能。与此同时，主体方面也通过相应的强调来宣称自身；人成了精神性的个体，并且他们自己也认识到了这一点。

其吊诡之处在于，布克哈特笔下文艺复兴时期所刻画的个体具有后现代主义的性质。在这里，时尚主宰了一切；诞生了政治上冷漠的私人个体；出现了编织或虚构的传记或自传；妇女按照男性典范接受教育。贝克对此进行猛烈批判，并一再强调，在现今时代，布克哈特19世纪所描绘的个体已不适合今日社会。那么，贝克所认为的个体化进程究竟出现了何种新的面向呢？简而言之，具有历史意义的东西，也是此前被少数人期望的东西——"为自己而活"——如今成为越来越多人的要求。在某些情况下，甚至成为所有人的要求。新增加的要素包括两个方面：其一，个体化的民主化进程；其二，社会的基本条件（劳动力市场、流动和培训的需求、劳动立法和社会立法、养老金分配等）。二者都有利于或强化了个体化。

贝克通过女性的家庭生活变迁，详细展现了女性"为自己而活"的过程。前工业社会的家庭，从本质上讲，是工作和经济方面的关系。在家庭中，男人和女人、老人和年轻人都有属于他们自己的位置和任务。与此同时，他们的活动也与其他人密切协调，并且必须服从于维持农场或作坊正常运作的共同目标。因而，在这样的共同体里考虑的不是个人，而是共同目标。

伴随着个体化而来的是19世纪重大的历史性断裂。家庭失去了工作和经济单位的功能，并与劳动力市场发生关系。在这一阶段，男人走出家庭，外出辛苦地工作。社会上注重个人的表现，这就意味着，现在重要的不再是群体，而是个体。然而，在19世纪，女性很少有机会去塑造属于她们自己的生活。对于底层阶级来讲，物质限制是如此严重，以至于他们所有的力气都用在了维持日常生活上。至于中产阶级，新的女性角色，连同所有相关的期待和依赖，使妇女完全限定在家庭中，照看孩子，被纳入新的私人空间，女性几乎无法获得自主发展。在这一框架中，一种新的依赖关系逐渐变得重要起来，那就是女性越来越依靠丈夫的收入，与此同时，丈夫需要她每天的劳动和好的照顾，才能在工作场所正常工作。由此，强制的性别角色就构成了工业社会的根基，而不是刻意轻易改变的传统。没有男女性别角色之别，也就不会有核心家庭存在。没有核心家庭，也就不会有典型的生活与工作模式。也就是说，19世纪的欧洲社会，在生产劳动分工面向上的性别角色形式，对于家庭结构模式的维持具有举足轻重的作用。男性在外工作，而女性随时准备为家庭而活，为团结家庭而活，其最高要求就是自制和自我牺牲。

家庭和个体化的新的历史阶段，始于福利国家的逐渐发展。在此阶段，国家出台了一系列社会保障制度（比如，养老金、疾病和意外保险）以应对市场的严峻形势，而为弱势群体提供了各种形式的物质援助，包括收入水平、教育基金、家庭救济金、住房公积金等。这意味着保障的更大公平。这些措施使得即便个体在劳动力市场中效益不好，或者水平非常一般，也变得不那么依赖家庭、慈善和个人。也就是说，社会保障从一开始就确保个人能够不依赖家庭而获得最起码的生存条件。家庭的个体成员不再必须无条件地适应家庭，屈从于家庭；如果发生了家庭冲突，他们可以离开家庭。个人设计生活的逻辑就由此变得极为重要，从而与家庭的联系则大幅松动。贝克引用了一个案例加以详细说明。

国家给予个人的好处，比他们所属的家庭给的还要多，因而，年轻女性越来越可能离开家庭，有几代人的大家庭有可能分裂，或者如果夫妻都有工作，他们更有可能离婚，由于国家减少个人在经济上的限制，个体的行动和流动的范围得以扩大。但这也增加了个体生活离开集体环境的可能性（Mayer，1985：291）。

与此同时，自20世纪60年代以来，女性正常生活经历发生快速变化。由于在教育、职业、家庭周期、法律系统等方面发生的变化，女性的一部分生活已经离开了家庭，她们不再需要依靠男性生活。相反，以某种天生就矛盾的方式，她们不得不选择一种自主的、自给自足的观念。这些变化的主观体现就是，在今天，女性越来越想要发展与家庭有关，也要和个人有关的期待、愿望和生活规划。首先，体现在经济方面，她们得事先为生活保障做打算——如果需要的话，不依靠男人。她们不再认为自己只是家庭的附属品，而是必须变得更像一个个体，有自己的兴趣/利益和权利、计划和选择。其次，体现在家庭权力方面，她们认为应该限制丈夫的家庭权力。现在的女性，已不再把婚姻看成获取经济保障和社会地位的途径。她们愿意结婚还是保持单身，抑或是结婚后再离婚，都比以前的选择更为自由了。这就意味着，在女性的人生轨迹中，也逐渐出现了个人设计的逻辑，进而使得为他人而活的义务进一步瓦解。最后，体现在文化观念方面。传统社会学家认为，家庭是生活中有同样兴趣、利益和地位的一个单位。但是现在出现了新的情况，着重关注性别差异，即单独的男性和女性更受研究者青睐。男性与女性以不同的期待和利益取向与家庭产生联系，分别应对不同的机遇和负担。现在男性的生活和女性的生活，在家庭里逐渐变得暧昧和模糊。

"为自己而活"的女性，这就是贝克笔下描绘的当代个体化理论的新动向。正如贝克夫妇在1996年出版的《为自己而活》一书中所表达的观点：当工业社会及其群体形式（阶级、家庭及性别角色）融入现代性（贝克所谓的自反现代性）中时，个人生活的欲望、迷思和现实就开始形成。于是人们被迫认为自己可以自主自觉，可以制造意义和人生轨迹，能形塑自己的生活，也能形塑社会生活（他们也有可能失败）。因此，贝克所谓的"为自己而活"的女性，实际上是一种生活方式的尝试、一种诱惑，让人自己去寻找能够形成她自己的世界的基础、力量和目的。这一尝试，如果从另一角度来看，极有失败的危险。这也使得"为自己而活"带有非常特别的性质：它变幻无常、渴望生命，但总是会尝到苦涩与沮丧、反讽与无望。

（三）工作与家庭之间的矛盾

对于妇女而言，另一种可能性乃是在一切社会领域中都获得真正的平等。贝克认为，平等权作为现代社会的普遍原则应该真正落实。在妇女运动的讨论中，平等的要求常常改变男性的工作世界，因而，抗争的目标就包括获得经济上的安全、掌握权力、分享决策，甚至在公共生活中引进更多的女性价值与态度。可是，平等的意义在此并没有被精确地定义。用贝克的话说，如果人们所追求的平等意味着每一个人都是一个随机的劳动力，那么这就蕴含着由许多单独个体所组成的社会。

现代生活背后的逻辑预设了一个个单独的个体，因为市场经济无视家庭、亲情或伴侣的需求（Gravenhorst, 1983：17）。市场经济中的公司、企业等单位都希望员工具有高度的机动性，而丝毫不考虑，当他们将市场摆在首要位置，以个人身份生活时，必须以家庭生活解体为代价。当婚姻仍是男主外、女主内时，工作与家庭间的紧张仍然隐而不显；现在的问题是，夫妻双方都有自己的工作。从市场角度来追求平等将会把伴侣变成竞争者和单独个体，他们互相竞逐现代生活的美好事物。这种说法并不只是想象而已，在德国及世界各地，单身家庭及单亲家庭的数目正在急剧上升。[1] 对想要在这种环境中崭露头角的人而言，这种生活形

---

[1] 据估计，1989 年在德国（西德）有 250 万~300 万人过着私通生活。非婚生子女数的增加也表明同样的状况；在 1967 年时，非婚生子女占所有孩童的 4.6%，到 1988 年上升到 10%（Beck, 1995：62）。

式似乎是必然的。

一个人要独自生活必须留意一些既有的风险。重要的是，要发现并维持各种接触的场合；维护一个友情的网络，不可低估短暂聚会的魅力，就算那只是单身生活的乐趣之一。但是这一切的前提都预设了你要有一份工作，这是每个人的收入、自尊以及社会支持的来源。环绕着一个人自我的特质、优缺点可以建构起一个私人的空间。

这样的努力越是成功的话，那么无论一个人多么渴望亲密伴侣，他越不可能得到这种亲密关系。一个单独个体的生命会令他渴望去爱某个人，或被某个人爱，可是又不可把那个人纳入自己的生命之中。这样的生命只有在他人不出现时才有可能，在这样的生命中，不给他人留下位置。一切划分都是为了避免感到孤独，各种接触都是按个人时间、日常行事习惯的不同需求来安排，精心策划的行程让个体从社会生活中恢复精神，一切设计都是为了降低人们在忙碌的外貌下感到的彷徨无助。可是，当一个人越是渴望与另一个人有真实的关系时，这种看似细致的平衡就越是不稳定。因此，在贝克看来，每一份追求独立的努力都将转而妨碍亲密关系，囚室之门将对孤独者封闭，想要保护自己生活的人，则会在周围的高墙上再加一块砖。

这种单独个体的生存形式并不是社会变迁所引发的特定后果，这种生存形式是完全市场经济化背后的原型。根据市场逻辑，其中的个体不会有任何社会联系，越是接受这样的逻辑，个体就越是不能维持紧密的朋友关系。因此，这是一种吊诡的社会行为，在这种行为里，社会接触虽然频繁，却不能形成紧密的关系。

这样的反省并非只是对现状的描述，而是深思人们生活的形态。然而，不可否认的是，这幅图像适用于越来越多的人，而两性越是要求平等的权利，这幅图像将表现得越真切。包括妇女运动者在内，每个人都有权利期望先前只有男性才能享有的事物，现代妇女也能享有，并且肯定女性和男性一样，都是"职场世界"中有用的一员。然而，他们应了解，这条路并不是通往一个合作平等的快乐世界，而是通往分歧的利益与相互隔离。

如前所述，家庭越来越变成一种选择关系，变成一种个体的联合，个体把自己的利益、兴趣、经验和打算都纳入家庭之中，每个人都得屈从于各种控制、风险和限制。家庭的纽带也就自然而然地变得越来越脆弱，如果试图达成一致而最终失败，家庭就会面临极大的破裂危险（Beck and Beck-Gernsheim, 1994：45）。由于个体化也使人渴望相应的亲密和安全的世界，大多数人依然会倾向于和伴侣一起生活或组织家庭。但是，这种家庭联系在范围或程度上已经不像以前那样强调义务和持久。在各种奋斗、渴望、努力和错误之后，在各种成功与不成功的尝试之后，个人的生活范围变得更为宽广。由于人们每天都要选择、商量并决定这种关于"自主抉择"关系的细节，爱情、痛苦和差异也就变成一种"常态的混乱"（Beck and Beck-Gernsheim, 1994），并不断发展。

这并不是说传统家庭就消失了，而只是说它丧失了其把持已久的垄断地位。传统家庭的重要性下降了，因为新的生活形式出现了并广为传播——这些新形式并不是独自生活，而是在于发展不同种类的关系。例如，非正式婚姻或没有孩子的婚姻；单身父母、再婚或同性伴侣关系；暂时的关系或终生的友谊关系；在不同的家庭生活甚至在不同的城镇生活。这些中间的、次级的或流动的形式，都会出现在未来家庭中。这是一种"后家庭时代的家庭"（贝克，2011a：97），或可称之为"迈向个体家庭"（沈奕斐，2013）的新时代。

三　从私人生活到公共生活

如前所述，现代人关注的焦点是需找到一种适当的方法来解决日常生活中遇到的风险和挑战。而现代社会诸种机构都要求个体对自己的命运负责，强迫他们去自食其力。生活中的个体，终生都要去解决各种系统矛盾。风险和矛盾依然会被社会生产出来，应对风险和矛盾的职责和必要性正在被个体化（贝克，2011a：97）。也就是说，当阶级、地位、性别角色、家庭、邻里关系等社会团体瓦解之后，人们的生活陷入混乱之中，比如上节所讲的当前家庭关系的紧张（离婚率逐渐攀升）。与此同时，生活中许多问题的处理，都超出了个体对它们的直接控制。最典型的例子是个体责任与结构性之间的矛盾，女性需要协调她们预期的"为自己而活"和"持久的不平等分配的家庭工作"（Beck，2002：54－84）。面对这些私人生活出现的新困境，贝克试图通过重塑公共生活来化解当前人们生活中出现的各种矛盾和新问题。

（一）在"失范"与"自主"之间

生活不再是不言自明的，对生活起支撑作用的社会"本能替代物"被卷入了需要考虑和抉择的研磨机。如果说，常规和制度有一种减负功能，使个体性和抉择变得可能，那么常规的解体会导致何种障碍、引发何种努力、造成何种压力，也就变得很清楚了。艾斯加尔·魏曼（Weymann，1998：6）生动地描绘了个体如何努力逃离这种"可能性暴政"，比如遁入巫术、神话和形而上学。负担过重的个体寻求、发现并制造无数的权威以介入社会生活与心灵生活，这些权威作为他们的专门代表，使他们免受"我是谁，我想要什么"问题的困扰，由此减轻了他们对于自由的恐惧。这就催生了一个答案，人们把它当成一个秘密祭礼、原始尖叫、神秘主义以及弗洛伊德的混合体，人们总以为它能平息这种可能性暴政，实际上却通过不断变化强化了这种暴政。

经常有学者认为，个体化意味着自主、人类的自由和自我解放（Wiswede & Kutsch，1978：290）。这让人想起启蒙哲学家假定的那种自觉的主体性，除了理性及其法则之外，别的一概不予承认和肯定。但有时候盛行的似乎是"失范"（涂尔干，2006：317～318）（一种不遵守法纪的混乱状态）而非自治。涂尔干在对"失范"的经典研究中将其视为"丧失边界的恶"，那是一段需求和欲望泛滥、不再受社会屏障约束的时期（Weymann，1998：289）。一切试图仅根据某个极端（"自主"或"失范"）来理解个体化的概括，只会简化或扭曲贝克个体化所面临的问题。个体化社会的特点在于包含种种混合形式、冲突和矛盾（视政治、经济和条件而定），也在于贝克所阐述的个体"为自己而活"的自主人生。鉴于经济状况、教育素质、生活阶段、家庭状况等，自主人生很容易变成"破裂的人生"。失败和不可剥夺的自由紧密相邻，甚至相互纠缠（比如选择单身生活）。

因此，我们可以说，当种种限制变得可参透并最终被冲破后，那些曾经属于上帝的东西、自然的东西或事先给定的东西，如今转变成了种种问题和抉择，体现在私人生活之中。① 从这个意义上说，根据文化史的观点，从主体要求自主赋权开始的现代性，正在履行自己的诺言。现代性扎根后，上帝、自然和社会系统正在以或急或缓的步伐被困惑、彷徨、无助、茫然的个体逐步取代。随着旧有格局的消失，出现了一个问题，即个体生活选择的问题。对于这个问题，有人责难，有人喝彩，有人嘲笑，有人认为重大，有人认为不当，更有人认为无趣。贝克对这一个体的选择问题的表述显得模糊和矛盾，这既不是涂尔干笔下刻画的"失范个体"图景，也不是新自由主义者所想象的"自治个体"。为此，他走向了一条折中的道路，即个体化问题是一种正在实践的"自我文化"的展现，这既可能成功，也可能失败。个体的当前命运正处在"失范"与"自治"的交叉路口，退一步可能成为没有社会依托的"失范"性个体，而进一步可能成为民主国家的

---

① 如随着生殖医生和人类遗传学的成功，人类学中关于人种的研究甚至延伸到了抉择领域。

道德灵魂。

（二）公共生活理念的萌芽

基于以上讨论，个体化的面孔是双重的，体现为"不确定的自由"，用两个不太恰当的词来说，即一种解放与异化作用形成的混合物。相应地，社会各部分造成的后果和爆发的问题也影响深远，使人麻木不觉。对于一个建立个体于流沙之上的社会如何用社会学加以分析？社会范畴是否还残存着一些基本单位？面对需求和情景的多元化和变化无常，各政治领域，像地方政治、交通政策、环境政策、家庭或福利政策，应该如何来应对？各种社会团体是否已经走到了尽头，或者它们只是开始自身历史的一个新阶段？

在这些问题困扰的背后，一个基本的问题正变得越来越清楚：高度个体化的社会是否具有可能的整合？针对此问题，贝克在前面讲到的个体化分类有所涉及：解放代表个体从制度结构获得自由；不稳定暗示个体失去了传统给予的确定性保护；重新整合表示个体化时代新的公共生活的呈现。其头两个面向——解脱面向与去魅化面向，均属于旧社会秩序瓦解的过程，简单地说，个体化进程包含旧社会秩序解体与社会再整合两个面向。关于个体化这一内涵的理解，贝克早在 1994 年《迈向个体取向的社会学》一文中就有所阐释，在他们看来，当既定的社会生活形式（例如，阶级和地位、性别角色、家庭、邻里关系等）瓦解之后，与此伴随的问题是：出现何种新的生活形式？

为了化解个体化的双重矛盾，贝克认为可能存在一种新的公共生活方式。他首先批判了已经存在的三种公共生活模式。第一种模式是"超验共意"的可能性。这种模式的代表者坚持从涂尔干到帕森斯以来的结构功能主义，他们试图通过价值来实现公共生活。但这种模式受到了来自文化多元观念的挑战和冲击，由此他们不得不为自己建立各种联系，侵蚀了价值共同体维持自身与不断更新的基础。第二种模式与第一种模式正好相反，它不是通过价值实现公共生活，而是试图通过物质利益重建公共生活。此种模式假设了社会经济的可持续发展，通过"经济蛋糕"的增长来满足每个人的物质需求。可问题是，当前社会阶段正面临着经济衰退、物质短缺和贫困严重等社会考验。这种仅依赖物质利益和制度就能实现公共生活的设想也寿终正寝了。第三种重建公共生活的模式试图超越前两种模式，通过建构一种"国族意识"为公共生活提供基础。但这一"国族意识"与真切的、实实在在的裂痕相比，显得太过抽象，完全无法触及并弥合社会中的个体化问题。用贝克的话来说，随着民族认同的松动，国族整合也就随之崩溃了。

那么，重建公共生活的方式是否还有别的可能性呢？在贝克看来还存在另外一种可能性。他认为："如果说高度个体化的社会可以实现公共生活重建的话，那么首先必须对当前的个体化状况有一个清晰的认识；其次，个体在面对生命的重要挑战时必须被成功动员与激发。在旧有的社会性正在蒸发的地方必须对社会进行再造。因而，只要个体的突围没有受阻乃至倒退，公共生活的重建就是可能的。"

实际上，贝克的这种公共生活是在思想中实现的，是在为工业文明争取新的存在基础中实现的。"后传统社会"对工业文明的整合造成了威胁，如果说这种社会还可能整合，那也就只能凭借自我解释、自我观察、自我开放、自我发现来完成，即通过自我发明来完成。"后传统社会"的未来，以及它们开拓未来、创造未来的能力，是衡量其公共生活的标尺。个体化的另一面，即公共性。因而，个体化理论的核心问题为：在个体化的流动时代，个体的个体性和公共性联结的可能性，以及如何重建新的生活方式。这也是对当一切都烟消云散之后，我们是谁，我们又如何生活问题的最好阐释。

第四章　公共生活的二维性

公共生活是人类社会发展到一定阶段的生活样态，是人们相互联结、共同生存的"此在"和"共在"形态。笔者对中国、日本和欧洲的"公"一词的概念加以考察。笔者发现"公"的内涵并非单一的、原子式的抽象概念，而是呈现具有内在性与超越性相统一的二重性特征。"公"的超越性概念表现为"公"自身。这关涉公共的实质性含义与形式性含义。"公"的内在性概念关乎与"公"相对存在的"私"，即与"私"相比而呈现的公共的边界范围。这是一个描述性概念。在西方世界，自"公"的概念从二重性彻底分裂为二元对立以后，"公"所具有的超越性和神圣性开始消失，以理性个体为基础的私人生活开启了现代性之旅。政治自由、社会的道德化与政治正当性成为公共生活的重要研究主题。这些研究都试图回到一个共同的主题：如何让个人参与现代社会的改造与建设，丰富和完善自己的个性，培植一种社会化的精神力量，重建公共生活，促进时代精神的转变？但是，无论是政治学家笔下描绘的政治自由，还是古典社会学家将公共生活道德化的阐释，都印证了国家作为"守夜人"的角色。他们更加侧重于从与国家相对应的社会领域或是从个人政治自由角度设想未来的公共生活图景。虽然韦伯尝试从民族国家的立场确立现代社会的政治共同体，但依然对现代人理性化的"铁笼"生活充满了悲观色彩。20世纪早期，尤其是在第一次、第二次世界大战之后，现代社会学对国家重塑公共生活的研究日益成为焦点问题，换句话说，社会的发展、日常生活的运行越来越需要国家扮演重要角色，国家开始不断地介入生活世界。与此同时，全球化时代的来临，也使得公共生活的范畴越来越具有跨地域特征。因而，公共生活形成了一种既具有国家性质也具有超国家性质的二维特征。在面对生活世界的风险化以及社会的不平等现象时，个体如何重建现代人的公共生活就显得尤为重要。

一 公共生活的内涵与本质

（一）"公"的本体性内涵与超越性价值

中国的"公"包括两层含义。第一种含义是《韩非子》所谓的"厶"，即"解开围全"的意思，由此产生与众人共同的公，与众人相通的通，在《说文解字》中，是作为"私，自环"的反义——"公，平分也"；而第二种含义是从《诗经》的例子推出的："公"是对于"共"所表示的众人共同的劳动、祭祀场所——公宫、公堂，以及支配这些场所的族长的称谓，进而在统一国家成立以后，"公"成为与君主、官府统治机构相关的概念（东岛诚，1995）。

日本吸收了中国关于"公"的含义之后，日本的"公"即おおやけ，以汉字"大家"或"大宅"来标示，指称大的建筑物及其所在地，可以认为是指古代共同体的收获物或贡品的收纳场所，进而指支配这些物品的族长在祭祀活动和政治活动方面的统治功能（沟口雄三，2011）。在日本，从与众人相关的社会的、公开的事物到官方、朝廷的事物，都用了"公"字。但是，日本的"公"舍弃了第一种含义——"通""平分"。本来おおやけ含有"共"（军事、祭事、农事等的公共性）的含义，但这一概念的重点在于"共"这一概念的统治机构（沟口雄三，2011：7）。大和朝廷的政治意识形态上的要求也增强了这一倾向（在平安时代[①]，

---

① 平安时代：公元 8 世纪末至 12 世纪末镰仓幕府成立的一段时期。

"公"甚至成为指称天皇个人的词语）。基于这一认识，笔者发现，日本的"公"包含首领性格和共同性两层内涵，其共同性是被纳入首领的统治之中的。

具体来说，在日本社会，"公"的第一层含义是指以"首领—公共"为特性的"领域的公"。从作为"公"的最大领域国家出发，在传统的公共领域内，日本没有主张私的意见的余地，公的决定是由掌管那一场域的首领及其亲信来进行的。在这个场域内，以制定秩序为"分内之职"的人和以遵循其秩序为"分内之职"的人是事先被"约定"的。包括警察、司法、外交、军事等在内的行政性的"政令的权柄"一律作为"分内之职作"委任给了政府，国民除了以纳租税为"分内之职作"以外，对政府的"分内之职作"是一概不得干预的。第二层含义是指作为共同性的公。对于国民的公共性而言，日本领域性的"公"中的最高位的人——天皇不能对国民特定的人或集团表示好恶，因为天皇作为"公心的集结点"，被要求公平无私。不仅是天皇，就连军队司令也必须听从大家的意见。在日本，要求首领具体体现共同体全体的意愿，在领域范围内没有任何的偏袒偏向，须全面周到。这也说明，政府施政时不要偏向特定的部分国民。而在这里，政府的"职分"不承认国民的干预这种从国民看来不平等、领域自身所有的不公平性，却被看作越界的事情。也就是说，日本的公、公平不具备质疑领域自身存在样态的公与不公的普遍原理性。① 以沟口雄三

---

① 胜俣氏认为以"首领—公共"为特性的"领域的公"中，也有离开"首领"的自由的民间的公共的"公"的空间，其中之一就是"公界"的世界。针对这一观点，沟口雄三对其进行了批判。他认为，胜俣氏的这一说法，估计其意思是"离开国家统治的自由的公的世界"。如果说，那是指在国家领域内部存在像大气中半真空状态的"气阱"一样的自由空间，是完全可以理解的。但是如果"比国家性的'公'更广泛的非'公'结构"的说法设想的对象是突破国家这一领域，比如有时与国家（即政府）从原则上对立的或颠覆国家（即政府）的中国型的秘密结社集团（他们往往以"平""均""公"为口号），那是很难无条件接受的。同时存在另外一种观点，认为应该讨论的不是"公界"的"共同体给予的自由"，"离开共同体的自由"空间——"无缘"才是应该讨论的（东岛诚，1995）。

为代表的日本学者坚持了一种在"共同体内享有自由"的想法。如果离开这一共同体，公领域中的"私"就处于无力状态。总而言之，日本的"公"体现为以下特点，以"公"为公然的领域，"私"为隐然的领域，以其双重领域性而划分了二者的界限；公领域始终优于私人领域；对私人领域来说，公领域是给定、先验性的，自己是要从属于这个场域的；公领域以天皇为最高位，以国家为最大领域，不会超出其上或其外（沟口雄三，2011：259）。日本的这种公领域的优越性极容易创造出天皇制国家，易于实行集权体制，形成由公意识参透而来的国家主义，构筑国家主导的资本主义体制。国民正是在这种情况下进一步发展了江户时代以来的家业，使之成为资本主义发展的基础部分。可以说，这是一种强大的公和对其具有从属性的私合作的结果。确实，与中国古代的公先于私的公一样，日本的公也是先于私的公，它包含首领性格和共同性两层内涵，其共同性还被纳入首领的统治中，在这个意义上，也许应该认为，这一共同性具有"没有百姓的私的共同性"① 这一强烈色彩。

基于以上认识，与日本社会中关于"公"的解释相比，中国社会中关于"公"的含义在首领性（政治性）和共同性方面与其一样。具体而言，首领性的一面是指公家、公门、朝廷、官府等政治性的公；共同性的一面是指共同、公开等社会性的公。这两种含义与日本的公原意相似，因此被吸收到日本的公的意思里。除此之外，中国社会保留了独有的伦理性、原理性"公"的内涵，即平均、反利己的公和偏私、利己的私等。这种中国独有的公是天的绝对公平无私性投影。也就是说，日本的公将天皇、国家设为最高位，即作为公的领域的极限；与此相对，中国的公意指，在皇帝、国家的上面还有普遍性、原理性的天下的公。

具体而言，从中国的天下的公的观点来看，某一个国家贪图

① 意为"这种共同性中不包含平民百姓的'私'（个人利益）"。

利己是一国的私，而如果非得这样做，那这个国家的国民的行为当然也应被视作利己（即私）的行为而受到指责。这种公私应该是没有国内国外、本国外国的区别的，具有任何地点、任何场面都能够适用的普遍性。因此，孙中山以中国这一普遍性、原理性的天下的公为基准，谈到对抗列强侵略的反侵略战争时说道："今后的战争是强权和公理的战争。"此处的公理是指"天地的公道"①，也就是说，在中国的公私概念中，当本国与外国发生争执时，判断该诊断可否进行，或进行调停的道理，是作为普遍性原理而存在的。这是因为，中国的公不止于国家的公，它最后要达到天下的公。在此，这一天下的公，使中国人失去以国家（即公）为"凝聚点"的凝聚力，成为在形成所谓国民国家方面，远远滞后于日本的原因。可以看出中国重公理优于重强权的日本，从而也就形成了日本领域性的国家主义的公和中国原理性的公理主义的公。

而在西方世界，当中世纪迈向现代社会伊始，从马基雅维利开始，到经典社会理论家，自由（个人生活）与共同体（公共生活）问题的思考，占据主导地位的是一种二元对立的"自由或共同体"思维模式。在现代化的过程中，先是出现了国家与社会的分离，造就了市民社会；接着又进入了公共领域与私人领域的分化过程，让政府代表公共生活，而把私人生活交由市民社会。对此，所谓古代或中世纪被关闭在共同体或家中的人，到了近代作为自由的个人被分离出来的这种图式在欧洲也被修正，有人认为英国早在13世纪就已经是"个人主义"的社会，也有人认为 civic humanism②

---

① 福泽谕吉认为，从原理上思考中国的公的问题的时候，我们首先应该提到的是，立足于天下或天下之公的原理世界俯视皇帝时，皇帝往往要被贬为"一姓一家之私"。如果皇帝背叛了天下万民的公，招致天下万民的叛离时，皇帝一家就不再是公家，而只是"一姓一家之私"，因而被驱逐而丧失公家的立场。所谓天地的公道就是指天下万民之公，具体来讲，就是万民能够生存，在万民之间不存在有人能生存、有人不能生存的不均状态。

② 意为公民人道主义。

以及 republicanism① 等，这些观点在 17 ~ 18 世纪的西方社会思想中具有重要意义。这种自由、自立、个体自我信仰的内容是由前近代的共同体规定中分离出来的、以自立的个人的自由意志为基础的契约性社会关系。如果说传统还存在的话，则是被保留在家庭之中，家庭意味着一个与公共生活、私人生活相并列的日常生活（张康之、张乾友，2007）。可以看出，西方的私人生活领域和与之相对的"公共政治"领域，皆属于与宗教神圣领域相对的世俗生活领域（桂华，2014）。换句话说，公共生活与私人生活的区分，是以宗教生活与世俗生活的区分为大前提的。所以，公共生活是一个现代概念，而不是我们随便地乱用或是强行纳入一个固定社会框架之中为解释某事件服务的。

在西方世界，自现代性诞生以来，人们的私人生活从两个伦理学的传统中脱离出来。一是从以柏拉图、亚里士多德为代表的古代理性善的城邦生活中脱离出来。人们果断地拒绝了对城邦的等级制活动，这种活动常常规定的关键道德问题是人们应该如何履行他的职业责任，如何过他的婚姻生活。它不是一个关于什么行为对于善良的人是特别的事情，而是人如何彻底完成每个人所做的事情。二是从上帝的至善设计中脱离出来，因为这时人们的生活不是为了"取悦上帝"或是为了"得到上帝救赎"，而是自己为了获得快乐而生活。人们的生活逐渐变得世俗化、个人化和私人化，也呈现了一些显著的特点。

（二）作为描述性概念的公与私

在前面的论述中，笔者详细考察了"公"这一概念在日本、中国和欧洲社会中呈现的本体性意义或是超越性理念，这是公的实质性内涵。与此相对，公的定义还具有与公相对存在的私这一范畴，这是一个描述性概念，即与私相比而呈现的公共的边界范

---

① 意为共和政体主义。

围。基于这一认识，私的描述性内涵可概括为三个层面：第一，试图干预公的首领性的存在方式，亦即试图介入政治的政治性的私；第二，主体性地参与公的社会性的私；第三，自家圈内的日常性的私。在日本社会，这一日常性的私，无论是游手好闲还是勤勉工作，起床还是睡觉，工作还是不工作，都能自主选择私人生活的私。这个私过去被视为隐秘的屋内之事，最多也就是作为"私"小说发表时才可能吐露个人心情的隐私，它被强化的最典型形态就是性生活的无规开放。沟口雄三（2011）认为，这种无规范的放荡不羁的开放在日本社会受到赞美是令人惊讶的，更让他难以接受的是，这种现象还被视为能够"思维的芦苇"① 的人的尊严的表现，甚或是人性的自由。他进一步指出，这种日常性的异常力量，常常作为非社会性或反社会性的私而无限膨胀。只要不犯法，干什么都是自由的，就是这种私的特点。相反，沟口雄三（2011：248）认为日本社会应该提倡政治性的私和社会性的公相结合。他认为这种结合就是社会公共的事，即"公事"，是为保障全体国民安全。从个体和公共、整体的结构关系来讲，将传统的公领域的、被给予的公共性、整体性变为有私人参加的公共和整体。在这里，日本社会不是个人（私人）的运动，而是整体（即公）的运动。所谓政治性的私，归根结底是能够全面考虑整个公的私，而这一公是超越国家框架的世界人类的公。在这里，个体不是作为分散的自立的个体，而是作为既存的整体的一部分行动的，从而确保了整体中的作为多数者的部分，将没有个体的旧整体改造成了作为个体总体的新的整体。也就是说，这不是"个体"的运动，而是"整体"的运动，从而活化了其中的"个体"，这一活化在"整体"中导入了"个体"的气息。

日本的公、公共基本上都是私不能干预的，或不能主张私的

---

① 帕斯卡尔（1623～1662）语。意为人看起来像芦苇一样软弱，但能够思维，体现了人存在的尊严和意义。

权利的私以外的领域，或者更多地体现为一种国家主义的公。而在中国社会，在公的含义里还有私的干预性质，如前面讲的皇帝对原理性的公共背叛。不仅如此，公的关系是由非特定的私人之间相互以各自的自由意志确立的，或者是被连带起来的关系，或者是根据各个私的自由意志所形成的"集积状态"，或者是根据各个私的自由意志所制定的共同的目标，中国这种存在之间的公共的公，被称为"连带的公"，其是以民间社会的私关系为基础的公共性。

在中国社会，人际关系本身就是公共关系的基础，这与日本的社会以自己所属的"场域"为公共关系的基础是完全不一样的。最典型的例子是，在中国，工作岗位不像日本人那样被看作神圣不可侵犯的，中国人更重视人的生活感和生活关系。在这里，体现了中国社会结构与日本社会结构的差异性，中国缺乏日本社会具有财产共有的传统，同时也没有按"场域"划分出界限，而是以私人之间自然形成的关系为基础构成的，并且这种关系本身又是可以变化的，费孝通（2012）称之为"差序格局"。

20世纪初的中国，曾经把国民没有团结之心看作中国人的缺陷，谓之"散沙之民"。但这种说法是把重视连带（人际关系、网络）的公（天下公）的信义胜于对于领域（国家）的公的忠诚的中国社会，硬性地塞进领域性的公（国家公）的框架之中（沟口雄三，2011：282～283）。

园田茂人氏在文章中将沟口雄三所说的"连带的公"命名为"关系主义"社会，指出这个"关系"是靠"面子"和"人情"维持的，且由于"关系"与"面子"即"个人的能力或实际利益"相关，"在谈到'关系主义'社会的特征的时候，必须指出社会的各个成员具有很强的自我意识这一点"。被视为"公"的这个"关系"的基础，在于各个人的"私"的实际利益，而建立这种关系的时候，个体之间表现出很强的自我意识（园田茂人氏，1995）。

如果按照笔者对私所规定的三种定义的话，日本社会倡导政治性的私和社会性的公，尽管在其中也有个体私的参与，但是不能干预其领域内的公，因此，这是一种典型的纵向性的国家主义的公。而在中国社会，在公的含义里还有私的干预性质，如果皇帝对臣民不负责，就可以运用原理性的天下之公推翻皇帝。除此之外，中国公的关系还包括由非特定的私人之间相互以各自的自由意志确立的，或者是根据各个私的自由意志所形成的"集积状态"，或者是根据各个私的自由意志所制定的共同的目标的民间社会的公。也就是说，中国的公私关系更多的是由民间社会的私所形成的公，但这种公不是西方哈贝马斯意义上由独立个体形成的公共领域的公，而仅仅是依靠血缘、地缘等熟人关系形成的"关系性的公"。在西方社会，自家庭与城邦、上帝之城与尘世生活这种二元生活理念框架瓦解之后，人们开始了笛卡尔所说的"我思，故我在"的自我确证生活，开启了自我与现代性的新生活。此种理念呈现在西方自由主义话语（无政府主义）中关于自由契约、自由联合等社会思潮中。[①] 他们试图在公共生活与私人生活明确分开的基础上，通过个体之间的社会性契约方式建构一种带有普遍性的公共生活。在中国社会，没有将个人之间的契约作为"公"的原理的国家论、社会论，个人是被统合在总体、团体之中的。

二　公共生活的类型

（一）城邦共同体的消解与公共生活的探寻

在西方社会，以亚里士多德为代表的古典政治哲学传统标志

---

① 这种思想来自欧洲的市民社会，诸如契约主体的个人是霍布斯的以欲望（利己）为本质的个人和以卢梭式的怜悯（利他）为本质的个人等。

着公共生活和私人生活之意涵的根本变化。在亚里士多德看来，从人的内在本质可以自然引申出共同体，反过来也只有在共同体中才能体现和实现人的本质。亚里士多德的名言"人天生是政治性的动物"，这句话蕴含着亚里士多德对于人的本质和城邦共同体的理解。在《政治学》中，亚里士多德指出：

> 我们见到每一个城邦（城市）各是某一种类的社会团体①，一切社会团体的建立，其目的总是完成某些善业——所有人类的每一种作为，在他们自己看来，其本意总是在谋求某一善果。既然一切社会团体都以善业为目的，那么我们也可以说社会团体中最高而包含最广的一种，它所求的善业也一定是最高而最广的：这种至高而广涵的社会团体就是所谓的"城邦"，即政治社团（城市社团）。（亚里士多德，2010：3）

这段话确认了自然生成的城邦先于个人，就因为个人只是城邦的一部分，每一个隔离的个人都不足以自给其生活，必须共同

---

① 社会团体可以作为二人以上群体所组成的"团体"。组成这种团体的分子可以是不相等的人们，如主奴，也可以是相等的人们。平等人之间的团体可以物资相通，由卖而买构成经济团体，或由夫妇构成家庭，也可以凭借共同目的，做共同活动而构成政治团体，如城邦。家庭不需要契约，组成政治团体则应有契约。城邦是行业和智能相异的分子的结合，在这种组合中，一定有统治和被统治的两类人。针对这两类人，亚里士多德区分为符合灵魂和身体，或人和兽的区别，凡是只有体力的卑下的等级的人就自然应该成为奴隶，而且能够被统治于一位主人，对于他实际上较为合宜而且有益。所以，凡自己缺乏理智，仅能感应别人的理智的，就可以成为而且确实成为别人的财产（用品），这种人就是天然的奴隶。在这里，他还是有别于其他动物的，其他动物对于人的理智没有感应，只是依照各自的秉承（本能）活动。但奴隶的被应用于劳逸同驯畜的差别很小，两者都只以体力供应主人的日常需要。参阅亚里士多德著《政治学》，吴寿彭译，商务印书馆，2010，第15页。不难看出，亚里士多德不承认强权为含有善德而合乎正义，他否定由战争造成的强迫奴役，认为这是不合乎自然的。但他认为人类德能天生有差异，像劣种从属于优种的奴役，就合乎自然。

集合于城邦这个整体才能让大家满足其需要。这种人的存在与行动合一的特殊关系，似乎证明了亚里士多德的政治性动物最早被译成社会动物是有道德的。这个翻译在塞涅卡那里已经出现，后来经由托马斯·阿奎那，变成对亚里士多德那句名言的标准翻译"人在本性上是政治的"，即社会的。[①] 亚里士多德认为，人天生就注入了本能，因此，"不能在社会中生存的东西或因为自足而无此需要的东西，就不是城邦的一个部分。凡隔离而自外于城邦的人——或是为世俗所鄙弃而无法获得人类社会组合的便利或因高傲自满而鄙弃世俗的组合的人——他如果不是一只野兽，那就是一位神祇"（亚里士多德，2010：9）。关于城邦共同体，亚里士多德首先论证它是自然的、合乎或者说源自人的自然本性的。他指出，家庭是为了满足人们日常生活中的需要而自然形成的共同体，村落则由家庭繁衍而来，而当多个村落为了满足需要，以及为了生活的美好结合成一个完全的共同体，大到足以自足或近于自足时，城邦就产生了。由此可以看出，以"自然不会做徒劳无益之事"（亚里士多德，2010：4）的普遍目的论为基础，城邦是一种目的存在，只有在城邦中，人才能体现并最终实现自己的自然本性和臻于至善的目的所在。

我们可以看出以下几点。第一，城邦共同体是自然的，是自然发生的产物，是合乎人的自然本性的，而不是人工的，更不是外部强加的异物。第二，人具有社会本性，或者说，只有社会性才是属于人的本性。第三，通过参与城邦共同体的公共生活而实现和展示人的本性，并臻于至善的伦理目标，正如贡斯当所说的"古代人的自由"（刘军宁、王焱，1998），是积极自由的体现，这种自由和公共生活不仅不冲突，而且必须通过共同体来实现。第四，当亚里士多德说"一个事物是什么，只有当其完成生成

---

① 这一引文出自阿奎那著作 Taurinian 版本（1922）的索引目录。正文中没有出现 "politicus" 一词，但索引正确地概括了他的意思。

时，我们才能说出它们的本性"时，这表明，在亚里士多德看来，人的本性并不是作为生物个体所固有的或者说既成的，人的本性的实现与展开乃是一个过程。

亚里士多德笔下的城邦共同体仅仅是一种臻于至善的共同生活形态，在雅典城邦中的各个共同体之间，没有一种可以被描绘的统一性的东西，而这个统一性的东西恰恰是现代社会中不同阶层共有的一种生活形态，那就是公共生活。① 毕竟，城邦共同生活成为人类历史上不可多得的一朵奇葩。但帝国时代的到来将所谓"公民理想"撞得粉碎，所有人都变成了君主的臣民。随之而来的中世纪又给臣民们安上新的身份——成为上帝的选民，在这时，基督教的世界观把政治活动的理论基础从城邦学说转移到了神学。走出中世纪之后，人在生活中用与上帝的沟通取代城邦生活。一方面，人们的日常生活获得了肯定性存在；另一方面，也使得日常生活神圣化，形成了人们共同形式的生活——教会活动。这一活动形式不再是亚里士多德笔下的人们寻求臻于至善、完善人性的过程，而是引入了"人性的原罪观"，从本质上否定人性善，从这一层含义来讲，在这一时期意味着共同生活的衰落。亚里士多德意义上的共同体生活开始瓦解，我们也告别了亚里士多德笔下的城邦共同体。

（二）个人自由与公共生活

与古典城邦政治共同体的公民属性不同，现代社会中的个人不再是作为一种普遍追求共同善的抽象存在，这种抽象的观念仅

---

① 雅典仍然存在公民与非公民之间不平等的对立，城邦作为一个共同体，只属于公民，奴隶和女人被封闭在家庭中，是被排除在共同体之外的。从理论上讲，当然是可以推断出奴隶和女人这个阶层也存在共同的利益，但是，他们被"囚人"一个个单独存在的"家庭之笼"的时候，是无法生成共同意识的。即使按照现代理论的逻辑而做退一步的假定，也只能说奴隶有着自己的共同体，女人也有着自己的共同体，这两个共同体是不被包含在城邦共同体之中的，它存在于城邦中，却又被排斥在城邦之外。

仅是一种沉思的生活，忽视了行动个体的主观愿望和情感意志。个体摆脱了理性宗教和天启神学的生命伦理的支撑之后，变成了自我确证的主体，从天国回到尘世，开始建构一种世俗化的公共生活。

阿伦特是最早系统阐述公共生活的政治哲学家，她从人的行为角度用积极生活（vita activa）这个词表述了人的三种生存境况：劳动（labor）、工作（work）、行动（action）。在阿伦特看来，这三种人类活动是根本性的，它们对应于人在地球上被给定的生活的一种基本境况（the basic condition）。劳动是与人身体的生物过程相适应的活动，身体自发的生长、新陈代谢和最终的衰亡，都要依靠劳动产出和输入生命过程的生存必需品。在此，劳动的人之境况就是生命本身。工作是与人存在的非自然性相适应的活动，即人的存在既不包含在物种周而复始的生命循环内，它的有死性也不能由物种的生命循环来补偿。工作提供了一个完全不同于自然环境的"人造"事物的世界。每一个人都居住在这个世界之内，但这个世界本身注定要超越他们所有人而存在。不难看出，工作的人之境况是世界性的。行动是唯一不需要以物或事为中介的、直接在人们之间进行的活动，相应于复数性的人①之境况，不是单个的人，而是人们生活于地球上和栖息于世界中（阿伦特，2005：7）。尽管人之境况的所有方面都在某种程度上与政治相关，但复数性是一切政治生活特有的条件。在此，劳动和工作是与人的生存本能相关的，劳动局限于家庭范围内是一个私人领域②，而工作是人类在自然环境中采取的活动模式，是一

---

① 复数性是人类行动的境况，是因为所有人在这一点上都是相同的，即没有人和曾经活过、正活着或将要活着的其他任何人相同。在阿伦特笔下，行动一词不仅指人的一种行动能力，而且指人类面对的共同生活处境。

② 在阿伦特看来，古希腊时期的家庭领域是私人领域。在家庭领域从事劳动的是奴隶和妇女，他们没有自由，没有参与公共政治生活的权利。在这里，强制和暴力是正当的，因为这是获得必需品和自由的唯一手段。私人生活本身就具有一种被剥夺的性质，它所面对和关注的始终是公民的私人利益。

个既非私人又非公共的社会领域①（当然，工作的一些方面也属于公共领域，行动有时也会进入私人领域）。与前两者的活动不同，在阿伦特看来，行动是人们相互之间的活动模式，与人们从事政治活动相联系，因而是人的自由的存在方式。政治属于行动的领域，而且是公共领域中最重要的方面。但是，随着社会领域的兴起，私人生活与公共生活产生了张力和矛盾。在古典城邦社会，劳动被放逐到私人领域家庭中，并受到种种限制。而到了近代，劳动的解放使得劳动开始进入社会领域并占据主导地位，其结果是公共领域发生了质的改变，不再是公共领域了。以前被认为是家务以及家庭私有领域的相关问题，现在成了一种受到共同关注的公共问题，国家也从单纯经营政治活动的政治组织转变成全国性的事务管理机关。经济上的事物追求本来是非政治的，现在却成为政治组织的分内之事。公共生活由此丧失了它作为个人展现自我能力的不可替代的空间特质。公共生活作为人的存在条件之一，体现了人的本质和自由。面对公共生活在现代社会的衰落，阿伦特以古希腊的城邦政治生活素材为基础重构了公共生活。

在阿伦特看来，"公共生活"这个词表示两个内在紧密联系但又不完全一致的现象。首先，公共生活允许政治自由的个体施展自身的价值。与家庭领域不同，参与公共生活的都是城邦公民，他们既是平等的又是自由的。所谓的自由是自由民所共有的，它与每个人所特有的私人领域之间泾渭分明。在古希腊人看来，生命繁衍、生产劳动、管理家务等有关生命、生活欲望和生活必需品的获得，都是在私人领域发生的事情，属于必然王国和

---

① 与劳动的自然本性相比，工作具有非自然的制造性特征。工具的发明、产品的制造打破了生命自然循环的转瞬即逝和徒劳无功，在它之外创造了一个更为持久的领域，持久的东西在其中显现自身。这个领域不是单纯的生命环境而是一个世界，一个共同的人类世界。这个世界就是一个既非私人也非公共的社会领域。

瞬间世界（吴育林，2006）。在这一领域内，劳动和工作不够有尊严，不足以构成一种完整意义上的生活，一种自主和真正的生活方式。因为劳动服务于必需的东西，工作产生有用的东西，它们不能独立于人的需求。而公共生活或者说政治生活摆脱了这一束缚，建立在对话（包括讨论和诉讼等形式）和共同实践（包括战争和竞技等形式）基础之上，公民通过交往、交谈、争论，每个人都站在人群之中，让所有人看得真真切切，使交谈的事物形象化，使交谈者的个性突出（哈贝马斯，1999：32）。由此，公共生活为个性的表达提供了广阔空间，它属于自由王国和永恒世界。其次，公共生活具有公开性，在一个特定的"空间场域"显示实在性。它意味着任何在公共场合出现的东西能被所有人看到和听到，具有最大限度的公开性。阿伦特认为，"显现"不仅被他人而且被自己看到和听到，这构成了实在①的基础。这就意味着从以前只发生在私人生活和亲密关系中的事情，进入一个让它们得以呈现某种实在性的领域，虽然它们之前在私人生活中也许更为强烈，但不可能具有这种实在性。"他人"的在场向我们保证了世界和我们自己的实在性，因为他们看见了我所见的、听见了我所听的。既然现实感完全依赖于呈现，从而依赖于一个公共生活的存在，在那里，事物走出被遮蔽的存在之黑暗并一展其貌。因此，即使是照亮了我们私人生活和亲密关系

---

① 与这种实在相比，私人性的生活或是亲密关系——心灵的激情、精神的思想、感性的愉悦——往往造成不确定的、阴影般的存在。这就表明，私人化和个人化的生活世界里，我们所知的最强烈的感觉，强烈到抹去了所有其他经验的感觉，也就是身体剧烈疼痛的体验，同时也是所有经验中最私人和最无法交流的。它不仅是唯一使我们无法转化成适合公开显示的形式的经验，而且也剥夺了我们对实在经验的感觉。这就使得个人很难从最极端的主体性找到通往外部世界的桥梁。里尔克的一首无题小诗恰如其分地表达了极端主体性的人类处境。这首诗的开头是："来吧，你，你最后的，我承认你，肉体中无法治愈的伤痛。"而结尾处如下："我还是那个，在那里不为人所知地燃烧着的吗？/记忆撕裂不到里面/哦，生活，生活：待在外面吧。/我在洞穴里。没有人，认识我。"

的微光,[1] 最终也来源于公共生活更耀眼的光芒。最后，公共生活具有永恒世界的特性。"公共"一词表示"世界本身"，世界对我们所有人来说是共同的，并不同于我们的私人世界。阿伦特认为，这个世界不等同于地球或自然，后者表现为有限的空间，为人类活动或有机生命的存在提供了一般条件（阿伦特，2005：35）。与世界相关的是人造物品，以及在这个人为世界中一起居住的人们之间发生的事情。在世界上一起生活，根本上意味着一个事物世界存在于共同拥有它们的人们中间，这如同一张桌子置于围桌而坐的人们之间。这个世界，就像每一个介于其间的东西一样，让人们既相互联系又彼此分开。由于公共生活的存在，世界随之转化为一个使人们聚拢起来和彼此联系的事物的共同体，完全依赖于永恒性。如果世界要包含一个公共生活，它就不能只为一代人而建，只为活着的人做规划，它必须超越有死之人的生命长度。没有这种潜在的向尘世不朽的超越，就没有政治，也就没有共同世界和公共生活。[2] 阿伦特相信，一方面，人类只不过是受自然或历史法则支配的动物种群，个体可有可无；另一方面，人类行动创造万物皆是可能的。而这种行动最显著的特征是政治属性，即人是复数性的，每一个人都能提供新的视角和做出新的行动。而这种人类能力就是阿伦特笔下公共生活所体现的个体性、公开性和永恒的共同性，它帮助我们抵御了自然过程的侵蚀、社会世界的异化，为地球上的文明世界的维持给出了重要的"阿基米德点"。

---

① 这并不意味着私人关心的事情是无关紧要的，恰恰相反，有许多事情甚至是至关重要的事情，只有在私人生活中才能幸存下去。比如爱情（不同于友谊），爱情一旦公开展示，就被扼杀或变得黯然失色了。由于其内在的非世界性，爱情如果被用于政治目的，例如用于改变或拯救世界，就变成虚假的或扭曲的了。

② 不同于基督教理解的共同的善，以个人灵魂的拯救作为所有人共同的关切，共同世界是一个我们出生时进入、死亡时离开的地方，它超出了我们的生命时间，同时向过去和未来开放；它是我们来之前就在那儿，在我们短暂停留之后还继续存在下去的地方；它是我们不仅与和我们一起生活的人共同拥有，而且也与我们的前人和后代共同拥有的东西。但是这样一个公共生活只有在公开显现的程度上，才能比一代代的匆匆过客存在得更为长久。

应该说，阿伦特通过分析人的生存条件，揭示了人的公共生活的存在，为公共生活的合法性提供了生存论基础。这也为哈贝马斯等学者研究公共生活理论奠定了基础。与阿伦特一样，哈贝马斯也注重从政治领域阐释公共生活，并强调了言语在公共生活构建中的重要性。与此不同的是，哈贝马斯对现代社会提出了批判，考察了公共生活发展的历史维度，也为他深入研究公共生活领域提供了广阔的空间。哈贝马斯认为，古希腊是古典公共生活的典型代表，公共生活既建立在诸如讨论和诉讼等形式的对话之上，又建立在共同活动即实践之上，这种实践可能是战争，也可能是竞技活动（哈贝马斯，1999：54）。在古典公共领域之后，紧接着出现的是中世纪的代表型公共生活。代表型公共生活不是一个社会领域，除了教士有教会这个固定的表现场所外，它并没有明确的"场所"，他只是表明了一种社会地位。在18世纪，代表型公共生活所依赖的封建势力、教会、诸侯领地和贵族阶层发生了分化，形成了对立的两极，分裂为公、私的对立。此后，宗教变成了私人的事情，教会本身作为众多公共权力载体之一而继续存在下来。封建王国也发生了分化，突出表现为公共财政和封建君主的私人财产分离。统治阶层最终从等级制度中走出来，发展成为公共权力，部分归立法机关所有，部分归司法机关所有。劳动阶层也发展为市民社会，形成真正的私人自律领域，而市民社会和国家是对立的。在这种情形下，出现了资产阶级公共生活早期形态——文学公共生活。

在考察完公共生活的历史形态之后，哈贝马斯批判性地指出了当前公共生活的社会结构及其危机。在他看来，资本主义社会出现了公共生活与私人生活融合的趋势，具体表现就是19世纪末出现了国家干预主义。公共权力在介入私人生活交往的过程中，试图把私人领域中产生的各种冲突调和起来。当利益冲突无法继续在私人领域内部得以解决时，冲突就向政治层面转移，干预主义便由此产生。在此之前，国家干预社会领域，与此相应，公共权限也向私人组织转移。最后的结果是，公共权威覆盖到死人生活之上，国家权力也在一定程度上为社会权力所取代。社会的国家化和国家的社会化这一辩证关系逐渐破坏了资产阶级公共领域的基础，这就出现了"公共生活的再封建化"①。从整个社会的价值取向来看，个人完全被大众传媒所左右，大众传媒引领每个人的私人生存与生活的样态。但现在的大众传媒是世俗化、利益化和集团化的，毫无批判性和精神价值的追求，这样由大众传媒操控下的个人自由除了在消费领域表面上能够显摆个人偏好之外，其实质已成为与集团利益相衔接的虚幻存在物，受制于由社团和政党等机制与国家一起推动权力的被动的"同化性共在"（张康之、张乾友，2007）。对私人来说，失去了独立的批判意识；对公众舆论来说，由于消费文化的侵蚀和公共传媒的影响，失去了达成共识的基础。所以，哈贝马斯在批判公共舆论的基础上，提出了以文学公共生活为中介重构资产阶级公共生活的想法。文学公共生活建立在商品经济发展、市民阶层出现，以及涌现出新的反映社会结构变迁的社会机构即咖啡馆、沙龙基础之上。人们在这一场域中讨论的话题不再局限于文学、艺术作品及其评判，而是将其范围扩展到政治领域，形成对专制主义的批判，政治公共生活就出现了。以文学公共生活为中介，与公众相关的私人性的经验关系也就进入政治公共生活。随着社会领域的产生，现代公共领域的主题就由原来的市民共同政治使命转变成了进行公开讨论的社会的市民使命。

在讨论公共舆论如何产生以及公共舆论的合法性时，他认为合理的公共舆论取决于公众的交往程度，从而交往的标准就成为

① 所谓公共生活的"再封建化"，是指在公共关系的影响下，资产阶级公共领域又带有了封建的形式特征，即"供应商"在准备追随的消费者面前披上了代表性的外装。公共生活仿造了过去那种代表型公共生活赋予个人魅力和超自然权威的神圣光环。于是出现了虚假的公共利益、人为的公共生活。批判的公共生活变成操纵的公共生活，文化的主动交流变成了文化的被动消费，对公共权力的批判和监督变成了选举的工具等（哈贝马斯，1999：230）。

公共生活中公众联系的紧密程度。哈贝马斯用"沟通理性"这一绝对理念表达了公共知识分子资产阶级公共生活的乌托邦话语体系。从社会思潮来说，哈贝马斯沿用了黑格尔的绝对理性传统，也应用了马克思的实践理性观。应该说，哈贝马斯遵循了西方传统的普遍理性主义学术话语，具体阐释了马克思构建"自由联合体"的人类公共生活图景。当然，在现实生活中，沟通并不总是理性的，更多时候是感性的，甚至是情景式的偶遇，而不是一种普遍假设的沟通命题。其悖论就在于，如果理性没有绝对性，沟通就成为不可能。倘若理性是相对的，那么理性就不需要沟通而自明了。如果理性是背反的，那么就没有沟通的可能性。由此可以看出，沟通理性是哈贝马斯规划的一套个人参与公共政治生活、拯救晚期资本主义世界中民主国家的政治方案。

如果说公共生活是人们生活的一种形态，那么，哈贝马斯则是以批判的语气重新阐释了实践沟通理性与公众交往形成的政治公共生活。与此不同，当代的罗尔斯尽管也关注理性与公共政治生活的关系，但是他想探讨的是秩序良好的公平正义的社会是如何通过一种政治的正义观念来获得理解的，而一旦它适合于理性多元论的事实，又是如何受一种政治的正义规范和引导的。所以，罗尔斯的理性指涉的是形成公众的理论基础。

罗尔斯用"重叠共识"概念分析多元理性这一社会事实。因为政治自由主义假设存在许多相互冲突的合乎理性的完备性学说及其善的观念，只要每一种学说可以通过一种政治正义观念的资源而得以确认，它与人类个人的充分合理性①就是相容的。罗尔

---

① 合理性是一个不同于理性的概念，它适用于单个的主体和联合的行为主体（或为一个个体，或为进行合作的人们），该主体在追求目的时具有判断能力和慎思能力，也具有自己特殊的利益所在。合理性的理念适用于人们如何采取、认定这些目的和利益，也适用于人们如何给予这些目的和利益以优先性，还适用于手段的选择。在手段的选择中，实际指导人们的是这样一些为人熟悉的原则：在其他条件相等的情况下，采取最有效的达到目的的手段，或者做出最有可能实现的抉择。

斯承认了各种合乎理性的完备性学说，并肯定其存在的平等性。但是，在他看来，任何一种完备性学术都不适合作为立宪政体的政治理念，因为这些学说具有强烈的排他性，构成社会统一基础的理念只能是"重叠共识"。

罗尔斯提出了一种"重叠共识"可能产生的途径。首先是达成宪法共识，然后再达成"重叠共识"。宪法共识既不深刻也不广泛，它范围狭窄，也不包括基本的社会结构，而只包括一种民主政府的政治程序。宪法共识主要是满足政治正义的某些自由的原则。作为一种宪法共识，这些原则仅仅是作为原则而为人们所接受的，而不是作为具有政治理念的社会与个人之理念根据的原则，更不是作为一种共享的公共观念而为人们所接受（罗尔斯，2002：168）。在达成了宪法共识之后，"重叠共识"的狭义目标是要求其所达成共识的政治原则和政治理想必须建立在一种政治正义原则基础之上，该政治正义原则适合于公平正义所阐释的那种社会理念和个人理念。而"重叠共识"的最终目的就是超出那些民主程序制度化的政治原则，进一步包括那些涵盖作为整体之基本结构的原则。在罗尔斯看来，理性是"重叠共识"的基础，理性作为公平合作系统之社会的一个理念要素，是公共的。通过理性，人们作为平等的人进入他人的公共世界中，并准备对他们提出或接受各种公平的合作项目。理性作为公平正义的公共性表达，就不是哈贝马斯意义上的绝对理性概念，而是公共理性概念。在罗尔斯心中，公共理性是一个民主国家的基本特征。它是公民的理性，是那些共享平等公民身份的人的理性。他们的理性目标是公共善，此乃正义社会观念对社会之基本制度结构的要求所在，也是这些制度服务的目标和目的所在。于是，公共理性在三个方面是公共的：作为自身的理性，它是公共的理性；它的目标是公共善和根本性的正义；它的本性和内容是公共的，这一点由社会之政治正义观念表达的思想和原则所给定。不难看出，罗尔斯是在政治正义观念的透视下看待公共理性①的，并把公共理性看成民主政治的核心，从而达成一种"重叠共识"……公共理性的内容不是由一般政治道德给定的，而只是由一种适合于立宪政体的政治观念给定的（哈贝马斯，1999：269）。这种观念是建立在"日常生活文化"基础之上的。

在政治学家话语中，面对公共生活在现代社会的衰落，阿伦特笔下的公共生活思想内涵有着浓郁的"希腊城邦政治共同体"的乡愁，她以古希腊的城邦政治生活素材为基础重构公共生活，将问题的关注点放在了对历史思想的怀念上，其现代性的韵味明显不足。与其怀念古老的城邦生活，不如正视现实，哈贝马斯以他敏锐的洞察力批判了现代公共生活的物化现象，在考察完公共生活的历史形态之后，他提出通过沟通理性重构生活世界的蓝图。在此之后，罗尔斯成为当代阐述公共生活最有影响力的政治学家，他既不愤世嫉俗地批判现代社会的物化处境，也不借任何

---

① 罗尔斯说："公共理性是一个民主国家的基本特征。它是公民的理性，是那些共享平等公民身份的人的理性，他们的理性目标是公共善，此乃政治正义观念对社会之基本制度结构的要求所在，也是这些制度所服务的目标和目的所在。"（罗尔斯，2002：225~226）按照罗尔斯的说法，公共理性的概念最早是由康德在《何谓启蒙》一文中对公共理性和私人理性进行区别时提出来的，人们可能会以为，罗尔斯关于公共理性的主张可能是来自康德。其实，罗尔斯所说的那种公共理性，在他所提到的康德的那篇文章中是找不到的，康德这篇文章主要是回答什么是启蒙运动以及启蒙运动的本质问题。康德说："启蒙运动就是人类脱离自己所加之于自己的不成熟状态。不成熟状态就是不经别人的引导，就对运用自己的理智无能为力。"（康德，1997：22）康德又进一步说："启蒙运动除了自由而外并不需要任何别的东西，而且还确乎是一切可以称之为自由的东西之中最无害的东西，那就是在一切事情上都有公开运用自己理性的自由。"（康德，1997：24）在同一篇文章里，康德还有一个理性的"私下运用"的说法，"一个人在其所受任的一定公职岗位或者职务上所能运用的自己的理性，我就称之为私下的运用"（康德，1997：25）。罗尔斯所说的"公共理性的理念"，或许就是源于康德这句话。如果我们的猜测不错，罗尔斯无疑是错误地解释了康德。因为，罗尔斯所说的"公共理性"是一种指向政治共同体的公共善的东西，这种"公共善"可以理解为公共的利益和公共的目的，而康德所说的是个人公开运用自己理性的"自由"，二者所说的根本不是一回事。

衬托怀念美好的古代生活，而是另辟新路走向了折中的保守主义路线。他一方面提出了具有统一规范性的宪法共识原则，另一方面又重建了以公共理性为基础的"重叠共识"。基于以上认识，笔者发现，在个人自由基础之上探寻抽象的政治共同体①成为他们共同关注的焦点。

（三）社会的道德化与公共生活

在传统社会中，国家与市民社会（经济/社会）没有发生分化；与此相对，现代社会通常被认定为随着二者的分化而出现的。这种认识基于以下事实：随着近代资本主义的发展，经济从国家分裂出来成为一个独立的体系。因此，当初市民社会是独立自主的个人交往的场所，是由看不见的手所控制的和谐世界。迫使这种市民社会观念发生根本转变的是黑格尔。在黑格尔看来，市民社会是由个人带着赤裸裸的欲望和利己主义而活动的、敌对的和分裂的场所。这种市民社会的无政府性格必须通过国家予以扬弃。国家与市民社会的关系被黑格尔颠倒了过来。马克思也继承了这种看法。自黑格尔、马克思以来，除实现"外发"式现代化的国家之外，市民社会一直被不少人贬低。穆勒（1989：22）警告人们的不是政府而是"社会"的专横，阿伦特（2005：37）也批判了公共领域与私人领域之间的"社会"的统一性与统计性的性格。

我们看到了"城邦共同体"、"文学公共生活"以及"公共理性生活"等公共生活模式，但是这些抽象的公共生活忽视了人作为一个类存在物的重要性。按照马克思（1972：256）的话说，"个人具有历史的生成过程，个人不是从来就有的人越往前追溯，

---

① 阿伦特的政治共同体是指类似于希腊古典政治形式的公共生活，哈贝马斯力图以建立在交往理性之上的商谈式民主为基础重建"有效性"和"事实性"的统一，罗尔斯试图在"作为公平的正义"之上确立"政治自由主义"的秩序。

越是一群群的"。在社会当中，人是具有社会性的动物，是一种类存在物。而这恰恰是政治学者所忽视的，他们总是假设把人设置为原子式的理性个体，以为通过人的自主行动就能够建立期盼的公共生活。这实际上是一种乌托邦的幻想，社会中各种看不见的规则与机制组成的系统，控制着我们的行为并操纵我们的思想，它似乎像自然风景一样是永恒的，事实上却像孩子的手势一样变化不定（杨君，2013b）。作为类存在的个体，我们不是抽象的假定个人自由建立公共生活，而是应该回到现实，回到社会生产关系之中，寻找人的社会性基础，从而重构公共生活。这是社会学家不同于政治学家的研究路径，也是社会学家重构公共生活的起点。

探寻公共生活的社会性基础，在社会学家研究之前率先做出引人注目的努力的是哲学家黑格尔。[①] 黑格尔不赞成自然法理论家认为的只有克服人的本性才能创造出有序公共生活的观点。他认为，"不能把公共生活看成私人自由领域相互限制的结果，恰恰相反，必须把它看作一切个体实现自由的机会"（霍耐特，2005：18）。为此，黑格尔将自由理解为不是孤立的个体所固有的一种原初自然状态，而是精神通过自我否定的中介环节而发现自己、实现自己的自我实现过程。具体来讲，他将公共生活当成一种精神之否定的辩证法，而其社会性的基础则是与此相对应的三个伦理实体——家庭、市民社会和国家。在近代政治革命完成了市民社会与国家的分裂之后，剥离了市民社会的政治属性，将政治事务、政治精神集中于国家。在黑格尔看来，市民社会成为介于作为直接的或自然的伦理精神的家庭和代表普遍理性、普遍利益

---

① 查尔斯·泰勒认为，追根溯源，在近代思想家中，卢梭较早地意识到了个体之"意识到自我"或者说自我的发现（自由）与来自他人的承认关系，因而是"承认话语"的先驱，就此而言，卢梭或许可以说是近代思想家中最早涉及上述问题的人。不过，泰勒也指出："承认的主题早期在黑格尔的著作中得到最有影响的阐述。"

的、自觉的实体性伦理精神的国家之间的一个中间环节。他指出："市民社会，这是各个成员作为独立的单个人的联合，因而也是在形式普遍性中的联合，这种联合是通过成员的需要，通过保障人身和财产的法律制度，和通过维护他们特殊利益和公共利益的外部秩序而建立起来的。"（黑格尔，1961：174）由此，市民社会也就形成了两个基本原则。具体的人作为特殊的人本身就是目的，作为各种需要的整体以及自然必然性与任性的混合体来说，它是市民社会的一个原则。但是，特殊的人在本质上是同另一些特殊性相关的，所以每一个特殊的人都是通过他人的中介，同时也是通过普遍性的形式的中介，而使自己得到满足。这一普遍性的形式是市民社会的另一个原则（黑格尔，1961：197）。黑格尔把市民社会刻画成个人追求自身利益的场域，这是一种反伦理的公共生活，此外所谓的依靠个人之间的特殊性联结所形成的普遍性也只是一种"抽象的普遍性"。在某种意义上，正是由于市民社会存在的缺陷和限度，黑格尔阐述了由市民社会过渡到国家的内在必然性。与市场社会强调个人的特殊利益和抽象的普遍性不同，国家的目的是普遍的利益本身，而这普遍利益又包含特殊利益，它是特殊利益所谓的实体性精神①。由此，不难看出，在黑格尔看来，从自然伦理的家庭开始，市场社会和国家是人的社会性基础，只不过这只是一种依靠认识论上的精神辩证法运动实现的。黑格尔在任何地方都把理念当成了主体，而把真正的现实的主

---

① "国家是具体自由的现实；但具体自由在于，个人的单一性及其特殊利益不但获得它们的完全发展，以及它们的权利获得明白承认（如在家庭和市民社会的领域中那样），而且一方面通过自身过渡到普遍物的利益，另一方面它们认识和希求普遍物，甚至承认普遍物作为它们自己实体性的精神，并把普遍物作为它们的最终目的而进行活动。其结果，普遍物既不能没有特殊利益、知识和意志而发生效力并臻于完成，人也不仅作为私人和为了本身目的而生活，因为人没有不同时对普遍物和为普遍物而希求，没有不自觉地去达成这一普遍物的目的而活动。"（黑格尔，1961：260）因此，国家是"客观自由"（即普遍的实体性意志）和"主观自由"（即个人知识和追求特殊目的的意志）的统一（黑格尔，1961：254）。

体……变成了谓语（马克思，1956：255）。也就是说，在黑格尔这里，在精神与现实的关系上，精神是现实的解释性概念；在国家与市民社会的关系上，国家是市民社会的解释性概念。而马克思则指出，对这种关系必须从根本上进行历史唯物主义的颠倒，现实是精神的颠倒，市民社会是国家的解释项。而对市民社会的剖析，应该到政治经济学中去寻找。在这里，马克思试图将人们的生活世界问题从抽象的国家伦理观变成一个现实的经济问题，这不同于政治学家把公共生活的载体寄托在各种理想的政治共同体上。

马克思将公共生活①的研究落实到现实社会之中。在马克思（2000：60）看来，人是一切社会关系的总和，是类存在物，人总是生活在社会之中，孤立的个人是不存在的。"人对自身的关系只有通过他对他人的关系，才成为对他来说是对象性的、现实的关系。"我们不可能满足于个体性的私人生活，而必须由私人生活走向公共生活，走向"类生活"。"正是因为人是类存在物，他才是有意识的存在物，就是说，他自己的生活对他来说是对象。仅仅由于这一点，他的活动才是自由的活动。"（马克思，2000：57）关于人的社会性的论述，马克思阐释了市场社会在现代社会中对个人生活的双重作用。马克思十分赞成黑格尔的观

① 马克思对于公共生活的研究，贯穿于他的理论研究的始终。他关于公共生活的论述尤其是关于近代公共生活的阐释集中体现在如下著作中：《黑格尔法哲学批判》《〈黑格尔法哲学批判〉导言》《神圣家族》《论犹太人问题》《1844 年经济学哲学手稿》等早期著作，以及思想成熟后的《德意志意识形态》《1857 - 1858 年经济学手稿》《哥达纲领批判》等著作。与此同时，从早期的《黑格尔法哲学批判》《克罗茨纳赫笔记》《1844 年经济学哲学手稿》《德意志意识形态》《共产党宣言》，到中期的《资本论》《1857 - 1858 年经济学手稿》，再到晚年关于古代社会史和跨越"卡夫丁峡谷"等的研究，在他建构和阐发历史唯物主义的整个过程中，人的公共生活是一随处可见的重要范畴。他在不同时期分别使用了"自然形成的共同体""等级共同体""市民社会共同体""国家共同体""抽象的共同体""虚幻的共同体""真正的共同体""自由人联合体"等不同表述方式，来概括他关于人类共同体在不同发展时期的不同形态和本质要求的认识。

点，市场经济的发展和对个体自由的追求推动了个人主义的发展。但同时马克思也看到了市场社会的另一面，即促进了个体之间的紧密联系，推动了公共生活的发展，个人化与公共性保持了一种紧张甚至是共生的关系。在此，正是自然的必然性、人的特性、利益把市民社会的成员彼此联结起来。他们之间的现实的联系不是政治生活，而是市民生活。因此，马克思（1957：152～154）批判性地指出黑格尔国家观的缺陷，他认为把市民社会组织起来的不是家，而是如下事实："他们只是在观念中、在自己的想象中这个天堂才是原子，而在实际上，他们是和原子不同的存在物，他们不是神类的利己主义者，而是利己主义的人。"这就是说，恰恰是个人主义的市民生活而不是关乎整体的政治生活构成了现代社会全部社会关系的基础。但是，在马克思看来，在资本主义私有制基础上，资本主义社会的公共生活并不真正体现普遍主义的伦理，个人主义与普遍主义的矛盾是资本主义无法解决的。由此，马克思的批判摧毁了资产阶级公共生活所依赖的一切。① 资本主义私有制使资产阶级社会（市民社会）成为阶级对抗的社会，使作为个人、作为类的人变成"阶级成员"的人，并试图重建一种新的公共生活。

① 首先，机会均等的社会前提就不具备。所谓机会均等，是指每个人凭着自己的勤劳和机遇都能成为所有者，允许私人进入公共生活，并且获得财产和教育。马克思认为，他所面对的公共生活有悖于其自身的普遍准入原则——公众再也不能要求和国家彻底认同。市民社会和一般社会也不再是一回事。同样，"所有者"和"人"也不能等同。因为所有者和雇佣工人阶级之间的矛盾使得其捍卫商品和社会劳动领域作为私人领域的利益沦落为一种特殊的利益。这种特殊的利益只有通过对别人行使暴力才能得以实现。从这个角度来看，占有私人财产同样也不会随意转变为自律个人的自由。资产阶级个人的自律使"每个人不是把别人看作自己自由的实现，而是看作自己自由的限制"；保障这种"利己主义"的是抽象意义上的"人权"，抽象意义上的人在追逐个人利益过程中无法摆脱资本在使用过程中所有者和代理人所面临的不自由，自身也从未成为"真实"的人（哈贝马斯，1999：142）。

　　马克思笔下的公共生活图景，也是一种人类"自由共同体"①的设想。关于公共生活的重构集中体现在《资本论》那段著名的话中：

　　　　事实上，自由王国只是在由必需和外在目的规定要做的劳动终止的地方才开始的；因而按照事物的本性来说，它存在于真正物质生产领域的彼岸。像野蛮人为了满足自己的需要，为了维持和再生产自己的生命，必须与自然进行斗争一样，文明人也必须这样做；而且在一切社会形态中，在一切可能的生产方式中，他都必须这样做。这个自然必然性的王国会随着人的发展而扩大，因为需要会扩大；但是，满足这种需要的生产力同时也会扩大。这个领域内的自由只能是：社会化的人，联合起来的生产者，将合理地调节他们与自然之间的物质交换，把它置于他们的共同控制之下，而不让它作为盲目的力量来统治自己；消耗最小的力量，在最无愧于和最适合于他们的人类本性的条件下来进行这种物质变换。但是不管怎么样，这个领域始终是一个必然王国。在这个必然王国的彼岸，作为目的本身的人类的力量的发展，真正的

────────────

①　如果说，共同体和自由作为两种价值，为确立"人义论"的正当性提供了两种可能的价值来源，那么，共同体与自由在现代性条件下成为问题则也表征了"人义论"的正当性的困难。换句话说，正当性问题在某种意义上正是共同体问题和自由问题在制度层面的表征。而无论是主张自由的平等（托克维尔）、平等的自由（马克思），还是努力为现代社会共同体的建立和维系寻求一种新的道德价值（涂尔干），或挽留、复活某种旧的信仰（托克维尔、韦伯），都可以看作经典社会理论家们尝试确立一种"人义论"的正当性标准，或者重建一种"神义论"的正当性基础的努力。当然，这种标准或基础一直到今天同样还在那些殚精竭虑的思想家们的寻求之中：如果说像哈贝马斯（力图以建立在交往理性之上的商谈式民主为基础重建"有效性"和"事实性"的统一）、罗尔斯（试图在"作为公平的正义"之上确立"政治自由主义"的秩序）、贝尔（所谓经济上的社会主义、政治上的自由主义、文化上的保守主义）等更多地表现出重建正当性基础的努力，那么像福柯（对于权力、话语等的分析）、布迪厄（对于符号暴力、权力场等的分析）则更多地质疑了现有社会秩序的正当性（王小章，2005）。

自由王国，就开始了。但是，这个自由王国只有建立在必然
王国的基础之上，才能繁荣起来。工作日的缩短是根本条
件。（马克思，1974：926~927）

从根本上讲，公共生活是人的自由或者说解放意味着摆脱自
然必然性的束缚，也摆脱来自社会事务的奴役。这就要求：其
一，对现有的资本主义社会关系、社会组织进行全面的革新，即
进行社会经济领域中的革命，从而使人作为"社会化的人"，通
过自愿的社会联合，通过对劳动的充分合理的组织完成有必需和
外在目的的规定要做的劳动，完成他们与自然之间的物质交换；
其二，通过变革资本主义私有制以及以此为基础的各种社会关
系，通过社会将国家政权的重新收回，从而消除来自社会本身的
强制和奴役；其三，除了变革资本主义的经济关系和政治关系，
马克思认为还需要一个价值观念的转变，或者说重塑现代社会的
文化精神。而这种文化精神的建立就是将功利性的、工具性的行
为转变为有赖于"相互承认"的表现性行为，从而，每个人不是
把别人看成自己自由的实现，而是看作自己自由受限制的状况，
将为每个人的自由发展是一切人的自由发展的条件的状况所取
代。而这种公共生活的规划就是马克思笔下的共产主义社会，也
是人类解放的基本思想。换句话说，充分发展的共产主义社会就
是每个人充分实现自己本性，表现自己全部的社会力量。人们公
共生活的社会性基础不在过去，也不再当下，在人们心中憧憬和
向往的共产主义社会。①

社会学的公共性或社会性是一个"人类结合"的概念，是人
人为己的情况下怎么生存的秩序问题，所给出的也是社会整合
的概念。与马克思一样，涂尔干也看到了市场社会对个人生活

---

① 罗尔斯在提出他的"正义社会"时指出，马克思笔下的共产主义社会已排除
了必须诉诸他所说的正当和正义原则的理由，因而是超越了正义的社会（罗
尔斯，1988：272）。

的重要作用。对于市场社会所带来的异化后果，涂尔干并没有重建社会公共生活的企图。针对这一情况，他仅仅把市场社会中的冲突和异化当成一个意外后果。他把资本主义社会中的资本和劳动力之间的冲突放到了"失范"这一范畴，认为失范是社会的反常状态。在《社会分工论》中，涂尔干描述了三种"失范"现象：

1. 经济危机。具体表现为19世纪频繁发生的"工商业的危机和破产"。这是涂尔干在《社会分工论》等著作当中最关注的现代社会问题之一。与包括马克思在内的许多其他思想家一样，涂尔干也已经注意到，随着劳动分工的不断发展，工商业的危机和破产"出现得越来越频繁"，"从1845年到1869年，破产现象就增加了70%"。（涂尔干，2005：314）

2. 社会危机。具体表现为进入19世纪以来同样正在变得越来越频繁和越来越激烈的劳资冲突。涂尔干忧心忡忡地看到，在他所处的那个时代"工业职能越是朝着专业化的方向发展，劳动和资本的对抗就越激烈，远远超出了社会团结的水平"。在中世纪，工人和雇主双方几乎是平等的；到了15世纪，工人与雇主之间开始产生分离和冲突，但那个时候的冲突在时间、内容和程度上还是有限的；进入17世纪以来，随着大工业时代的降临，工人和雇主之间的裂痕变得越来越明显了，工人们的反抗越来越频繁，工人和雇主之间的斗争也变得越来越残酷。工人和雇主之间"永无休止的敌对状态"已经成为"工业社会的显著特征"。（涂尔干，2005：316）

3. 精神危机。其重要表现之一就是自杀率的上升。从19世纪初到19世纪中后期不到50年的时间内自杀率在西方几个主要的发达国家里增长了3倍、4倍甚至5倍。"事实上，1826～1890年，普鲁士的自杀数字上升了411%；1826～1888年法国自杀数字上升了385%；1841～1877年奥地利自杀上升了 318%；1841～1875 年萨克森上升了 238%；1841～1889 年比利时上升了 212 %。"（涂尔干，2005：317～318）

基于这一认识，他承认"失范"状态造成的经济世界中极端悲惨的景象，冲突和混乱频繁发生。但是，涂尔干没有对这一问题进行详细阐述。① 在此，涂尔干没有像马克思那样全面地批判社会并提出建构新社会的宏伟蓝图，而是走向了一种寻求社会公共生活的共识。具体来讲，涂尔干谈论了社会分工与社会重组之间关系的新认识。在他看来，正是市场经济造就了个体的独立，形成了一种最低限度互动关系的社会团结。在现代社会里，绝大多数的人类本性都成了社会的一部分。因此，行为就有了人作为一个社会器官并以此发挥作用的含义。不仅如此，个人的人格非但没有由于专业化的发展而受到损害，反而随着分工的发展一同发展起来了。随着分工的不断发展，构成个人意识的特征产生了，"环节社会"的消失必然要求专业化同时得到发展，要求个人意识从支撑它的有机环境和涵盖它的社会环境中解脱出来。这种双重解脱使个人行为变得更加独立了（涂尔干，2005：361）。由此，涂尔干认为，个人人格的进步与分工的进步是一脉相承的。如果劳动分工没有得到发展，人类博爱的理想就不可能得到实现。如果我们不肯限定个人的活动范围，我们就必须抛弃原来的梦想；要想继续追寻我们的梦想，我们就必须满足分工的发展（涂尔干，2005：364）。

按照涂尔干的叙述，即使分工产生了团结，也不像经济学家所说的那样，仅仅是因为它使每个人都变成了交易代理人。更重要的是，它在人与人之间构建了一个能够永久地把人们联系起来的权利和责任体系（涂尔干，2005：364）。这也解释了涂尔干在《社会分工论》（第一版）前言中的疑问：

———————

① 涂尔干把市场失败非常严重的事情都放到了"失范"体系里面，至少反映了涂尔干的社会学本位意识，他是既有秩序的维护者，而不是破坏和批判者。

　　社会分工论的研究起点，就是要考察个人人格与社会团结的关系问题。为什么个人越变得自主，他就越来越依赖社会？为什么在个人不断膨胀的同时，他与社会的联系却越加紧密？尽管这两者看似矛盾，但它们亦步亦趋的活动是不容反驳的事实。（涂尔干，2005：11）

　　社会分工并没有把个人和他人体现出来，而是把社会功能体现了出来。社会与这些功能的相互作用是有利害关系的：这些功能能否正常地进行协作，直接关系到社会的健康或病害。所以，社会绝对不能让这些功能处于反复无常的状态之中；而且，它们也是可以相互确证的。由此看来，社会规范大概是这样产生的：劳动分工越发展，规范就会变得越多；倘若没有规范，有机团结就是不可能的，或是不完善的。然而，只有规范还不够，还必须有公平，竞争的各种外部条件应该是平等的。反过来说，涂尔干注意到，当集体意识迅速缩减为个人信仰的时候，"组织社会"的道德在性质上就要比"环节社会"显得更加人道、更加合理（涂尔干，2005：365）。当社会的个人主义色彩更浓的时候，人们的欲望只能靠遵从社会道德来遏制。① "法人团体"② 就成为涂尔干建构新的道德公共生活的现实载体。

----

①　如果所有权威都丧失殆尽，那么剩下的只是强者统治的法律，而战争，不管是潜在的还是凸显的，都将是人类永远无法避免的失望病症（涂尔干，2005：15）。涂尔干已经把矛盾推到了战争的地步，可见他对人类社会自近代早期以来的情况还是相当清楚的。（1902 年）第二版面世时离世界大战还有一段时间，这个觉悟不算低，但他不可救药地认同现代社会或者是现代社会的乌托邦。

②　在涂尔干看来，无论是整个政治社会还是国家，显然都担负不起这一重任。这是因为，经济生活不仅是非常独特的，而且每时每日都在朝着这个方向发展，远远超出了权威的范畴。所以，必须引入法人团体。对此，只有在与职业活动关系紧密的群体对其做出有效规定的情况下，职业活动才会发挥认识自己的功能，了解到自己的需要和每一次的变化状况。满足这些条件的独立群体是由那些从事同一种工业生产，单独聚集和组织起来的人们所构成的，这就是我们所说的法人团体（corporation），即职业群体（涂尔干，2005：11）。

在涂尔干看来，"法人团体"这种在"一盘散沙"的基础之上建立的有机的人类个体的结合方式是最低限度的公共生活，它是个人自发的职业上的协会，是为生存需要而建立的。在此，一方面，个人生活与法人团体产生紧密的联系，形成一种社会团结感；另一方面，通过法人团体，国家可以将权威和规范间接作用于分散的个人。从而法人团体就成为联结分散个人与抽象国家之间的纽带。换句话说，社会要想生存下去，不仅需要一种能够令人满意的道德一致性，还需要最低限度的逻辑一致性，若超出了这个限度，公共生活也就消失了，社会也就岌岌可危了（杨君，2011）。

（四）政治的正当性与公共生活

马克思笔下描绘的市场社会是"资产阶级社会"[①] 的象征，

---

① 市民社会包括个人在生产力发展的一定阶段上的一切物质交往。它包括该阶段上的整个商业生活和工业生活，因此它超出了国家和民族的范围，尽管它对外仍然需要以民族的姿态出现，对内仍需要组成国家的形式。"市民社会"这一用语是在 18 世纪产生的，当时财产关系已经摆脱了古代和中世纪的共同体。真正的资产阶级社会（市民社会）只是随着资产阶级发展起来的，但是这一名称始终标志着直接从生产和交往中发展起来的社会组织，这种社会组织在一切时代都构成了国家的基础以及任何其他观念的上层建筑的基础（马克思，1960：41）。值得注意的是，从上述引文最后一句话可以看出，在马克思（和恩格斯）这里，"市民社会"概念具有双重含义。一层含义是指社会发展各历史时期的生产关系、交往关系。就在上述引文所出的同一著作中，马克思和恩格斯明确指出："在过去一切历史阶段上受生产力制约、同时有制约生产力的交往形式，就是市民社会……这个市民社会是全部历史的真正发源地和舞台，可以看出过去那种轻视现实关系而只看到元首和国家的丰功伟绩的历史观何等荒谬。"（马克思，1960：40～41）另一层含义是指作为近代政治革命结果而产生的资产阶级社会。不过，作为与政治国家分离的市民社会始终是指后者，也就是马克思所说的"真正的资产阶级社会"，而以前"旧的市民社会直接地具有政治性质，就是说，市民生活的要素，如财产、家庭、劳动方式，已经以领主权、等级和同业公会的形式升为国家生活的要素"（马克思，1956：441）。事实上，对于这两层含义也可以这样理解，前者是后者的抽象，是马克思将研究分析近代资产阶级社会所得的结果推广应用于解释以往全部人类历史，因而是一个解释性概念，而后者则是一个描述性概念。两者从根本上不冲突。

他代表着分离的社会和异化的个人，从而走向了一种社会生活的重建。相反，涂尔干笔下阐释的市场社会所带来的"失范"现象，仅仅被当成现代社会发展的一个意外后果，在他看来，我们最为重要的是寻找维持社会秩序的道德共识与道德基础。与二者相比，韦伯的社会关怀显得更为复杂。当韦伯着眼于政治而思考现代政治的正当性时，他把这种政治正当性定位于民族国家的强盛，而不是个人自由的公共生活的重建；而当他着眼于文化而思考现代世界中人的生存境况时，他将最根本的关怀放在了个人自由上，而且是积极意义上的自由，即如何在现代世界中成就一种自我或者说人格。① 对于政治正当性的阐释是韦伯社会学研究的一个核心议题，即人类相互关系中的斗争问题。韦伯曾在就职演讲中毫不含糊地集中论述了斗争②是社会历史的驱动力。他拒绝了多数人的最大幸福观念这种功利主义观念，并直言不讳地宣称"无法相信在这尘世生活中除了人与人之间的无情斗争以外还有什么其他方式可以创造任何行动的目的自由"。

---

① 韦伯在价值取向上所显示的复杂性并不影响他对于个人命运之公共生活的关注，这与马克思（共产主义社会）和涂尔干（社会的道德化）的关注主题仍具有一致性。而与此不同的是，韦伯立足于历史义务观和历史有效性（李猛，2001b：272）。韦伯认为致力于民族国家的强盛是现代政治的终极决定价值，国家（民族）理由是政治正当性的来源。而要致力于这种终极决定价值，政治就不可能是自由主义者所宣称的那种政治。

② 从1895年发表就职演讲开始，一直到生命的最后岁月，"权力斗争"特别是"暴力"，始终是韦伯理解政治本质的关键词。在就职演讲中，他抨击"庸俗政治经济学"那种"技术主义"的"非政治化"，只知"以不断配置普遍幸福的菜谱为己任"，"加油添醋以促成人类生存的'愉悦平衡'"，而看不到在尘世生活中到处充满着人与人之间的严酷斗争，"在经济的生死斗争中，同样永无和平可言"。韦伯指出："经济发展的过程同样是权力的斗争，因此经济政策必须为之服务的最终决定性利益乃是民族权力的利益。政治经济学乃是一门政治的科学。政治经济学是政治学的仆人！这里所说的政治并不是那种某人或某一阶级在某一时期碰巧执政的日常政治，而是整个民族长远的权力政治利益。对我们而言，民族国家不是什么玄而又玄的东西……民族国家无非是民族权力的世俗组织。"（韦伯，1997：93）在写于1915年的《儒教与道教》之"中间反思"中，他说："呼吁不仅对外，而且对内使用暴力强制手段，是任何政治联合体的绝对本质。"

这种展望，没有给国际经济合作组织留出余地，韦伯的经济学和社会学框架就是以这种斗争为核心的，他信奉的是基于权力争夺的国家观。国际关系如同社会关系一样，只能是国家之间的斗争。

如上所述，在韦伯看来，强盛的"民族国家"（政治共同体）不可能由自由个体的自然结合而形成。关于政治共同体的阐述，与马克思专注于理解社会经济权力的垄断不同，韦伯把注意力放到了诸如军事暴力手段在社会上是如何组织与分配的以及宗教领域中的权力的制度化过程（Prades，1966）。正是由于这些原因，韦伯才把民族国家定义为一种享有正当暴力垄断的制度，把教会定义为一种谋求精神权利垄断权的制度。由此，韦伯引入了"理性化"这一概念并详细论述了权力的制度化逻辑。

在他看来，理性的科学（工具合理性）在日常生活中的重要性不断增强，而与此相适应的世界是除魅以及对宗教力量的侵蚀。这种世俗化也就意味着专家和专业知识的支配作用与日俱增，相应的则是超凡魅力权威的衰落。这些变化也使工作的专门化以及劳动分工的发展成为必需的。以官僚制的方式对社会加以组织的这些变化，也与劳动者与劳动手段相分离、办公室劳动者与精神生产手段相分离以及知识分子疏离了对大学的控制联系在一起。韦伯笔下使用的一套劳动者与（物质和精神）生产手段相分离的马克思主义的术语，是为了说明马克思与他在理性化（除魅化、专门化以及面对官僚制管理时的无能为力）和异化（分工专门化以及分离）这两个孪生概念上的汇合。

马克思与韦伯都以同样的融合了恐惧和赞美的态度对资本主义社会（市场社会）做出了反应。在马克思看来，资本主义打破了传统社会的停滞，瓦解了他所说的乡村与农民生活的"白痴状态"。它推动了人类走上现代化道路，但也让个人和集体蒙受了巨大代价而倍感痛苦。这种痛苦的一个方面就是异化和非人化。而韦伯则认为资本主义社会打破了信仰带来的安全感，打乱了传统家族中前现代生产与消费手段的"自然"节奏。理性化摧毁了巫术力量的权威，但也带来了机器般的官僚制的调整，这最终向一切信仰体系发出了挑战。理性化的一个悖论结果就是出现了这样一个世界：在那里，意义体系再也找不到一个权威了。权威的理性规范与超凡魅力和传统权力是不可调和的。马克思在分析资本主义时看到了"异化"，涂尔干专注于"失范"，而韦伯将现代化视为理性化。[①] 面对理性化悖论这一人的生存处境，人们的命运将向何处？人们公共生活的基础和共识在哪里？与马克思的建构主义视角和涂尔干的保守主义立场不相同，韦伯迈向了一种悲观主义的观点。在"不知有神，也不见先知"[②] 的今天，作为个体，人如何在"价值多神"的状态下克服虚无主义而获得生命的意义和价值，实现积极意义上的自由，韦伯对此的回答很平淡："在现代社会中，人要获得个性与自由……只要每个人都找到操持他生命之弦的守护神。"（李猛，2001b：127）唯有如此，一个人才能在世界上成为一个真正的人，才能成就他的"人格"。由此可以看出，韦伯对于理性化制度的生产过程产生了一般意义上的现代"人"的生活秩序所做的人类学分析，在许多方面都预示

---

① 两者的关系在卡尔·勒维特的《马克思与韦伯》中得到了精彩的论述，该书首次出版是在1932年，至今仍是在马克思与韦伯的关系问题上最富刺激和敏感性的研究成果之一。

② 在韦伯看来，今天所有在等待新先知和新救世主的许多人所处的情景，和以赛亚预言所记的流亡时期以东的守夜人那首非常美的歌所唱出的情景完全一样：有人从西珥不住地大声问我："守望的啊！黑夜还有多久才过去呢？守望的啊！黑夜还有多久才能过去呢？"守望的人回答："黎明来到了，可是黑夜还没有过去！你们如果再想问些什么，回头再来吧。"听这段话的那个民族（德国日耳曼民族），已经询问并等待了两千余年了，我们知道他们令人战栗的命运。从这件事中我们要吸取一个教训：只凭期盼与等待，是不会有任何结果的，我们应该走另一条路；我们要去做我们的工作，承担应付眼下的要求（Forderung des Tages），不论是人间的事物方面，抑或是在成全神之召命的志业（Beruf）方面。只要每一个人都找到了那掌握了他的生命之弦的魔神，并且对他服从，这个教训，其实是平实而单纯的（韦伯，2010：194）。

了当代的现代学派与后现代学派之间的争论。① 特别是，韦伯对于现代性的道德意义（实际上是精神意义）的焦虑和难以确定，一直被我们难以确定现代性的未来将是什么样的"现实"这种心态不断复制。当然，至少有一件事情在韦伯的头脑中是清楚的：现代性承诺的那个世界将会特别恐怖。他曾绝望地说：未来将是一个冷夜难熬的极地寒夜。而韦伯深刻地探索了那个幽暗世界的边缘地带，这也是韦伯社会学一直让每一个后代学者着迷的原因所在。

三　公共生活的二维性

如上所述，经典社会学家都试图在批判现代社会基础上提出重建社会的方案。马克思通过揭示市民社会的"异化"现象试图重建自由共同体，涂尔干批判了现代工业社会中的"失范"现象，为维护社会秩序寻找道德基础，韦伯则生动地描述了后宗教时代理性化牢笼束缚人类自由的困境，在此，韦伯悲观地承认了社会现实，描绘了重建民族国家的宏伟蓝图。无论是政治学家还是古典社会学家都在讨论一个共同的主题：在市民社会与国家的关系中，如何重建公共生活？基于以上论述，笔者认为，公共生活是我们一直关注的主线。在前面的论述中，无论是政治学家主

---

① 20 世纪 70 年代以来，把韦伯看作现代性两难困境理论家的趋势再次大为流行，福柯、德里达、鲍德里亚和利奥塔尤其如此（Boyne，1990）。这些前现代与后现代的理论家们以各种不同的方式质疑了关于理性规划现代性的种种假设及其确定性。利奥塔尤其向现代性"宏大叙事"（诸如自由、真理、理性）的潜在正当化发出了挑战。后现代学派称，对理性的现代规划只是在西方资本主义通过殖民剥削基础上的世界经济结构居于支配地位时才成为可能的。在某些（如鲍德里亚）后现代学派看来，现代的全球性大众传媒世界造成了一种媒体符号的支配，在那里，现实最终会由于媒体信息的绝对"重量"而被挤压成一体（Baudrillard，1983）。这些现代性转化（工业资本主义的支配）产生的结果被结合进一种后福特主义的社会制度（后工业的信息系统），便向资本主义生产的核心主题——合理性的宏大叙事——发出挑战。

张政治的自由与公共生活的重构，还是古典社会学家试图把公共生活道德化的阐释，都印证了国家作为"守夜人"的角色。他们更加侧重于从与国家相对应的社会领域或是从个人政治自由角度设想未来的公共生活图景。虽然韦伯尝试从民族国家的立场确立现代社会的政治共同体，但依然对科层制束缚下的现代人的生活充满了悲观色彩。在 20 世纪早期，尤其是第一次、第二次世界大战之后，现代社会学对国家重塑公共生活的研究日益成为焦点问题，换句话说，社会的发展、日常生活的运行越来越需要国家扮演重要角色，国家开始不断地介入生活世界。与此同时，全球化时代的来临，也使得公共生活的范畴越来越具有跨地域特征。因而，公共生活形成了一种既具有国家性质又具有超国家性质的二维特征。

（一）贝克公共生活的起点：制度化的个人主义

社会学对同一个事物的看法可以分为相互对立的两类。既可以从个体立场也可以从整体立场来看待社会维度。这两种立场都是基于社会行动的结构，而对后者的分析，既可以根据行动者也可以根据社会结构来加以区别。这种二元论的社会学观点，深深地影响着个体化这一词语所承载的复杂内涵。

站在个体立场分析的人，绝对不会把社会在某个特定时间的形式视为既定的、一成不变的材料，而是会去质疑。在此，贝克批判了以新自由主义为代表的自由市场个体观念。占支配地位的新自由主义描绘了自由主义政治思想、理性选择理论和经济学理论等理论假设（Clarke，2004）。它假设独立的个人是理性的、追求物质财富的自利的人，个体能够把握其生活的全部，从而排斥公众或社会干预他们的生活。这一模式等同于个体与自由；后者被认为是人们的生活没有外界的干扰。贝克对新自由主义的批判经验和理论得到了批判理论、女性主义、后殖民研究和后结构主义的支持（Weedon，1997；Roseneil & Budgeon，2004）。包括对殖民统治的前任和现任者的权利主张，男同性恋者和女同性恋者，残疾人，受国家救助的人和妇女等，这些个体并不认为自己是一个自足的个体，也没有反对接受来自外部的集体机构的帮助，而是试着去了解如何通过公共干预措施和组织增强传统上被边缘化的社会阶层成员的自主性和自我决定的能力（Yeatman，1994）。与此同时，这种观念与工作、家庭、社区诸领域中的日常经验明显不符。众多的经验表明，个体并非单子，也不是自足的，而是与他人的联系越来越多，包括全球网络层面和制度层面的联系（贝克，2011a：30）。自足这一个体观念，最终意味着一切义务的消失，这也是新自由主义必然危及西方福利国家的缘故。

与此相对立的是主流的社会学观点。几乎所有社会学都有与生俱来的偏见，否认个体性与个性。对社会范畴的思考，几乎总是基于部落、宗教、阶级、团体这些术语，特别是最近的社会系统一词。这一观点在帕森斯的结构功能主义中展现得淋漓尽致。在他笔下，个体成为可以置换的要素，是环境的产物；而主观期待、主观因素则是系统的环境。在他看来，个体范畴不过是个体的幻觉，个体无法洞察其生活的社会状况与所受的限制。因此，他试图对凝结成结构的普遍兴趣进行提炼，并美其名曰帕森斯式"功能先决条件"。从这些先决条件中——比如从诸多世俗化的伦理义务中——产生了四种角色模式、四种功能、四种需求和四个子系统，死者都远离上帝和尘世，并脱离了行动及其前提条件。用它们作为衡量个体清醒度和服从性的标准，就能得出正常、越轨、错误和荒谬之类的判断。

在贝克看来，随着现代社会的进一步发展，存在集体和行动的集体单元的设想开始变得可疑。系统理论假定了个体行动与思想的社会独立性的存在与再生产，从而丧失了其实在的内涵。正是由于此观点否认有剧烈的社会和政治过程，"社会"这个范畴的内涵、目标、基础和机构必须被重新协商、重新改造和重新建构。进一步讲，如果把这二者对立起来，显然毫无意义。因为个体和社会都是实体的先决条件，只不过处在不同的层面上，因此不能把二者的差别视为社会冲突。此外，这两种观念都对彼此有所断言。只要谁把（社会）这个总体纳入他的领域，就等于毫不犹豫地把个体立场概括进来。必要的时候，社会取向的社会学就会被当成道德正确的立场，来抵制个体虚假的自我意识。反过来说，一切有关主体或个体取向的社会学，自然也会对有关社会形态与社会系统的结构和运行阶段等进行陈述与说明（Beck，2002：17）。

在批判了社会学中系统理论和新自由主义的基础之上，贝克试图为个人与社会关系命题提供新的解释范畴。贝克的个体化论题是关于个体与社会之间关系发生了新的"变形"（Beck，1992：127）。它暗示个体化是社会结构转型的产物，而不是来自社会进程的个人解放（Beck & Willms，2004：101）。贝克将此称为制度化的个人主义。

制度化的个人主义（帕森斯，1978：321）这一概念最初出现在帕森斯关于社会变迁思想分化、包容和价值普遍化[①]三种观念的讨论中。所谓分化的、包容的、价值普遍化的社会从下述意义上讲是个人主义的，即社会单位（无论是个人还是集体）的行动的主动性大部分来自单位本身。与传统社会不同，在这种类型的社会中没有任何负责制订长远计划、全面指挥的机构，也没有体现社会特殊价值、探索社会发展的全面计划的打算。在这种社会中，帕森斯坚持认为选择是开放的，社会变迁是持续的，而对显现的情景的解释和意义是偶然的。在形而上学意义上存在一个模糊不清的问题：没有事先规定好什么是好的坏的、什么是善的恶的，将来也不会有。从而在给个人以选择机会时仍然存在一种

---

① 实际上，帕森斯区别了变迁的四个主要过程，其中最后一个过程被他称为"适应的上升"。在亚历山大看来，这仅仅是帕森斯描述其他三个过程效果的另一种形式。

很强的制度化因素。当然，更为重要的是，这种个人主义本身又是每个人所不能控制的社会过程的结果。由于价值的普遍化，在一个特定的历史时刻，个人的选择是相当自由的。但是，进行选择行动的个人既没有创造出普遍价值，也没有特别意识到它的存在。帕森斯相信，个性的制度化同样会产生某些义务。个人必须同意合作并遵守规范，就像他们必须在决定社会生活的全面进程中甘心做一个小角色。的确，帕森斯描绘了一幅不同的但在某些方面更复杂的后功利主义的社会画面。这是一幅既不是唯物主义也不是唯心主义，既不是个人主义也不是反个人主义的画面。社会控制广泛存在，但它依赖于个性和个人选择。不难看出，如果一个社会显示出如帕森斯所称的制度化的个人主义的特征，如果既高度分化，又是广泛包容的，那么作为社会成员的个人就必须坚持高度的自我控制。如果一个社会被构造的最终方向是向个人开放，那么行动本身将决定他们的社会位置。而这种能力正依赖于人们价值观的内化。换句话说，在一个唯意志论的社会里，内化产生人事分配和资源分配，而不是依赖于强制和控制。① 显而易见，在现代的环境中，价值内化像一致性一样困难。内化的价值观是高度概括了的工具行为主义的价值观。它强调理性、独立和自我控制。通过内化发展出高度抽象和极其复杂的认识能力和道德能力。因此，一方面，人在个体化过程中应当获得更多的自由和自律；另一方面，自由度的提高又得到了决定论的描述：即便是从苛刻的强制中解脱出来的制度化的行为期待，也被描述为一种新的规范期待，即一种制度。盖伦用一种反讽的方式把这种对应物说成一种个体，这是一种特定的制度。盖伦的这一观点说明，个体从普遍力量中解放出来的过程本身就是个体普遍受到控制的前提。因此，盖伦谴责认为个体化纯粹是一种表象的观点；

①　童年社会化和教育的重要性显得很清楚了。它们之所以重要，是因为它们提供了价值内化的主要过程。

同福柯一样，盖伦想要证明现代性是一种充满幻想的自我理解（哈贝马斯，2008：279~281）。

贝克猛烈批判了帕森斯这一线性自我再生产系统的"制度化的个人主义"。在他看来，帕森斯的社会系统是第一现代性的调节性系统，主要强调一种制度对于个体的限制和束缚。而第二现代性下的制度并非完全是社会性的，同时也是社会—技术的。[①]它是一种复杂的线性系统，或被称为非线性系统。第二现代性的常态性混乱，既是由非线性系统来调节，也是由强力交织在一起的社会系统和技术系统来调节的，或者说得更准确些，是由社会—技术系统来调节的。正是在社会的东西和技术的东西相互交织的地方，我们发现了第二现代性的个体，获得了"为自己而活"的不确定性的自由，而这种自由使得个体享有哲学意义上的自由之美名，却担负着沉重的负累。也就是说，在个体"为自己而活"的生活历程之中，他们正在实践新的生活方式，他发展了个体对社会联系的感受能力，并把自己当成重新创造和调整社会性的一种强制、需要、任务和历险来理解。这就暗示个体化是一个位置多重性问题。人们依靠各种移动网络、信息技术处理日常事务，但在享受制度带来自由的同时，也在承受各种社会风险。这样看来，个体化就是一种社会境况，不是通过个体的自由决定就能达到的。个体化是一种强迫性冲动，尽管也是一种矛盾的冲动，克制不住要去创造、安排自己的人生，以及周遭的纽带和网络，并且在这么做的时候，要面对不断变化的偏好和生命的各个阶段，还要不断适应劳动力市场、教育体系以及福利国家等方面的种种状况。也就是说，制度化的个人主义，一方面是批评帕森斯的结构功能主义，另一方面是批判新自由主义，从而强调一种约束与自发性的统一。因此，个体在不断寻求"为自己而活"的生活时，也在重新依靠一种标准化、制度化和公共的生活方式。

[①]　比如大众传媒和个人媒体在社会关系中起着重要的中介作用。

（二）福利国家与公共生活

基于以上讨论，制度化的个人生活是如何产生的呢？在贝克看来，福利国家是导致个体化产生的关键因素。对于此问题，"本迪克斯-罗坎"命题从国民国家与"市民权"的关系来阐释福利国家与个体之间的关系。他们认为自 18 世纪以来，在西欧社会"市民权"开始向下层阶级扩散。这一过程一方面是平等化的过程，另一方面是全民政府权力的形成过程。这两个同步进行的过程创造了国民。国民国家的国民与国家的主权权威之间的关系是直接（Bendix，1964）的，这种关系在传统国家不存在。安德森（1991）认为国民乃是"想象的共同体"。国民作为"受限制的"（国民不可能是全人类）、"有主权的"、"一个共同体"而被想象。因此，国民可以成为以边界设定、以同化原理和差异化原理为基础的"市民权"的依据。马歇尔继承了这一思想，他认为，"市民权"的逻辑是建立在同化与差异之上的。[①] 从"市民权"的深度上讲，可以从权利与义务两个侧面理解。作为权利的"市民权"可以从自由权或社会权的角度加以衡量。根据马歇尔对市民社会的研究，他将"市民权"分为三大权利群：总称为公民权或"市民性诸权利"的权利群、被称为参政权或"政治性诸权利"的权利群、被习惯性地称为社会权或"社会性诸权利"的权利群。而且，一般认为权利的深度是按照上面的顺序逐渐深化的（Marshall，1992）。如果从义务性加以理解"市民权"，可以说纳税或服兵役等是"市民性诸义务"，投票义务是政治性义务，义务教育或缴纳社会保险是社会性诸义务（见表 4-1）。市民性、

[①] 在传统国家，人们未必怀有作为国家成员的共同归属感。与此相对，生活在现代国家的人首先是国民。对抽象的、不受规定的人而言，保证他们作为国民的实质性与具体性的，是以国民国家为依据的"市民权"。"市民权"有广度和深度两层含义。从广度上讲，"市民权"是为了确定边界，以区分"市民权"的里面与外面。处在里面的人被赋予"市民权"，而处在外面的人则得不到"市民权"，即前者为市民，后者为非市民。

政治性、社会性的权利与义务都是参加共同体的手段，所以，这些权利与义务可以被认为是对共同体的参与。如今，现代国家在国民国家性质这一点上没有太多的变化。但是国民国家的功能发生了巨大的变化，即从"守夜人"国家——"最小国家"向福利国家转变。

表4-1　"市民权"的深度

	权利	义务
一般的	参加共同体	参加共同体
公民的	自由权性的各种权利	纳税、服兵役等
政治的	选举权与被选举权	投票义务
社会的	公共教育、社会保险给付等	义务教育、缴纳社会保险费等

资料来源：毛利健三：《福利国家》，东京大学出版社，1990，第47页。

在德国，人们从"市民权"深化的角度对福利国家的形成进行了解释（Marshall，1992）。而在"市民权"扩散的过程中，与公民权或"市民性诸权利"相冲突的"市民权"中的社会权要素随着德国1834年新救贫法的出台而一时"从市民权的座位上被革除了下去"（Marshall，1992）。但是，随着国家开始尝试实行初等教育，出现了"市民权"对社会的吸收（毛利健三，1990：49）。另外，通过普通选举制度的实施，参政权以及各政治性权利在19世纪得到了确立。进入20世纪，社会权在国民国家的"市民权"中得到进一步的深化发展，导致了福利国家与个体之间关系的形成。

进入20世纪下半叶以来，在西欧福利国家大环境中，个人与社会的关系发生了结构性的转变。具体来说，福利国家对于个体的影响，主要体现在公共教育、社会保险和就业政策等方面。对于社会权的重新确立，由国家实施的初等教育是其决定性的第一步（Marshall，1992）。教育是一种社会义务，并不只是因为教育与个人的利益息息相关，更是因为"一个社会为了维持社会性的健康，需要对其成员进行教化"。因此，教育不仅是权利而且是义务；① 不仅是个人义务，而且是"社会的义务"。这是因为，公共教育不仅具有作为消费者的学生消费教育这一服务型商品的侧面，而且有其他侧面。也就是说，公共教育②是"国家意识形态装置"（Althusser，1970）。与此同时，在"市民权"深化的过程中，通过社会保险制度，国民国家成功地将市民社会中自发形成的组织吸收为国家的组织。国民国家在成立之初立足于国家与市民社会相分离的原则，因而社会保险制度的成立意味着对这一原则的修正。这种制度的实施一开始仅仅限于死亡、养老、残疾等关乎人的生存的领域。半个世纪之后，从摇篮到坟墓的一生都成为国家管理的对象。当然，这种国家全面管理的场景不仅依靠社会保险制度而实现，同时还依靠在学校、医院、工厂、社会福利设施等种类繁多的"全景监视"型设施的运作之下，国家对生活世界的管理才变为现实（Foucault，1975）。到 20 世纪中叶，"市民权"的深化产生了被称为福利国家的体制。这一福利国家体制不仅包括以社会保障为首的社会政策，还包括充分就业政策。

福利国家是与个体主义相反的集体主义的产物，换言之，它从根本上否定个体化。但是，福利国家引发了一个问题：为什么即使存在福利国家，个体化还进一步深化？其实，福利国家的意外后果就是，这种集体主义的方式，使得以前不能再分割的核心家庭变得可以被分割。家庭津贴、公共养老金正是其手段，职业

---

① 19 世纪的自由主义所提出的义务教育正当化的逻辑：儿童缺乏判断能力，而父母也未必都能做对儿童有益的事，因此国家有必要介入初等教育。连约翰·穆勒也认为"消费者不是判断商品时胜任的裁判官"，教育也是如此，因此教育是自由放任主义这种一般原则的例外（穆勒，1989：27）。

② 它是为维持社会统合而进行的社会化与社会统治制度的一环。教育是国家为创造新的想象的国民这一认同而灌输语言和历史的场所。除此之外，公共教育也产生了学校这样一种制度。或者相反，即有了学校这一制度装置，在那里进行的实践被称为教育。学校立即成为现代社会必不可少的制度。学校不仅具有赋予国民这一想象之物以实体的功能，同时还是向白纸状态的儿童灌输当时出现的工厂纪律的场所。

也是如此。一旦这种集体关系得以确立，作为个人的劳动者的权利得到认可后，劳动者就容易从集团中独立。正是通过福利国家的社会政策改革，个体化才把人们从传统角色和束缚中解放出来，获得一种"为自己而活"的生活方式。首先，个体摆脱了马克思和韦伯所描绘的阶级和身份群体。社会阶级去传统化了，迈向了一种"后阶级社会"。这一点反映在家庭结构、居住条件、休闲活动、人口的地域分布、工会和俱乐部的成员资格以及选举模式等的变迁之中。[①]　其次，妇女摆脱了家务束缚和照顾丈夫的"地位命运"[②]。工业社会有赖于男女地位不平等状态，现代性则毫不犹豫地打开了家庭生活的大门。个体化给整个家庭纽带结构造成了压力，一种新型的、由多元关系经由协商构成的临时家庭（"后家庭"）正在出现。最后，旧有的工作常规和工作纪律形式正在衰退，取而代之的是灵活的工作时间、多元的低度就业及工作地点的分散。[③]

由此，贝克认为个体化导致曾经与人们生活密切联系的阶级、社会地位、性别角色、家庭、邻里等社会范畴逐渐式微。在生活世界中，人们不再有什么良知或社会参照单位作为补偿。换句话说，不再是社会阶级代替身份群体的位置，或者家庭作为一个稳定的参考框架代替了社会阶级义务的位置。对于生活世界中的社会性来说，个体自身成为再生产单位（杨君，2013b）。而在第一现代性下家庭联结社会与性别的生活功能消失了，而家庭内外的个体成为以市场为中介的生计以及生涯规划和组织者。

这一生涯状况的分化同时伴随着个体化和公共生活。随着个体从传统制约下解放出来，由于个体对于就业市场的依赖，出现

---

① 参阅《个体化》中"从为他人而活到为自己而活：个体化与女性"一章（贝克，2011：61～97）。

② 参阅《个体化》中"迈向后家庭时代的家庭：从需求共同体到选择性亲密关系"一章（贝克，2011：97～113）。

③ 参阅《风险社会》中"劳动的解标准化"一章（贝克，2004a：169～184）。

了一个新的公共生活过程。个体化和公共生活同时出现在我们的生活中，这两个过程不仅体现在个人的经验中，而且体现在制度和结构层面。被解放出来的个体开始依赖劳动力市场，并进而依赖教育、消费及福利国家的管理和支持之类的东西，依赖医疗护理、心理咨询和教育看护方面的可能性和方式。对市场的依赖扩展到生活的方方面面。市场依赖在生活谋生的各个角落的延伸，其实是福利国家阶段的延迟后果。

由此，新的依赖性产生了。在当前社会，个体化产生在普遍的社会化条件之下，这种条件使得个体自主性渐渐丧失。但与此同时，个体从传统的义务和支撑关系中解放出来，代之以劳动力的生存束缚和作为一个消费者而拥有的标准化和控制。传统纽带和社会形势（社会阶级和核心家庭）的位置被次级中介和制度所代替。个体对市场的依赖，所产生的生存形式是孤立的大众市场，对整体设计的家居、家具、日用品的大众消费，以及通过大众媒介发起和采纳的选择、习惯、态度和生活方式。制度在个体生涯留下印记，并使人们依赖于时尚、社会政策、经济周期和市场，这一切都与人们意识中已经建立起来的个体控制的图景相矛盾。换句话说，个体化将人们引向一种家庭和世族"亚文化"并不知晓的内在控制和标准化的公共生活。这些制度塑造生涯的方式意味着，教育体系、职业生活和社会保护体系的规则直接与人们的生涯各阶段相互结合。制度上的决定和干预也是人们生活中的决定和干预。因此，个体化，确切地说，就意味着制度化的公共生活方式。因此，个体化不仅仅体现为个体性的一面，同时也体现为依赖制度化的公共生活的一面。

（三）公共生活的跨国化

个体化进程依靠制度的再嵌入使得个体不断获得新的生活模式和生活处境。在全球化影响下，福利国家和劳动力市场的作用逐渐式微，人们的生活越来越具有跨国性质和非地域特色。这一新的生活境况意味着个体正在寻找新的相互依赖——全球性的相互依赖。由此，在贝克看来，个体化和全球化实际上是第二现代性过程的一体两面（吉登斯，2000：63）。

　　全球化对个人生活意味着跨国多地生活的形成（例如，多地婚姻），人们可以在不同世界的多地区生活。这是个人生活领域中全球性的重要特征，它推动了个人生活经历的全球化。[①] 这表明世界的对立矛盾不仅在于外部世界，而且存在于个人生活的中心、跨文化婚姻和家庭、企业、朋友圈、学校、电影院中。在不知情或不愿知情的情况下，它不断影响每一个人。所有人的生活都是全球地方化的生活。在此，我们面临着全新的生活形态：各大洲、文化以及宗教的对立和矛盾，包括第一世界与第三世界、臭氧洞和疯牛病、养老金改革等，这些都存在于无法封闭的个人生活之中。因而，全球化不是作为一个庞然大物在外部威胁我们。实际上，它就盘踞在个人生活的私人空间里。甚至有的时候，它决定我们个人生活的良好特性和特征。从而个人生活不再受到地域限制，也不再是特定和定居的生活。这是一种旅途生活，一种游牧生活，一种在汽车里、火车上、飞机上、网络中，以大众传媒为基础塑造的生活，一种跨国生活。技术是连接日常生活的手段。它消灭了距离，建立了跨越空间的紧密联系和近距离的疏远关系。我们同处一地不同时在场，在同一地方不再意味着共同生活，而共同生活也不再意味着同一地方生活。驾驭个人生活的人不再是游手好闲之徒，他们生活在各种网络、电话、信息之中。他们可以在家也可以不在家，既可以在这个地方游动，也可以在另外的地方旅游。个人生活经历的多地性、跨国性，个人生活的全球化为瓦解民族国家的主权、废弃民族国家社会学提供了一个新的依据：地域和集体、社会的联系在瓦解。更换和选

---

① 贝克详细讨论了多地婚姻作为个人生活领域中全球化的突破口（贝克，2008a：76~77）。

择地域催生了个人经历的全球化。由此，不论是出于自愿还是被迫的，抑或是两者兼有，人们的生活跨越了被分割的不同世界。多地生活不断迫使个人建构自己的公共生活，过一种变来变去的个人生活。

如果说，全球化意味着我们生活在世界社会里，相互封闭的领土认识越来越模糊。任何国家、任何团体都不能相互隔绝，形成一个相互联系的整体。那么，与此相对立的另一种理论——全球主义，试图用资本主导世界，消灭一切差异。这种思想强调单一经济的因果关系，把多重领域的全球化简化为单一经济领域全球化，同时这一领域是单向发展的。这一理论的核心在于消灭第一现代性中政治与经济之间的差别。它是一种主张由世界市场统治一切的意识形态，是新自由主义的意识形态。它的要害之处是在坚持世界市场的统治的前提下，把全球化片面等同于经济全球化。如此说来，这一理论忽略了界定法律、社会及生态总框架以及使经济行为得到社会和法律保障这一政治核心任务。对于德国这样的国家来说，在新自由主义的框架内，就意味着国家、社会、文化及外交政策应该像领导一个企业一样。从这个意义上说，这是经济帝国主义，因为企业要求制定有利于实现自己目标的总框架。

经济全球化可能使企业和协会摆脱民主制度的资本主义和社会主义的束缚，并重新获得力量。贸易和金融的自由化意味着市场的扩大，现在的企业不仅要考虑国内市场，还要考虑世界市场，而且世界市场的规模越来越大。对于各国企业来说，获取利润的机会正在增加。经济全球化使那些曾经在资本主义时期潜伏，但在社会福利国家民主进程中被掩盖的企业，特别是那些跨国企业，承担起经济发展和社会发展的重要作用，只有这样它们才能获取社会的物质资源。跨国经济破坏民族国家的经济和基础，因此它将导致全新的和无法预期的"亚政治化"。这关系到如何面对劳动，如何面对马克思所说的理想的资本主义国际化问题，也就是说，如何摆脱 19 世纪和 20 世纪所形成的劳动力和国家的枷锁问题。

马克思在《共产党宣言》中公开地赞美资本的革命力量："所有永存的、以往的、僵化的和腐朽的事物都在蒸发。"现在永存的是福利国家和工会的劳动组织，僵化和腐朽的是民族国家官僚制度及其税收，而效率和灵活性存在于经济全球化的各种政策之中。

现在人们看到的不是企业利益政策，而是全球化所带有的各种痛苦转折。在全球市场原则指导下，人们为了实现某一目标，必须在其他领域中行动，更确切地说，为了保障本地的劳动岗位，就要彻底消灭或转移劳动岗位。正因为人们能够通过调整劳动来提高利润，所以人们就颠倒了以往的政策。现在我们以为追求经济增长率就会导致大量的失业，为了扩大利润空间而降低税收，最后同样可能导致失业。因此，我们必须对跨国经济所带来的政治和社会矛盾进行经济科学论证和政治验证，然而，如果想保证更多的劳动、提高生产和利润，就必须通过减少投资障碍来吸引和鼓励这种跨国经济。

如果我们坚持这样一种跨国经济的思想，就意味着试图以最小国家市场的无政府主义反对福利国家政策。实际上，在全球化进程中，工会、政治和国家的利益都受到了触动。许多政党和政治家受到全球化的启发和影响。正如马克思所讲的那样，他们预感到要成为自己的掘墓人。其实，这是极大的讽刺，当一些政治家呼唤市场的时候，他们根本没有意识到，这种方式正在扼杀他们自己的生命。

因此，贝克猛烈批判了全球主义原则指导下的经济全球化，他认为全球化是指一个相互联系的世界社会。在这里，各种经济、文化和政治形式互相碰撞，这一切，包括西方模式，必须重新自我反思。换句话说，世界社会延伸的问题是指世界上人们以及各种文化认识到他们相互之间有多大差别的问题，以及这样的世界社会自我认识对其行动发挥多大作用的问题。贝克进一步指出，世界社会这一词组中，世界指差别性、多样性，社会指非整体性。因此，人们把世界社会描绘成非统一的多样性。这表现为：跨国生产方式和劳动力市场竞争、全球媒体报道、跨国买方抵制、跨国生活方式、全球关注的危机和战争、核能军事以及大自然的破坏等。正是在全球化的发展过程中，民族国家及其主权遭到跨国行为体、它们的权利机遇、方针取向及网络的认同和破坏，并且被横向联系起来。这就使得人们认识到，民族国家式的生活过时了。全球化过程打破了民族国家经济、法律、军事等所有领域的政治标准，民族国家必然会生存于与世界市场、跨国行为体和新的权力运动产生斗争和合作的复杂环境中。

第五章　全球社会的构想：从世界社会到世界主义

　　20世纪80年代以来，现代社会的传统工业产生危机，诸如放射性、污染甚至失业等问题，引起了来自全球不同阶层的人的担忧。激进的现代性导致了家庭和民族国家被迫迈向全球化进程，这既打破了曾经以民族国家为基本对象的研究视角，也削弱了民族国家存在的根基。在此背景下，贝克目睹了现代社会的风险化、不确定性，以及福利国家危机。欧洲社会陷入一种迷茫和混乱状态。为了解决上述的现实困境，贝克提出了新的世界主义理论，重新建构全球社会。其核心议题是：如何将社会政治思想与激进的全球变化（环境破坏、金融危机、全球气候变暖、民族国家机构的危机）交织在一起，化解全球化和欧洲一体化带来的社会危机，从而形成一种新的现代性解决方案。

　　鉴于此，本章以贝克的世界主义相关著作为主线，研究贝克如何通过世界主义理论构建一种全球社会的想象。本章的主要内容包括：①展开对民族国家本体论的批判，转向对世界社会的关注，提倡以方法论的世界主义作为社会科学的分析和方法论工具；②阐释了世界主义概念的历史渊源以及对普遍主义和相对主义的批判，提出了一种反思的世界主义；③探讨了在世界社会中政治并没有终结，一种自下而上的亚政治正在兴起，国家扮演新的角色；④总结了世界主义的核心思想及其局限性。

一 研究视角的转变：从民族国家到世界社会

全球化作为一个不以人们意志力为转移的客观事实已经深入世界各个领域和人们的日常生活中。它改变了一切，并预示着新的政治爆发。世界社会作为多领域全球化的后果正在限制、破坏民族国家的发展。民族国家失去了征税监控权，由此产生了大量虚拟的纳税人，这些人在获得巨大利润的同时却逃避对民族国家的责任。在世界经济与个体化之间，民族国家的社会聚合力在下降，社会丧失了集体自信心，从而丧失了政治行动能力。第一现代性所拥有的文化身份（民族）和领土以及民族国家的统一，在当前受到了质疑。在贝克看来，面对民族国家的去国家化、去民族化和跨国化，我们应该在全球化依存关系、风险和危机的基础框架内，研究当代社会存在的实际经验问题（贝克，2008a：142）。这就要求我们将研究视角从民族国家转变为世界社会。这一思维观念改变了传统的民族国家范畴内的方法论的民族主义，方法论的世界主义将会成为社会科学研究新的分析工具。

（一）民族国家本体论的批判

贝克（Beck，2002：8）认为，从社会学的视角来理解，社会是不可能被直接感知的，它同社会成员的自我解释是相抵触的。在社会的通常理解中，各个社会都是依据民族国家而组织起来的。国家充当了社会的缔造者、监控者、庇护者。各个社会都被设想为承受者，它们是在民族国家的势力范围内产生并延续的。社会被置于国家之下，是民族国家定义民族社会，而不是相反。不是社会选择国家——国家负责安全，界定国家边界，制造国家管理机构，并且只允许国家支配和控制民族社会。由此可以得出如下结论：现实中存在不止一个社会，而是多个。更确切地说，民族社会与民族国家一样多。方法论的国家主义意味着多个社会的存在。它承认以国家界定和控制边界为基础的社会的地域性理解。这种彼此划定边界的民族社会的"集装箱模式"通过国家与社会之间共同限定的原则正视并自我更新：地域性民族国家两者都是，它既是创造者，也是社会公民权利的护卫者，公民借助国家政治党派自己组织起来，去影响国家行为并授予国家行为权力。

由此，在最广泛的意义上，可将民族国家概括为五个基本特征：①对内对外拥有无限的主权，而这种主权是建立在对合法暴力手段的垄断之上的；②组织和运作方式体现为一种独特的官僚理性；③一种特殊的规范建构的原则，这一原则在很大程度上以单一的社会文化认同（即民族主义）为前提与基础；④建立在世袭制或选举制之上的政治统治和立法的特殊程序，包括极权和民主的政治体制；⑤不断扩大的职能清单，其宗旨是尽量确保个人和集体的利益免受各种威胁（章国锋，2008）。在此，第一现代性下社会的民族国家理念在方法论上的意义在于，国家的重要性是未经质疑的。由国家来规定和限制的社会领域被设想为这样一个领域：在这个领域中，对社会进行诊断所必需的各种重要过程和条件都会反映出来。社会学家们总在分析他们的社会，尽可能将他们所处的社会同其他社会进行比较，随后由此推出社会的一般属性。

这个民族国家的方法论体系在纯文化的意义上可在涂尔干和帕森斯以及约翰·罗尔斯的社会理论中寻觅到踪迹。后者着眼于"政治社会"类型方法表述了他的公平理论，他把这种政治社会看作一种完整的和封闭的社会体系。这个社会体系是完整的，因为它是自足的，可提供所有重要生活目的的空间。它又是封闭的，因为生与死是加入和退出这个社会的唯一形式……在贝克看来，这种观点完全无视我们与其他社会的关系……这种单一民族封闭的社会和民主的设想排除了民族、社会和国家孤立后易变性增加方面的问题。更为重要的问题是，我们如何才能在全球化的世界社会区分出外国人与本地人、公民与非公民具体社会关系中的人权与公民权呢？

（二）方法论的世界主义

如今，我们正生活在世界社会里，也就是说，相互封闭的领土认识渐渐销声匿迹。任何国家、任何团体都不能相互隔绝。因此，各种经济、文化和政治形式相互碰撞，这一切，也包括西方模式，必须重新自我辩护。在全球化的时代，新事物不仅是指日常生活超越了民族国家疆界，并在紧密网络里相互依赖并承担责任。与此同时，生态危机、恐怖袭击、全球风险等问题的出现，使得个体不可避免地与他者联系在一起，个体是世界的一分子，世界也是由个体/他者构成。针对对当前全球化和世界社会的反思，贝克提出与方法论国家主义相对应的方法论世界主义。它的基本立足点是跨民族化（transnationalisierung）、再民族化（renationalisierung）和世界主义，不能在流行的民族概念的视野内被理解和分析，而是进行一种社会科学的世界主义视野转换。方法论的世界主义作为社会科学的分析工具被提出来，其关心的核心问题是在全球化背景下如何对待他者的他性（陈秀娟，2009），即如何处理"自我"与"他者"的关系。

面对这一现实问题，当前的主流研究视角错误地将西方世界的（即占据优势的欧洲人和北美人）和现代化的历史经验和未来预期的运行轨迹绝对化，忽视了它们自身的特性（贝克，2011b）。相反，世界主义的观点突破了这种意义框架。从方法论的世界主义来看，我们既不能在民族和国际之间进行明确的区分，也不能以这种方式区分同质的统一体。为了进一步证明方法论世界主义的现实有效性，贝克尖锐地批判了方法论的民族主义和后现代主义的方法论。在世界社会中，前者在划分和界定外国人的过程中得到了反映和强化，这种强化忽视他者的特殊性。而后者则试图通过"网络""流动""逃避"来取消边界的存在。

如果说，前者的缺点在于过于强调界限的明确性，那么，后者就完全无视界限的存在，二者都是走向"非此即彼"思维的两种极端模式。在世界变得越来越没有边界的地方，在民族国家和国际社会边界模糊的地方，必须决定如何确定责任的归属问题。而方法论的世界主义的使命正是在面对国家领土主权日益模糊的情况下，试图形成另一种富有特色的、可变的、多元的边界结构。

因此，贝克认为，当前，我们不是生活在一个世界主义（cosmopolitanism）的时代，而是生活在一个正在世界主义（cosmopolitization）的时代。这意味着个人或者说是"我们"的定义不仅涉及"他人"或是"他们"，而且是由世界作为第三种文化的形式，抽象提取出来的类别所确定的。总而言之，在世界主义化的时代，标准的界限不再是"国家建构"，而是"世界建构"。社会科学，尤其是社会学的研究应该从"方法论的民族主义"视角向"方法论的世界主义"视角转变。

二　世界主义与社会理论

贝克的世界主义思想不是对传统和主流世界主义思想的破坏，而是一次反思的尝试。这一新的尝试是对传统世界主义概念、认知的反思，并形成反思的世界主义新范畴。贝克对世界主义的研究，集中体现在 2000 年发表的《世界主义视角：第二次现代化（性）中的社会学》，该书引起了巨大的反响。2004 年贝克先后出版了《全球化时代的权力与反权力》《世界主义的观点：战争与和平》《世界主义的欧洲》等著作，将世界主义与社会理论思考结合起来。其核心观点是如何在不牺牲"自我"与"他者"个人性利益的基础上，承认人类作为一个独立主体的整体性和利益的共同性，真正关注个体与人类的关系，寻求一种新的一体化方式、一种新的认同概念，使一种跨越界限的共同生活变得可能并得到肯定。

（一）世界主义：一个什么问题

什么是世界主义？世界主义的核心观点又是什么？这个词包含着最令人惊心动魄的历史。关于世界主义的基本定义和理论流派有很多。贝克以爱国主义和世界主义的比较为切入点，重点批判了爱国主义的狭隘观念，并开展了对世界主义基本概念的追根溯源。

爱国主义提倡一种民族国家的立场。贝克引用德国哲学家海因利希·劳伯（Heinlich Raub）的话对爱国主义做了详尽的阐释："爱国主义是单方面的、狭隘的，但它又是适用的、有益的、令人幸福的、使人安宁的；而世界主义是亮丽的、伟大的，但对于一个人而言，它却显得过于伟大，这种思想是美妙的，但是这种生活的结果是内心的矛盾分裂。"世界主义最终缩减成为一种美妙的思想："在人性方面，人们现在已经习惯了忘记人的本性，在战火横飞的年代，大炮和激烈言辞都是可悲的。"世界主义这种思想是一种非常美妙的事物，但对于全体人类而言，它过于伟大，因此，永远只停留在思想阶段。如果这种思想不能够具备具体的个性与形态，那么它的存在就仍将被视若无物（贝克，2004b：131）。

同一时代的另一位哲学家海因里希·海涅（Heinrich Heine）（2002）甚至把自己视为世界主义的化身，他预言："世界主义最终将成为欧洲普遍的信念，并且……在未来将比德意志民族更为普遍，而德意志，这是一个只属于过去并行将走向末路的民族。"他批评德国的爱国主义，指责他们心胸狭隘，就像寒冷冬季紧缩在一起的皮革，他们仇视外国的东西，他们不想成为世界公民，不再想成为欧洲人，而是只想做一个狭隘的德国人。他鞭笞对这种信念卑鄙、粗俗和下流的反对，而这种信念恰恰是最庄严和最神圣的信念。对这种信念的反对促使德国反对任何博爱人性，反对任何普通的人与人之间亲如兄弟般的交往，反对任何世界主义，而这一切都是德国的伟大思想家——莱辛、赫尔德、席勒、歌德以及德国的哲人智者推崇备至的。

两位德国哲学家对于爱国主义的批评和对世界主义的赞美，我们难以做出道德上的评价。但在全球化的今天，世界主义本身已经成为现实：

> 在全球性危机的家谱中我们只需选取最新的范例：恐怖威胁并不认识国界。同样的范例也适用于对伊拉克战争的抗议。这是将一场战争作为一个世界内部政治事件来处理，在大众传媒的介入下，整个人类同时参加了这场战争——甚至大西洋联盟也几乎因为这场战争而陷入崩溃。简而言之，正是反对全球化的阻力催生了政治全球化，这是早已有目共睹的。政治的、经济的、法律的、文化的和互联网的全球化提升了这些情绪，是的，全球威胁而产生的震撼总是会激发新型的世界范围内的政治开放。（Beck，2007：4）

以上范例告诉我们，世界主义终止了一个为此还引起争议的纯粹的理性想法，这种想法从哲学的空中楼阁转入现实中来。世界主义已经变成了一个新时代的符号，反省的现实主义时代的符号。对于这种已经变成世界主义的世界，我们迫切需要一种新的观察事物的观点：世界主义的观点。而这样做的目的，是理解我们在一个什么样的社会和政治现实中生活和交往。由此，世界主义的观点成为人们感知概念重构的结果和前提。

在贝克看来，现实的世界主义化，并不是全球资本家或美国掌控世界统治权的一个巧妙阴谋的结果，而是由在全球相互关系危机的网络中发挥作用的人所执行的、致力于其他结果的行动将产生的从未见过的社会结果。这种结果常常是强制性的、大部分未曾见过的和无意的副作用——世界主义化打破了带有民族社会意义的民族国家的平等，创造了跨国的交往和生活形式、归因、责任、集体与个人的自画像以及其他画像。在这种状态下，人类的相互依存关系不仅穿越了民族国家的范畴，与此同时，生态危机、经济危机和恐怖危机威胁到每一个人的生命安全。根据这种观点，在开放的社会之中，人同时也就被视为这个受到威胁的世界的一分子，也是世界社会的一部分。作为现实的世界主义的开端就在这里。简而言之，现实主义的世界主义应该从哲学脱嵌：重点关心如何在全球性相互依存关系危机中与差异和边界打交道。在回答这个问题之前，我们需要区分现实的世界主义与普遍主义、多元文化主义的区别，这样才能准确表达出现实的世界主义在实际中的应用。

（二）普遍主义取向的迷思

如若有人从历史的视角去观察 21 世纪初期西方世界如何与他人的差异性进行讨论的话，最有影响力的无疑是亨廷顿在《文明的冲突与世界秩序的重建》中提出的"文明冲突论"的相对论的普遍主义理念和福山在《历史的终结》中提出的自由主义的绝对论的普遍主义理念。

亨廷顿的观点表明：冷战期间大的冲突主线在政治方面展开，而在国家和国际安全利益方面的考虑使它们具有易变性。在他看来，今天的冲突主线主要沿着大的文化对抗发展，在这种对抗中爆发文明价值观的冲突。早期曾服从于政治、军事战略的文化、个性和宗教信仰，在现代社会则决定着国家政治议程的优先性。西方社会正在经历文明政治。文明的分界线已经转变，转而威胁到国家稳定和世界秩序。西方民主价值观和现代社会之前的伊斯兰世界价值观总是相互威胁和敌对，不断发生冲突，而且发生在民族国家内部以及世界各地之间。

与此不同的是，福山在回答西方自由民主模式有何前途的问题时总结如下：苏联社会主义制度崩溃之后，对美国式自由市场经济再无选择。民主资本主义是现代社会的唯一真实远景，根据其内部逻辑，这一远景将渗透并改变世界。这种方式将产生遍及全球的文明，历史也将以该文明为终结。

基于以上论述，二者都坚持一种普遍主义的价值取向。亨廷顿坚持了一种差异性的普遍主义，而福山则坚持了一种同质性的普遍主义。在亨廷顿的话语体系中价值的等级具有优先性，而福山则认为文明的相同性是独特的。亨廷顿所做的思考是西方世界与其他文化，如与伊斯兰文明的关系，作为一种垂直差异，它包含两个论据：否认其他文化的相似性和相同价值的合法地位。因此，在等级制度中将其他文化置于低层并将它们视为劣等。基于这样的认识，人们将其他文化视为野蛮人，并作为野蛮人对待，要使这些野蛮人皈依基督教和民主资本主义的真实价值，于是人们必须为抵抗来自野蛮人的威胁而采取相应的军事手段进行自卫。亨廷顿对西方文明的述说更多地凸显一种世界末日的暗示。在亨廷顿笔下，西方社会危机的解决办法就是团结一致地反对伊斯兰文明的价值观并为之战斗。进一步来讲，在他看来，如果不这样做，一种新型的西方国家的没落就会威胁他们——美国。

福山捍卫了一种基督教和自由民主的普遍主义。所以，他转而激烈地反对等级制度差异性的世界观。反对其他文化在等级制度中的从属和劣等地位的原则，主张消弭差异——作为人类学的事实，处于文明的连续进程之中。在与他人的差异的交往普遍主义的情况下，显示了一种两面性。福山笔下刻画的不是他人的差异性，而是他人的相同性决定着"我们"与"他人"的关系。在普遍主义观点中，人类生活的所有形式都建立在一个唯一的文明秩序框架范围内，其结果是，文化的差异既可以消除，也可以排除在外。就此而言，它涉及一个霸权计划，该计划只允许其他人的声音作为"相同人"的声音出现，即作为自我肯定、自我欣赏和自我独白出现。

对于这一普遍主义的阐释，从鲍鲁斯（Paulus）到康德（Kant）和波普尔（Popper）直至奥塔（Lyotard）和罗蒂（Rorty），可以划分出同一辩证法的不同变种，他们通过强调对所有人的一种通常必须遵守的人性博爱，回归到西方普遍主义来限制亨廷顿笔下描绘的由种族差异引发的危险。在这种观点中，现实的种族多样性对其本身并不具有什么价值，正如普遍主义的多样性仿佛对本身也自然而然不甚满意。在贝克看来，我们必须承认他人的独特性，这样的要求不能接受，可以接受的是，每个人归根结底都是相同的人，都拥有相同的权利诉求。在发生冲突和矛盾的情况下，如种族多样性使人类的通用价值观成为质疑的对象，那么行之有效的应是保卫普遍主义，反对对方分治主义（贝克，2008b：76）。无论是亨廷顿的差异普遍主义还是福山的同质普遍主义，都忽视了多元社会中"他者"的差异性。他们均把差异性的消失认作文明的进程。在此过程中，通过基督教的转换和洗礼，并通过西方价值观（市场经济、民主）的广泛传播获得优势地位。也就是说，面对世界的冲突和他者的文化多样性，除了基督教之外，西方普遍主义之路没有其他道路可选。

（三）相对主义的悖论

普遍主义与相对主义坚持一种非此即彼的思维方式。普遍主义竭力消除与其他文化边界的同时，相对主义正在允许、强迫并重设相对主义的新边界。这个新边界将通往何方，取决于相对主义与谁的结盟：国家主义（民族的相对主义）、文化主义（文化的相对主义）。如果普遍主义的目标定位是消除差异，那么相对主义的目标定位则是强调差异。后者果断地否定普遍主义赞成的东西：也只是可能存在拓展和认可通用标准的可能性。就此而言，普遍主义和相对主义的前景即一枚硬币的两面。

国家主义如何在战略上控制与他人差异性进行的交往，可以概括为等级制度的差异性、相同性普遍主义和相对主义等。等级制度的差异性适用于外部情况，而相同性普遍主义适用于内部情况，相对主义是地域相对主义，它与国家边界同时出现。国家主义在内部否定他人的差异性，而对外，国家主义则肯定、产生并稳定他人的差异性。这种地域限制的历史普遍主义、差异性和相对主义的妥协是现代主义与差异性交往的典型模式。众所周知，国家主义的两面性不仅显现在利用我们与野蛮人之间的对立去制造民族的趋同和一体化，而且显现在——用国家的观点称为——从多数到少数的比例之中。

与此类似，相对主义也是一种与独特性进行社会交往的战略，这种独特性在国家空间内建立对文化差异理论和政治上的尊重。由此，一方面，产生一种矛盾，它以民族的同质性为前提，同时在理论以及政治上遭到制止（Hedetoft，2003：156）；另一方面，在国家主义认识论中的多元文化主义仍是有偏见的——保留着非此即彼标准的思想和本质主义个性定义的趋势。简而言之，多元文化主义对与社会的多样性交往表示赞成，在贝克看来，这也缺乏世界主义的现实主义。他接受国家与国际之间的差别，因此在与差异进行交往的过程中，偶然性和矛盾性将远离国家的同化作用和一体化而不会进入大众视野。他还提出从无边界经验中产生的国家的和地方的强权潜能以及因此爆发的问题：由谁来保证，并且如何保证整个世界保持一个宜居的地方，在这里，所有人都在用武力维持和保卫最低限度的文明？人们如何解决跨国际的纠纷？一个以民族国家为基点的多元文化主义面对全球性危机产生冲突时意味着什么？

对于以上疑问，贝克强烈地批判了多元文化主义。它是按照国家主义主张一个内部倍增的，即矛盾的民族的多元文化主义，那么，它就是个体化的敌人。如果人们相信多元文化主义，那么个人将不复存在。这纯粹是它的文化的一个附带现象。就此而言，这里产生一条二元性路线：这里的欧洲人和那里的野蛮的其他人，经过帝国主义、殖民主义、以欧洲为中心的普遍主义，直到多元文化主义和全球性对话：单一的主义在这种思维中被视为领土——等级和种族—政治单元的成员，他们越过边界出现在一场相互对话中。时至今日，仍影响着等级社会学的个人的社会先决性被世界主义观点打破和废除。不同个性的不同要求并没有对个人形成制约，而是充满冲突地释放了个性，因为个人被强制作为生存艺术的桥梁构建。

（四）政治自由与世界主义

在全球化的条件下，经济获得了某种外迁的权力，它可以抛开地域性的权力关系。在国家与社会依然束缚地域，因而旧的关系一如既往地存在的同时，经济转入另一个领域。这种外迁的权力表明，权力的概念被非地域化了。经济不是在进驻时，而是在撤退时才变得强大。它可以抽身离去。这种有意不介入的做法是经济力量与国家对抗的基础，经济完全可以打败国家。

> 比起要受跨国公司剥削来说，更糟糕的只有一点，即不受跨国公司的剥削。为了避免误解，要说清，恰恰是这种非暴力性的不干预做法迫使装备精良的国家赶快俯首听命，最大限度地实行新自由主义的世界市场制度。（贝克、威尔姆斯，2002：42）

以上表达了一种经济全球化的观点，它主张一种由世界市场统治一切的意识形态，是新自由主义的意识形态。它的要害之处在于，在坚持世界市场的统治地位的前提下，把全球化片面等同于经济全球化。就这一点而言，关于世界市场的说法也意味着美国化，意味着一种新帝国主义。这里涉及的不是从民族国家向世界国家的过渡，而是从国家向市场的过渡。正如贝克所描述的那样："资本正在流向这里和那里，正在流向世界市场规则，而世界市场规则就是逃避各个民族国家税收。劳动力的输出、生产灵活的本地化、信息流、全球的数字世界、跨国组织——世界银行、国际货币基金组织、欧洲联盟——这一切正在对民族国家的

生存条件产生深远的影响。"（贝克，2004a：1）

从社会的现实出发，贝克（2008a：88）认为应该坚持一种反思的世界主义。反思的世界主义可以调节国家主义和多元文化主义的矛盾。全球化时代的政治与经济的关系不是以整齐划一为归宿，而是以承认他人有所不同为核心原则，从一开始的出发点"经济仅在民主的框架内才是可能的，非地域化的经济需要有对民主的恢复"。如果人们把世界主义理解为对其他人的承认，对其他文化的承认，这种政治就是一种民主性方案，这种方案致力于在跨国领域内扩大民主，即推行一种实验性民主。如果把这种民主理解为非地域性经济的框架秩序，在这种经济中，人道主义的标准就由政治来重新设定。它包括符合人的生活、工作的标准，对待自然的方式以及对待生态的标准。那么，可以说，这种前提就是一种世界主义政治的方案。也就是说，只有在政治国家中，而不是在经济中，人们才能体会到共同参与的权利。这是因为，竞争性的经济本能既不能关心老人与孩子、失业者与退休者，也不能关心第三世界所有国家的居民。如此说来，在全球化时代，一个政治性方案是将民主、对他人的承认与全球化时代的挑战联系在一起的。世界主义将差异和他性的价值判断，同建立一种新的民主的政治统治形式的努力结合起来，而这种新的民主形式又区别于民族国家，世界主义承认他性，但并不将其绝对化，而是寻找一条使其得到普遍容忍的途径。这就是笔者所说的政治与世界主义的内在关联。

三　政治合法性的构成与国家角色转型

全球化时代的政治没有消亡，而是游离了。政治结构可能打破民族国家和国际的二元论，在全球空间安家落户。如果人们期待政治概念和民族国家形式的回归，那么将会为政治的终结而哀鸣。这是因为，方法论的民族主义的错误，是它面对政治在第二次现代化形式的转变时，把大部分政治理论和政治科学弄得模糊不清，没有从政治上反思面向未来的社会和历史，甚至忘记了另一种面向未来的社会、国家政权和政治转变的基本经验。世界政治变成了撤出民族国家政治的边界和基础的世界内政。因而，当前的世界社会，并非政治的终结，而是政治终结的终结，即一种"亚政治"的兴起。在民族国家时代的各种主体、团体、跨国集团等非政治性组织，正在重新建构一种自下而上的政治性的生活方式。这既是全球化时代政治自主合法性的确立，也是国家公共角色的转型。

（一）政治终结论的终结

现代社会学被理解为现代社会的现代科学。人们联想到社会领域的划分模式，虽然抽象，但还是把这种模式描绘成一致的"社会集装箱理论"（贝克、威尔姆斯，2002：7～9）。根据这一理论，从政治上和理论上，社会都以"国家控制地域"为前提条件。这意味着，社会学随时关注民族国家权力和武力的统治权威。由此，这就表明，社会隶属于国家，社会是国家社会，社会秩序意味着国家秩序。基于这种思想和制度，"现代"社会才成为相互隔绝的社会。它们就像被存放到集装箱里那样，被存放到民族国家的权力领域。现代社会就是非政治社会，而政治行动只存在于国家领域里（贝克、威尔姆斯，2002：41）。在此，国家作为一个"集装箱"首先规定了领土单位，然后在此基础上对经济及社会进程和形式进行系统设计。通过这种方式，国家自我监督标准成为实证社会学的标准，社会学的现实定义也就证明了官僚主义的现实定义。

如上所说，关于政治终结的预测适用于民族国家的视角。在贝克看来，这并不适用于世界主义的视角。如果说民族国家的观点预示着政治有终结的可能，那么，世界主义观点则展现出一幅世界社会的政治可能实现的蓝图。例如，在考虑跨国公民社会时，社会文化进程、经验、冲突和身份认同越来越清晰，它们遵循一个世界模式、跨国社会运动、自下而上的全球化以及新的世界公民原则。由此，各社会的现代化等同于非政治的定理便不成立了。贝克认为，在现代化进程中，尤其是在第二现代性下，那些新出现的强势跨国行动者正在改变政治和社会图景（贝克，2011b：242）。尽管有人会成功，也有人会失败，但我们可以理解世界社会的关系以及动力机制。如果某个社会或某种政治只知一味抵制全球化和个体化，并试图重新激活旧有价值，那它就理解不了"第二现代化"过程，也就理解不了我们正在经历的历史变迁。如此说来，没有世界国家的世界社会指非政治组织的社会，这个社会为民主上不合理的跨国行为主体提供了新的行动和权力机遇。这就意味着，正如在买方抵制运动和跨文化交流及批评中所凸显的所有的问题一样，由此开辟了一个新的道德和"亚政治"的跨国领域。这种新的政治形式，就是笔者所谓的"亚政治"。它是一种世界主义的政治形式。

政治终结论坚持认为，民族国家的政治终结的时刻已经到来。这将给世界主义视野的转变带来众多的机会。民族国家政治的终结意味着跨国政治的开始，即前面提到的世界主义政治。然而，单独行动是无法突破民族国家范式的，因为单独采取的战略过于势单力薄，这一点无论对资本还是对全球公民社会来说都是有效的，因为没有国家，就不存在具有集体约束力的决策，也就没有合法性。但是，也有相反的情况：没有以政党和政府为一方，以全球公民社会和资本集团为另一方的联盟，就不可能有国家政治的基本改革。因此，政治、国家和跨国的超政治只有与自己的世界经济和公民社会的权力网络实行联网，才有可能完成从民族国家的范式向世界主义范式的转型。

（二）"亚政治"与公共生活的联结

自由主义、社会主义、民族主义或保守主义等政治世界中的各项对立，统治着党派、议会和政治教育制度，它们都是新兴的工业制度的产物。这些政治理论谈论塑造自然的问题和环境破坏的问题，犹如盲人谈论色彩；这种情况同样存在于女权问题以及对专家和技术的批判和有关谈论之中。

在第一现代性中，政治的概念建立在一种坐标系统之上，其中的一个坐标轴连接左与右，另一个坐标轴连接公与私两极。在此，圈入政治意味着离开私人生活、迈向公共生活；或者反过来说，党派、党派政治或政府渗透私人生活的每一个角落。如果公民不走向政治，则政治就走向公民。

吉登斯称这种模式为"解放政治"（emancipative politics）并根据"生活政治"（life politics）划分其边界。"生活政治"关系到源于"后传统情境中的自我实现过程中的政治问题；在后传统情境中，全球化趋势深深侵入自我的自反性规划，而自我实现的过程反过来又影响全球化策略"（Giddens，1991：214）。与拉希及其有关马克思主义文化的论调相对比而言，吉登斯的观点令人激动的一面在于，政治在贯穿私人生活的通道中得到了实现并侵入了这个通道，可以说是反其道而行之。我是谁？我想要什么？我往何处去？诸如此类的问题以及对自我关心的问题现在都指向不同的政治特性，即一种新的世界主义政治。在此，贝克举了一个关于污染与个人关系的例子来阐述政治的新特征：

> 空气污染、水污染和食品污染增加了过敏症，这里的过敏症不仅是医学上的过敏，也是心理上的过敏。每一个人都处于五花八门的防卫战中，预防着来自自己生活方式和饮食习惯的有害物质。这类物质四处潜伏，看不见摸不着。换言之，在生态环境中，最普遍和最本质的事物在私人生活的深处不可避免地直接相联系。（Beck，1992：135 – 137）

从本质上说，私人生活成为科学结果、科学理论、公众争端、公众冲突的对象。从个人生活行为的最幽深之处，自我、身份和存在等问题犹如一个由化学公式组成的遥远的世界，以绝对严肃的态度表现出来，不容忽视。可以说，私人生活是全球风险社会中可以想见的最小的政治单元，包含着世界社会；政治依偎着私人生活的中心，折磨着我们。也就是说，这是一种由文明生产出来的自然命运的经验。文明的反思性文化经历并受害于其技术建构性以及全球社会的无情。现在，个人生活行为的小宇宙与全球问题的大宇宙紧密联系在一起。在此，一种世界公民和全球"亚政治"相连接的象征性集体抵制开始行动。

　　1995 年，从事慈善事业的现代英雄——绿色和平组织强迫壳牌石油公司把拆卸的海上钻井平台清理到陆地上，不要沉到大西洋里，这件事情取得了成功；随后多个国家行动组织为了阻止法国重新启动核试验，又公开谴责法国总统希拉克违背已经确立的原则，但未成功。（贝克，2008b：72）

　　以上是贝克列举的一个关于公民集体行动的典型案例。这个案例不是绿色和平组织迫使石油集团服从，而是公民的集体抵制，这种抵制通过世界范围内的电视曝光得到了推广。不是绿色和平组织动摇了政治体制，而是它揭露了政治体制已形成的合法性和权力真空。

　　基于前面的讨论，全球"亚政治"或直接政治联盟的模式普遍表明：原本未结盟的组织正在形成联盟。由此，这种新的联盟出现了第一现代性和第二现代性的政治之间的立场转换：民族国家时期的政府坐在观众席上，而第二现代性时期的非权威机构亲自导演决定事件的发展。这种政治新生事物与全球性联盟共同对抗世界"康采恩"，进而对抗民族国家的政府及其政策。新生事物就成为议会外与议会权力、全球公民和政府之间为争取合法事务而进行的联盟：拯救环境世界。

全球生态危机制造了规避、预防和拯救危机的思想以及一种危机程度日益加深和激化的道德环境，在其环境中英雄和无赖的角色从政治上被重新划分。在自我危害的生态工业坐标上，道德、宗教、原教旨主义、绝望、悲剧以及悲喜剧永远与其对立面拯救、帮助和解放紧密结合，而人们对世界的认知成为一种普世戏剧。在这个有形的剧院里，在这出持续不断的戏剧中，在这种平凡的恐怖喜剧中，商业可自由地扮演恶棍和投毒者，或转而扮演英雄和援助者并公开庆祝这种角色（贝克，2008b：75）。根据普里特维茨的观点，我们在生态冲突中可以区分出两种系统格局。第一种格局是封闭式的，在这种格局中，污染工业和受其影响的团体单打独斗，颇为壮观。而这种对立的格局只有在第二种格局中才有所进展。在第二种格局中：①援助者醒了；②污染者和潜在受害者之间的隐秘的联盟变得脆弱。这种情况发展到何种程度取决于商业中某些部分以及知识分子职业人士的部分人（如工程师、研究者、法官等）转而开始扮演救援者或援助者的角色。也就是说，他们发现生态问题可以作为权力和市场的建构，即可以作为权力和市场的扩展来看待。反过来，这又以工业社会良心有愧为前提，这个前提是工业社会认识到自己是一个风险社会并为此负责。只有如此，援助型和处理型的产业和职业才能够发展其自身及其英雄主义，这既有促进作用，又能带来利润。由此，这种援助角色和英雄角色的行动，就打破了先前宿命式的工业现代性进行自我大改造的想法，从而保证了将来的生存和发展能力，而不是对生态进行大"整容"。生态学也就解除了经济领域中客观的"反政治主义"①。

（三）国家的新公共角色

在第一现代性向第二现代性转型过程中，"亚政治"或跨国

---

① "反政治主义"在深重的罪恶中发生分裂，这种分裂可一直抵达其经营管理层，抵达各个行动层面上的人的人格和个性。

政治塑造了一种新的公共生活形式。民族国家的传统观念在全球化时代遭遇到了挑战。正如贝克所说的那样："如果现代政治象征是'利维坦'怪兽的话，那么，民族国家和超级大国的道德立场将会以巨人格利亚的形象重新出现，即当他从睡梦中醒来时，发现自己被无数的小矮人捆绑起来了。"（贝克，2008b：73）问题的关键是，何为民族内部的全球化发展国家概念和国家理论。贝克认为，世界主义国家是对全球化的一个政治回答。世界主义国家是将自己的民族生死存亡置于外在的基础上成立的，它通过世界主义的包容性原则，使各个不同地位民族的并存成为可能。

　　世界主义国家是根据国家的"无民族差别"原则建立的。贝克认为，就像16世纪具有宗教色彩的内战，在《威斯特伐利亚和约》的框架内，通过实行政教分离而宣告结束一样，20世纪民族的世界内战可能将随着国家和民族的分离而结束；像非宗教国家允许存在各种不同的宗教一样，世界主义国家必定会通过世界主义的包容性原则，保证地位不同的民族的并存；像近代之初通过压制基督教神学一样，今天必须通过遏制民族国家的神学和目的论，重新确立政治的行为空间和行为框架，这一点在16世纪从神学的视角来说是完全不可能的，在今天对于"民族国家的神学"来说，绝对是无法想象的，因为要与政治的基本概念——敌友实行决裂。让·博丹和约翰·阿尔特胡修斯早已区分了国家的主权与宗教的干预，为历史和政治开辟了国家的主权，循着他们的思维轨迹，可以从理论上论证、从政治上发展世界主义的主权，而这种世界主义的主权可以真正实现多样性，抛弃已经成为历史的和错误的民族同质性前提。

　　但是世界主义国家理论和概念与以下四点有明确的区分。①对自身提出的民族国家的危险的想象。在这里有必要区分民族主义与种族主义。如果说民族主义是针对外部的征服和同化外国人，那么，种族主义是排他的，不愿与文化不同的他人和平相处，不进行扩张，不相信普世主义。最后，种族国家也就不承认少数民族。②关于最低限度地放松规制的经济国家的新自由主义观念。新自由主义国家是竞争性国家，是市场国家，是政治遵循资本逻辑的国家造型。在这种理念下，尽管全球化经济形成了相互联系的整体，但这一国家形象忽视了他者的存在，试图以经济帝国主义消灭一切差异。③"跨民族国家"的利己主义策略。此种国家理念坚持一种闭关锁国的堡垒主义策略，一切外交政策都是利己主义的选择。以前，它主要通过与其他国家的合作来解决一些社会问题。因而，外交就成为一个选择问题，而不是必然问题。然而，今天，外交和内政、民族的安全和国家合作是直接交叉在一起的。面对全球化的威胁，唯一的出路就是开展国际合作。④非现实地诱导建立统一的世界国家。这种国家模式是一种抽象的哲学式国家类型，尽管强调了人类共有的普遍性原则理念，主张在内部保持一种跨国的立宪或宪法的秩序（见表 5-1），但这种理念的载体不是人的相应的意识、跨国地位、文化和国家政权。它同时也忽视了社会发展和理念的现实性和多样性，以及概念的矛盾性和偶然性。

表 5-1　第二次现代化中的国家类型

全球（经济、文化、军事、政治、生态）的相互依赖		
主权	民族的/自治的	闭关的/保护主义的种族国家	开放的/对世界开放的新自由主义国家
	跨国的/合作的	跨国的监控和壁垒国家	世界主义国家、世界主义体制

　　在批判以上四种国家理想类型的基础上，贝克提倡一种世界主义政府的新理念。这种国家类型是有赖于天生的、对其成员国的成员施加重要影响的世界主义的共同体，从而建立一种跨国制度。但是要实现这个目的，必须由普遍与特殊的双重性观念来取代同质性和领土主权限制的、排斥文化不同的其他民族的观念。双重性是可能的和必要的，因为世界主义的国家形象依靠根植于民族的世界主义的，即有根的世界主义（贝克等，2012：23）。有

根的世界主义反对两种极端情况，一种是四海为家，另一种是无家可归。正如罗兰·罗伯逊和约翰·汤姆林森所说，它涉及一种"伦理的全球主义"。也就是说，既是本土的，又是全球的；既反对民族优越感，也反对普遍主义（贝克等，2012：41）。

与此同时，世界主义的问题在于，对谁实行自决？民族自觉的牺牲者怎样与民族自决融为一体？怎样坚持在本地文化中表达异域文化？怎样把独立自主的共同体的自由转变成可以在本地反映异域呼声的世界主义的自由？

面对上述疑问，贝克认为，在文化全球化的时代将成为可能，即实现某种种族—民族的多元化，那时只存在后民族的、多元民族的、"无民族差别"的和民族间相互容忍的国家，这样的国家从世界主义开辟和传播的民族的传统中取得自己的合法地位，只存在一种世界主义的主权。这种主权建立在全球依赖关系上，为解决全球性—民族性问题，试验和发展各个国家的合作主权；调和与维护种族和民族间的多样性，形成一种跨国国家性质，产生"协商式政府"或"合作式政府"的新公共角色（贝克，2008c：16～17）。这就是说，要考虑到形式上的问题，即固定于民族层面上的国家主权迄今是如何超越地域性的个别国家层面的，在三个方面需要重新分配。它向内涉入社会，向下涉入地方性层面，向外涉入跨国政治中心的网络和枢纽。反过来说，在民族国家的议会与地方内部也会形成世界主义的政党。最终看来，会形成一种多地域性的"实验性民主"的景象，这种民主会伴着在跨国范围内产生的非地域化的决策中心和权力中心遍及开来。

四　世界主义思想的意义及局限性

全球化和欧洲一体化的发展致使民族国家的地位遇到危机，世界社会范畴内的社会力量日益发展壮大。如此背景促使贝克提出了具有二重性的世界主义理论。在方法论层面，世界主义反对方法论的民族主义倾向，提倡以方法论的世界主义作为社会科学的分析和方法论工具。在社会理论层面，世界主义将差异和他性的价值判断，同建立一种新的民主的政治统治形式相结合。世界主义将世界社会看作一个整体，通过试验和发展各个国家的合作主权，调和与维护各民族之间的多样性，试图形成一种具有跨国国家性质的合作式政府。但并非每个行动者都愿意接受世界主义的立场，世界上每个角落的毁灭、灾难的情况都可能成为反面行动的阵营。这不仅会危及世界主义所构想的差异共存世界，而且可能威胁全球社会的政治秩序。贝克提出了一种尊重差异性的共同伦理规范的世界主义思想。其基本结论如下。

（一）世界主义的"二重性"

贝克针对全球社会困境所构建的世界主义思想具有"二重性"。其一是在方法论层面，展开对民族国家本体论的批判，反对方法论的民族主义倾向，转向对世界社会的关注，提倡以方法论的世界主义作为社会科学的分析和方法论工具。其二是在社会理论层面，世界主义理论不是一种新的概念，而是对传统世界主义反思的一种新尝试。世界主义的政治性方案是将民主、对他人的承认与全球化时代的挑战联系在一起。世界主义将差异和他性的价值判断，同建立一种新的民主的政治统治形式的努力结合起来。世界主义承认他性，但并不将其绝对化，而是寻找一条使其得到普遍容忍的途径。

（二）世界主义的同一性与差异性

世界主义将世界社会看作一个整体，其基本内涵是同时承认两个方面——同一性和差异性。贝克认为不同文化、不同民族的世界性问题在他所构想的世界主义政治共同体中能够实现统一，即实现种族—民族的多元化，存在后民族的、多元民族的、"无民族差别"的和民族间相互容忍的国家，这样的国家从世界主义开辟和传播的民族传统中取得自己的合法地位，形成一种世界主义的主权。这种主权建立在全球依赖关系上，为解决全球性—民族性问题，试验和发展各个国家的合作主权，调和与维护种族和民族间的多样性，形成一种跨国国家性质，产生"协商式政府"或"合作式政府"的新公共角色。

（三）世界主义思想的局限性

贝克所强调的世界主义社会是尊重差异的、多元的、开放的社会。事实上，这也是人类一直想要达到的目标。但并非每个行动者都会主动接受世界主义的立场，甚至可能恰恰相反。世界主义的构想并非处于永久和平状态，而是可能处于不平等和争取承认的辩证法之中。所有的这些矛盾、冲突和差别在世界主义体制的范围内可能还会继续存在，有些还会非常突出，因为站在世界主义体制对立面，能危及这种体制的人是不可想象和不可预见的。世界主义的这个反面将随世界主义的现实凸显。如此说来，世界社会可否被设想为有取代世界没落的另一方案，而实现这种方案的条件恐怕就是永久和平。新的世界主义的特点在于它完全向世界开放。在世界上会形成一些具有双重功能的地区，即整个世界都在这些地区活动，而且世界上每个角落的毁灭、灾难的情况都会反映到这里，这些地区会成为反面行动的阵营，形成对反面行动的意识与刺激。这不仅会危及世界主义所构想的差异共存世界，而且可能威胁到现代世界的政治秩序。针对这一问题，贝克遭到当代诸多学者的批判，为了解决全球政治秩序的不确定和风险问题，贝克晚年撰写的最后一本著作《自己的上帝》试图从宗教的角度为稳定的政治秩序寻找道德资源。

第六章　个体化、公共宗教与道德社会学

在世界主义背景下，跨国的政治秩序并非一帆风顺，除了带有康德笔下世界和平的美好秩序愿景，社会冲突、矛盾和对抗也无处不在。当代著名的德国社会学家贝克试图寻找一种支撑世界和平的道德资源，勾勒世界社会和平秩序的美好蓝图。关于此种理论构想，在社会学中具有悠久的历史。在涂尔干（2006：42）笔下，道德的本质应该到社会的集体性力量中去寻找，而不是到社会成员的个体心理欲求和形而上学观念中寻找。所有的道德来源于社会，社会之外没有道德生活。面对现代社会的"大屠杀"以及集权主义的危害，鲍曼选择了与涂尔干不一样的道路。鲍曼认为，导致道德能力出现的因素应该到社交的（social）范围内，而不是社会的（societal）范围内去寻求。他坚持一种个体主义的视角，并认为，道德行为只有在与他人相处的背景下才可以想象，而不能把它的出现归因于训诫与强制的超个体机构（鲍曼，2002a：233～234）。从而确立了一种人与人交往的义务性原则。用鲍曼（2002a：260）的话来说，在社会交往活动中道德意味着"为他人负责"，"为他人负责"是主体性的应有之义，而且它是无条件的。以"为他人负责"为标志的道德的朴素形式是主体间关系的基本结构。贝克借鉴了鲍曼这一个体主义的视角，试图为人与人的交往关系建立主体间性。但是，在高度分化的现代社会，多元化的社会生活导致多元化的伦理角色，并不存在本质上适用于各种关系的普适性道德律令（Du Gay, 1999）。鲍曼笔下

刻画的"为他人负责"的"元道德"遭遇到了哲学上的困境。贝克充分认识到了当代社会结构变迁所引起的生活世界多元化这一客观事实,与鲍曼相比,他更加关注当代人的生活世界,不再关注道德的原则问题,而把更多的精力用于研究道德行为的生成问题。基于这一认识,贝克从西方传统社会中——只有公民的或宗教形式的个人主义——汲取营养,获取道德资源,为重建当代社会的公共精神呕心沥血。如果这种解释能够成立的话,那么所谓的价值衰落就有一层别的含义,即对于自由的恐惧,其中也就包含着对自由之子的恐惧,后者必须与因内化的自由而引起的种种新的、不同类型的问题做斗争。如何才能把对自主的渴望与对共享共同体的渴望协调起来?在令人困惑的世界中,如何才能把在每个人内心中相互竞争的种种声音聚合成某种指向未来的政治表述和政治行动呢?

一 "宗教回归"与现代性危机

自启蒙运动以来,人性从上帝的神圣帷幕中解放出来,启蒙赋予人类在各个方面以自主性。在这一思想影响下,宗教信仰被当作一种原始的、良心败坏的产物。欧洲人对所有那些依然具有宗教信仰,或者是又开始信仰宗教的人产生了蔑视态度。受到思想启蒙的欧洲人摆脱了前现代的宗教迷信,这成为现代性的重要组成部分。但是,宗教并没有消失,并一直存在,宗教的"回归"有着更为深层的意义。在日常生活以及社会政治中,宗教的多元化已经开始取代世俗化的线性发展模式。

(一) 宗教与世俗化理论

在宗教社会学领域,世俗化是关于宗教与现代性关系的概括。自启蒙运动以来,人性从上帝的神圣帷幕中解放出来,启蒙赋予人类在活动各个方面以自主性。现代化的进程进行得更为深刻和迅速，上帝丧失其力量的现实也显得越来越明显。换句话说，科学和技术理性的胜利破坏了宗教信仰存在的基础。在过去200多年的时间里，宗教变成了次等的、不重要的现象，它渐渐消失或者失去了根基。一旦人们的贫困被消除、教育获得普及、社会不平等被消除、政治镇压成为过去，宗教将会成为一种个人爱好。从目前来看，即使宗教仍旧存在，它也只是一种私人信仰。宗教信仰作为一种选择而存在，它在信仰者个人意识中拥有强大的力量，但是它在个体和集体身份形成的过程中逐渐失去作用。

世俗化理论继承了启蒙思想家对宗教进行批判的衣钵，欧洲的费尔巴哈、马克思、尼采、弗洛伊德都清晰有力地继承了这种传统（Beck，2010：20）。这在古典社会学的三大理论家那里体现得更为明显：如韦伯关于宗教与现代伦理关系的思考，涂尔干关于宗教与社会团结的命题，马克思关于宗教与社会阶层问题的分析等。由此，世俗谱系学就从宗教的盲从和强化中胜利解放出来。

总的来说，世俗理论（Beck，2010：21）建立在两个假设基础之上。首先，出现在带有欧洲语境（韦伯称之为"西方理性"）的现代化进程中，这表明全世界都有着相同的现代化发展历程；其次，世俗化和现代化是紧密相连的。具体来讲，世俗化理论的核心是现代化与意识变迁之间的关系。贝格尔（1991：63～82）指出："我们所谓世俗化意指这样一种过程，通过这种过程，社会和文化的一些部分摆脱了宗教制度和宗教象征的控制。"具体到西方现代的社会和制度，世俗化表现为基督教教会从控制和影响的领域中撤出，这主要包括教会和国家的分离，或者对教会领地的剥夺，或者教育开始摆脱教会权威。世俗化不只是一个社会结构的过程，它影响着全部文化生活和整个概念化过程，并且可以从艺术、哲学、文学关于宗教描述的衰落，特别是从作为自主的、彻底世俗的科学观兴起中看到它。另外，世俗化过程还有主

观的方面，即所谓"意识的世俗化"（贝格尔，1991：128）。其
含义在于，人们在看待世界和自己的生活时不再需要宗教的帮
助。但是，当一切都变为可疑的、不确定的时，现代人也就处于
一种"漂泊的心灵"状态。

　　基于以上认识，宗教衰落一直伴随着现代性的胜利，但是，
世俗化理论是否就意味着宗教的消失，宗教复兴就成为人们的一
种乌托邦呢？其实，宗教被世俗化赋予权力又因世俗化而失去权
力。虽受王权的驱使，宗教从社会的中心位置被驱逐出去，但它
有两次值得称赞的成功。[1] 首先，它成功地跳过了关于科学和国
家理性知识的责任。现在它开始攻击科学以表明它现世的发现是
无法超越的事实。其次，它使政治性联邦共和国在"国家"和
"州"的形成过程中使用政治来认可其早期超越主权的存在。

　　与此同时，宗教仅仅是宗教，除此之外，就什么都不是了
（Beck，2010：27）。换句话说，宗教的任务是塑造、培养、实践、
庆祝和反映人类生存、人类需要和超越意识的不可毁灭的精神
性，是为了帮助其在公共舞台中获得胜利。在通过了世俗化的磨
难之后，宗教充分认识到自身的局限，也就是说，需要在它自己
身上强加一些局限。很明显，通过在宗教中应用可行的方法来确
定和断言法律法规能统治天上人间是不可能的。相反，"人间天
堂"的想法——一个社会能够用这样相对平和的方法组织自身的
这种想法是世俗主义者狂妄的表述，而且注定是要失败的。教会
不再被认为是所有事情的通晓者，而只是精神以及宗教虔诚方面
的专家。与此相对，科学和国家不得不在宗教是全能专家这样的
断言形成的陷阱中挣扎。

　　世俗化理论所要表达的是，在现代化进程中，基督教作为一
种过时的宗教，代表了一种普遍化的形式。这一理论坚持认为世
俗化是欧洲现代性的独特路径（Beck，2010：20）。经验表明，基

---

　　① 这两次成功在基督救赎的戏剧中是被牧师和演员所否认的。

督教正在欧洲以外日益兴旺，欧洲基督教却日渐式微。如果宗教运动和宗教变化成为超国家的事件，那么，我们就需要用跨越国界的、世界性的眼光来看待国家间的发展，其只不过是全球宗教运动这一拼图中的一个个拼图而已。

不难看出，世俗化并不表示宗教和信仰的终止，反而是一种越来越建立在个体化之上的宗教性的发展和大规模的传播。这一过程是一个多种宗教影响相互重叠和渗透的社会复兴信仰大趋势的一部分。这种现象甚至在那些人们认为最不可能出现的地方显现。如此一来，宗教的被迫世俗化为 21 世纪宗教虔诚和精神复兴铺平了道路。它为教会带来的风险就是基于人们"自己的上帝"的宗教运动和竞争将会使教会空无一人，也会因此成为一个亵渎神灵的机构而寿终正寝。

（二）宗教的回归与多元化

贝克谈论宗教的"回归"有着更为深层的意义。在日常生活以及社会政治中，宗教的多元化已经开始取代世俗化的线性发展模式。这是第二次世界大战以来巨大移民化浪潮的产物之一，因为那个以"欧洲的穆斯林化"的出现为标志的移民潮世俗化了基督教概念本身。这个过程甚至是以基督教徒为主的诸多欧洲国家的一个最具典型性的特征。来自经验的数据显示，已经有好几百万的穆斯林人口加入宗教总人口之中；穆斯林在不断增长的宗教信仰人数比例中正在快速上升。

为了更加清楚地说明以上趋势，贝克认为，德国最近就有160 座清真寺正在建立或处在计划阶段——这是当地或国家层面的普通大众都津津乐道的。德国其实是被基督教堂所大大装饰的国家，这些变化有着巨大的象征性意义，因为这些变化同时伴随着以教堂为中心的城市结构的巨大解体（Beck, 2010: 31）。德国传教士伦森在《教堂的未来以及近几十年的教堂建立》这份严谨的报告中详细描述了主教辖区的悲惨境遇。

一方面，我们目睹了世俗化的发展进程，其结果是带来了年轻和中年群体去教堂做礼拜次数的下降，这其中几乎就根本不见小孩子了。这种教会规模以将近十个百分点的速度下降的现象绝不仅限于少数的局部地区；每一例死亡都会造成无法弥补的鸿沟，因为越来越多的老年人也开始远离教堂。另一方面，我们看到——虽然主要在城镇——不同于基督教的其他各种宗教信仰的传播和发展，牧师的数量已经超过了所有成员的60%，这是迄今为止史无前例的。现在将近400个活跃的传教士（包括已经退休的）将会在未来的5年内减少到250个左右，我们估计2010年以后，所有的加起来不过150个。2008年只有一个助理牧师被提拔为教士就是当今这一趋势的最好证据。将近600个教区将会被合并为180个教区联合体，在将来很长的时期内会没有能够传教的教士服务于这些教区。这就意味着每周一次的礼拜也不再有保证。（Lenssen，2007：2-3）

在贝克看来，"宗教多元化"暗示了这一情况的严重性。在公众的心里，第二代或第三代移民将要成为"德国的穆斯林"或"穆斯林的欧洲人"这一说法完全可能，且可选择的生活搭建了这一平台。这个平台就相当于挑战了欧洲国家的基督教徒和无神论者的基本设想并且很自然地引发了人们的焦虑。这是因为，在欧洲人看来，世俗化和现代化之间有着因果关联。在现代叙事语境中，世俗化是一种线性理论。基督教是西欧唯一的国家宗教，[①]面对穆斯林这种异域宗教，他们自然会产生一种恐惧和忧虑。

关键的问题是，宗教的多元化是一种伟大的联结还是新的冲

---

① 鉴于土耳其希望成为欧盟的成员国之一，西欧人就发现他们面临着相反因果关联的窘迫现实：土耳其越"现代"，或至少越"民主"，就会有越多穆斯林人群且越低程度的世俗化。

突呢？针对这种状况，仇视外国人的阵营在欧洲不断地发展，他们反对一切意义上的移民。文明的保守主义者、世俗基本教义派的领导者以及耶利米提醒自己的信徒要提防伊斯兰恐怖主义网络——所有这些混合而成了一种统一的遍布于欧洲大陆的反伊斯兰话语。贝克批判了这一保守性观点，他认为，这种话语没有认识到欧洲宗教的"回归"并不意味着传统伊斯兰教的"回归"，也没有意识到这些宗教复兴已经以新的形式在欧洲大地落地生根了。比如，可以用年轻妇女的穿戴来表达，同样，西方的穆斯林文化中的原教旨主义也不是来自原始的传到西方的穆斯林文化。相反，欧洲伊斯兰教预定了一种"去伊斯兰文化"。

> 第二代和第三代移民与他们的父母相比，更倾向于喜欢他们移民国家的语言，他们能够更流畅地说法语而不是阿拉伯语……甚至，土耳其语比德语说得更慢……快餐比传统的烹饪更受欢迎，更有甚者，原教旨主义本身就是一个去文化的工具……因此，当代的原教旨主义能够使宗教标志和文化内容分离开来。比如，"halal"（伊斯兰教律法的合法食物）不仅仅是一种传统的烹饪食物，而且也代表着任何可食食物，因此，经营这种快餐的餐馆在西方信仰再生的穆斯林人群中再度兴盛起来，而摩洛哥和土耳其的传统餐馆只有很少几个。这种分离意味着问题不在于东西方文化的冲突，而在于将信仰再铸到被视为有着独立宗教标志的"纯粹"宗教中去。(Roy，2006：127 - 132)

伊斯兰宗教具有的特色不是源自伊斯兰世界家庭的社会化过程。相反，它是个体从家庭、经济和社会背景中解放出来的产物……由此，我们不能断言"穆斯林的存在"处于稳定的状态。玛利亚·鲍利（Pally，2007）研究了美国和欧洲穆斯林不同的处境。他认为，"值得注意的是，欧洲穆斯林比大众都要穷，他们对自己的经济前景感到绝望，并且常常处于社会隔离状态"，而美国大多数穆斯林则表明由于大家都是人类，且穆斯林不需要藏着掖着，也不需要被同化，所以他们在美国生活得非常自在。

这是美国和欧洲的一个很大的不同。在欧洲，特别是在德国，穆斯林不得不"被整合"，他们发现就算他们满足了所有的相关标准，经济和政治的大门也未必能对他们敞开。与此相反，美国很早就实行了宗教多元化的准则，宗教忏悔方式的多样化已经不再是怪事，而且被当作日常生活的一部分。比如，来自不同宗教共同体的成员可以担任同一份工作。在美国，人们可以在保持其特色装扮的情况下出现在公共场合，展示自己的宗教虔诚，人们也可以把握住经济机会而不需要被同化。

换句话说，美国并没有接受本国人与外国人之间的不同。这是因为美国是一个向移民开放的国家；所有美国公民都是本国人和外国人，因而也能保持这样一种不同。相反，在德国和欧洲，即使外国人能够说一口地道的他国语言且有他国的护照，也还是会被自动划分为非本国人。当你将那些当地人和移民分成相反的队伍时，你就遇到了整合的问题，这一问题无法解决，因为本地人和外国人的区分会不断地被诸如姓名和外貌特征等因素强化，并加以"区隔"。

（三）现代性危机与多样的世俗化

随着世界宗教与新兴宗教运动相互渗透，我们看到了两个伟大的欧洲文化的普世性：基督教信仰和世俗理性。[①] 基督教信仰忽视了潜在的宗教冲突之间的差异，更多的是倡导一种普世主义的态度，从而所有人都生活在全球社会之中。这一意识形态导致的后果是，在关于个人自由和自主性、对动物或对自然环境的权利以及对恐怖主义威胁的紧迫性等方面，很难达到一致性的意

---

① 这也适用于其他宗教的普世说法，在穆斯林中是普遍的。

见。因而，在新兴的全球范围内产生了社会矛盾。即使是由人为造成的气候灾难或人类生命的价值问题所造成的威胁，也成为宗教争议的核心问题。由此可以看出，任何人都害怕世俗单一文化的出现。但与此相反的威胁更令人震惊，如果世俗普遍主义消亡了，合理性的基础遭到了破坏，那么他们就会认为，这将酝酿宗教战争。

总之，我们必须回答这个问题：我们是否必须下结论说世俗化理论已经彻底地解释了现代化过程中宗教的命运。目前，许多学者想去摧毁世俗化而非宗教。然而，在宗教的消亡和它的对立面——世俗的消亡——之间，有一个在宗教社会学中越来越有影响力的第三种选择。这是一个关于现代化和世俗化的非直线发展的理论问题，它关注的是在历史背景下它们依赖的多元发展路径、阶段和形式。

正如有"多元现代性"一样，同样有"多样的世俗化"一说。世俗化理论并不是完全错误的。它认为不同的背景具有不同的形式——这意味着在西欧是一回事，在东欧是另外一回事；在拉美是一回事，在亚洲、非洲和土耳其或者伊朗是另外一回事。在美国和非洲有着精英思维，而非大众的思维；和西欧一样，甚至在美国也有着多样的世俗化理论，而远不止一种。

但是世俗化与个体化之间是什么关系？世俗化理论认为越是现代化，宗教越是减少，而宗教个体化的命题则从相反的推断出发：随着现代化的深入，宗教并未消失而是改变了它的面貌。事实上，原本联合在一起有组织的宗教团体正在变得松散，一如教堂的神父权威的衰落。但是，这不应该被认为是宗教对于个人的重要性在下滑。相反，已设立的宗教制度的衰落与个人信仰的上升是齐头并进的（Pollack & Gert, 2008）。换句话说，个体化理论在（有组织的）宗教和（个人的）信仰上的不同是为了把自己与世俗化理论区分开来。由此，宗教个体化是一种新的世俗化理论。在世俗化的时代，宗教崇拜并没有消失，而是从一种制度化的宗教信仰转变为个体化的宗教信仰。

二 宗教的个体化与公共精神

在以往和现在的宗教中，基督教是至今最具包容性的宗教。[①]
耶稣作为基督教的创立者，在新约中向我们展示了一个向他的追
随者宣扬互爱和非暴力的先知和救世主的形象。在这一形象的指
导下，在人们获得平等与博爱的过程中，基督教的真理和信仰的
合法化也就自然存在于人们的心里。但我们在欧洲会更加注意到
这一事实，因为在欧洲，其不包容性和因宗教产生的暴力、恐怖
活动和仇外的态度通常会严厉批评不同的宗教（如伊斯兰教）。
基于这一认识，欧洲社会现在正面临来自全球宗教的挑战。基督
教必须经历一次从不包容到有限形式包容的转变。这样的转变不
仅仅是宗教的跨国界的世界流动，也是一次内部的、实质性的转
变。在后一种情况下，道德与宗教开始分道扬镳，个人从宗教制
度中解放出来，获得一种"主观上的信仰自由"。这次转变是人
们对基督教信仰新的理解——贝克所说的"宗教的个体化"
（Beck，2010：79）。可以说，这次未完成的基督教革命是由基督
教原本的矛盾演变而来的。换句话说，它在以下两个方面开始新
的探索：一方面，制度上的宗教与信仰上的宗教开始分离，信仰
开始成为个人的事情；另一方面，面对全球性的多元宗教，应该
如何看待其他宗教。也就是说，在全球化浪潮中，当个体获得了
一种新的信仰自由时，如何在世界社会中承担公共角色，塑造世

---

① 基督教会在历史上大多是极具包容性的教会。从创立开始，它就对其他非基
督教展示了极大的包容性，首先是希腊罗马的多神论，然后是犹太教，基督
教后来不得不从它之中单独分离出来，还有之后的伊斯兰教。在历史的早些
时候，从基督教早期传教开始，它对于异教和异教徒变得越来越包容。这些
异教徒虽然是基督教的崇拜者，但不遵从邪教教义，保持和传播基督教，三
位一体，教士、教会和其他一些相关事情的信仰，而这些曾被宗教权威认为
是错误的，认为会产生罪过而受到惩罚（Zagorin，2004：1）。

界主义精神。

（一）宗教与道德的分离

宗教的个体化以否定道德与宗教的等同性而结束。几乎所有的政治立场都通过阐发其权威的合法性和目的性来向前推进，宗教的体制化是道德行为的起点。当今时代，甚至是在世俗化的欧洲，经常遇到这样一种观点：没有对上帝体制化的信仰，就不能保证人们的行为是符合道德的（Beck，2010：144）。政治家宣称基督耶稣的价值在这里是可以被理解的，尽管道德看似包含不同的甚至是截然相反的意思。但是，这些价值依然被说成塑造了"欧洲"，抑或是"西方"。同时也常常这样描述：没有这些价值，人们就不可能建立人类行为和各项事情的法令。

当然，批判宗教信条通常也是一种禁忌。在个体化信仰的时代，只有从宗教及信仰的这个"力场"（force field）里，通过判断一个宗教要求它的追随者们做什么来判断其利益点才是可能的。其结果是这些要求通常是极端不合理的，通常与人们道德的基本期望严重背离。宗教定义的支持者倾向于对宗教产生一种教条式的道德依赖，从而将其与人类苦难生活的现实分离开来。

如同众多非宗教组织举办的一些活动，这些人根植于个体化宗教思想而不是通过召唤宗教权威来传播教义，这种思想是他们对其他人承诺的基础。作为一个信教者，那些把信仰和宗教等同起来的人，其执行着宗教的教条而不对个人负责。在极端情况下，这种缺乏自己信仰的行为会使得一个人的价值观逐渐麻木。相反，一个好人如果遵循他的良心的指引而不是教堂中神的内在命令，那他与过去已经做过的事相比就可能会表现出更少的好的行为。

就道德而言，宗教的个体化应该得到更好的重视，而不仅仅是对教堂里教条的遵循。因为信仰者自身是唯一能决定道德上的正确与否，甚至说是有关宗教道德方面禁忌的道德性的正确与否的人。通常，道德准则以及宗教的教化是符合我们自身的本性和经历的。人们的宗教体验和道德判断的能力植根于对自己神的主观叙事，上帝不会感觉到任何除了我们在《圣经》中为纪念而读到它。另外，要指出的是：伊斯兰教中的恐怖主义者放弃了《古兰经》中有关暴力的禁令。简而言之，把牧师的权威与宗教的个体化分割开来，在很大程度上，可能会在那种宗教里造成毁灭性的后果。

（二）宗教的个体化

在讨论宗教的个体化时，在贝克看来，区分第一次个体化和第二次个体化是十分重要的。第一次个体化指宗教内的个体化（如新教），第二次个体化指宗教的个体化，或者说是"自己的上帝"[①]。

宗教的第一次个体化意指中世纪后，基督教义内个人自主选择的争斗，并嵌入个人和集体之争中。关于这一观点的论述，贝克以路德为代表详细讨论了宗教内部的个体化现象。"宗教内的个体化"的特殊本质是个人从教堂和权威中解放出来。从而个人抛弃教堂"母亲"的保护，这就意味着在个人和他的神中间，作为代理者的教会的终结，信仰的确定性就转变为个人与上帝的直接对话。这种改变导致了所有价值观的重新评定。作为神的外在世界的拯救，内部世界就有着优先次序。

通过把注意力集中在与神的直接相遇上，时间顺序的周期和仪式就被当成决定和检验事情的标准，同时，代代的成功就在神前被溶解成个体。通过假设的直接性，社会的最小

---

① 在这点上参照"个体化一：上帝一直的发明物：马丁－路德"（Beck，2010：104－110）和"个体化二：福利社会"（Beck，2010：17－120）。

单元——个人——就变成了具有象征性的灵魂和最高权威。（Seffner，1997：8-9）

基于以上论述，"宗教内的个体化"的宗教性和精神性都将意味着在神面前或者在神眼中成为能说话的、如此不同的人类的自我意识，这也就与教堂和宗教团体关系相去甚远。换句话说，拯救自己的不是宗教，也不是个人参加教会，而是个人与上帝的"个人关系"。即便没有教会，只要你诚心相求，基督自会降临到个人的心中（贝拉、马德逊、沙利文、斯威德勒、蒂普顿，1991：310）。

在个人与上帝之间的对话中，个人获得了一种宗教自由。贝克进一步引用路德的话表明：对信仰权威的自我性和个体的自由做了限制，为了和这些限制相一致，神的直接出现和"神谕"的直接出现绑在了一起。因此，路德描绘的个体化不是 21 世纪亲力亲为的神，而是《圣经》里自由的神，是在《圣经》里揭示自己的、个人的、唯一的神。尽管看起来像是悖论，但路德的"自己的上帝"跟《圣经》里有且只有一个神是完全一样的。路德把自主化和个体化的神和垄断的一神化的神联合起来，这内在地存在矛盾。这种个人的、唯一的神保存了宗教普遍主义。他也声称绝对的有效性，以便能用一种可控的方式去更新主要的、基本的个体化的"精神"经验。在路德以《圣经》名义摆脱教会的控制，使得基督徒获得自由的同时，他又在信仰者和非信仰者之间描绘了一条清晰的界限（Beck，2010：105-107）。可见，路德笔下的个体化仅仅是《圣经》中显示的"自己的神"，宗教依然遵循一种非此即彼的逻辑。换句话说，个人信仰就成为私人领域不被干扰的领地，而公共领域依然由基督教来管理，这依然体现出了基督教的宽容性。

通过以上论述，不难看出，路德"转变"了个人信仰和集体信仰之间的矛盾，《圣经》中自有信仰，使基督徒可能脱离天主教堂的教条，同时也把信仰者拴进了改革者的宗教中。两种行为都在神的示谕中成立：尽管这种在"神"和"魔"之间的、在"真实"和"邪恶"的个人神之间的自相矛盾的方法既不可信又不可持续，但还是使他们从教堂里解放又重新融入改革后的教堂之中。

"个体化"取代了宗教。① 这对新教政治来说意味着，路德只是重画了一个信仰者和非信仰者之间的边界，而并没有使两者分离。其结果就是在把欧洲推进无尽的宗教战争中的同时，改革又产生了自己的异教徒，同时也服从自相矛盾的、敌对价值体系的评定。由此，路德所阐述的个体化的这种矛盾可能被称为神的"一神论"个体化。它依然坚持一种基督教的普遍主义。在对待异教徒的异端事情上，爆发了相当残酷的问题，甚至在《圣经》文本中出现了关于上帝模糊性的问题。

这就提出了一个问题：宗教信仰可以不依赖于社会而存在吗——比如，虚拟的宗教形式。如果我们把自由选择上帝的宗教信仰考虑为逻辑结论，那是否意指社会与宗教的原子化呢？贝克认为这样的时刻已经到来。在路德笔下，个人在对抗教会的过程中完成了不可思议的任务——合并了一个唯一的耶稣真神和建构了自己的神，刻画出了个人最接近的神。但如果"自己的神"在21世纪初从教堂里离开，那么，第二次全球的改革，就"新宗教运动"而言，可以被看作路德的一个真神和一个"自己的神"的对比。在贝克看来，在二战后的欧洲福利国家的个体化环境中，

---

① 宗教个体化形式凸显一种矛盾。一方面，宗教是个体化的对立物，它是附属物，是记忆，是集体认同，是一种仪式，它来自那些以时速的、自然化形式塑造的社会性事物中；另一方面，宗教是个休化的源泉：按照自己的选择自由地信奉上帝，自由祷告。宗教立根于个人信奉与否的选择之上，最终论证了个人选择的自由。这意味着，宗教即个体化的对立物，也是它产生的源泉。这一对立面让整个基督教的历史沾上污点。第一份反对个人生命消亡论的保单是教会对生命永恒的承诺。在中世纪，人们的死亡不仅仅是现实生活的超脱，人们的生命与上帝共存；死亡，作为一种被上帝选中的荣耀，这一观念贯穿几个世纪，一直引起人们的高度关注，并将人们相互分离。死亡意味着给上帝一个交代，这是个人主义的发端——引发了对教会的大量需求。

产生了一种"后宗教性个体"。第二次宗教个体化不是从基督教内部，而是从外部重建了"自己的神"。这似乎是对路德心中"自己的神"的最近的回声。

宗教的第二次个体化不是指一种后现代的个体，而是个体从集体的崇拜转向个体的重塑。这种想法遵从了一种自传模式，提供了一种自我重建的社会化形式。正如上面已经提到的，宗教第二次个体化抑或"自己的上帝"的讨论假定了一种激进的宗教自由。"自己的上帝"在这里是指上帝，不是在我们一出生时就被安排好的，也不是说一个主要教派的所有成员都被迫要去尊敬一个共同的神。他是一个可以选择的神，一个在个人生活的内心深处有清晰声音和牢固位置的个人的神。这样一种神的个体化破除了一种假设：人类可以依照每个人在包含一切的宗教信仰系统中的选择而被较一致地进行分类。这种对世界人口进行的宗教性的划分大体把人们按照领土区域进行划分，其根据人们属于而且仅仅属于一个由宗教和文化偏好而被区分定义的有差别的群体，根据这样的划分就可以满足一元垄断文化的理性境地。这种对文化或宗教纯洁性的强调无疑会催生两个巨大的危险。一是让人们不能看清现实，特别是导致人们对心中信仰的主观性现实的认识不足；二是人们没有意识到对多样性的根除和毁灭。

换句话说，虽然宗教的第二次个体化也深嵌在基督教传统之中，但是它已经从路德笔下刻画的单一神的宗教普遍性中解放出来，承认宗教的多样性，从外部重建了自己的信仰。而这种信仰存在于人类自己与人类自己生活中上帝的存在之间，也存在于对他人——"宗教他人""国家他人""邻居""敌人"——的爱及上帝的爱之间，这种联系还存在于无助的自己和个人选择的无助上帝之间。这表明宗教的基础有两点：自己的上帝和自己的生活。它们都是深不可测的谜。人们只有老老实实地活在永久的现实中。这就使得它具有了一种世界主义元素，如何处理与其他宗教的关系，何以建构新的公共精神？由此，自己的神就开始从个体化走向世界化。基于这一认识，我们可以说，自己的上帝是一种自我反省、自我满足，自发地"释放"主体。他依靠内在自由程度的释放或者"解放"，属于栖息在启蒙的精神结构中的新的"神"或者"英雄"——新的奥林匹斯山（Seffner，1997：35 - 36）。

（三）宗教作为公共精神的建构者

宗教的世界化与个体化之间的关系是怎样的，它们又是如何影响宗教的？在贝克看来，世界化与个体化是反身现代性的两个方面，也是去传统化的两种不同形式（Beck，2010：82）。个体化展示了宗教转型的内在方面。世界化让宗教脱去了传统国别道德疆界，使得宗教变得更加个体化，宗教信仰就成为个人选择的事情。这就意味着，作为一种意外后果，个体化与宗教是共存的。在这种共存中，勾连个体化与世界化的是宗教的混合形式，而宗教的混合形式是以个体化为前提的。

在贝克笔下，宗教的个体化既不是后现代主义背景下的相对主义宗教，也不是将宗教的个体化等同于宗教的私人化和隐蔽化。用他的话说，自己的上帝展示出了一幅第二现代性下的世界主义宗教图景。基督教具有一种世界主义的基本结构。基督教信仰与种族的和民族的矛盾无关，也同男人和女人的对立无关。基督教表达出了一种博爱的思想，这是一种跨国的人类图景和人文精神。但是，基督教关于人类观念的固有缺点是带有一种普遍主义的假设，没有承认他人是有所不同的。在这种情况下，在同全球性的、多种族的世界社会，以及与此相关的、跨越界限的、跨越国家性组织的接触中，个人与世界社会始终处于对抗中，都承担了太多的压力。因而，在贝克看来，一种具有世界主义特点的基督教信仰及其向世界公民开放的教会，恰恰可以化解以上矛盾（贝克、威尔姆斯，2002：231）。它可以将人的行动与意义连接起来，使人们不再完全表现为"鲁滨逊"与"自营型企业家"的混合体，从而也无须在一切人反对一切人的斗争中经历世界社会，并存活下来。

基于以上认识，世界主义宗教最为核心的问题就是："我如何对待他人的不同特点？"也就是说，我如何对待其他宗教的信徒？在这种意义上，宗教及其思想方向是有可能进行彻底转变的。贝克认为，这是个体化的意外后果，导致了多种多样的宗教形式，只有当这些宗教形式使每个人都能得到充实时，宗教形式的多样化才是可以接受的。但在经验社会中出现了宗教的冲突和边界问题。他将这种现象称为"描述性的宗教世界"。这种宗教旨在获得一种新的（社会与知识）视野去看待边界消融的矛盾现象、多元化和宗教领域新的边界建构现象。与此相反的是"规范性的宗教世界"。它将精力集中于宽容原则的思想和实践上（宽容体现于宗教神学、等级分化和特殊主义中）。

这两者并不总是一致的。宗教世界在经验领域和民族国家的行动空间的发展，并不意味着宗教机构接受了世界性的观点——我们可以看到，事实上，相反的情况已经达到了惊人的程度。然而，在宗教跨国主义和重新国有化之间、原教旨主义和朴实主义之间的张力与矛盾是不能被放在国家范围内来分析的。社会学的、人道主义的观点和一套相应的概念框架才是真正需要的，它有利于超越国家与宗教的界限，使宗教的边界被消融，使宗教之间架设的新路障被清除。具有讽刺意味的是，宗教世界的发展最终变成一种在规范性世界中本无意于构建大同社会的非预期后果。

鉴于以上问题的出现，贝克提出了一种含有规范性基础的文化，这种文化同本质主义的整齐划一的阶级文化观念、种族文化观念和宗教文化观念格格不入。对它而言，派别性的或集团性的文化恰好是一种威胁。这种个人主义文化所固有的规范性的前提就是承认他人的不同之处和特性。应用到宗教中来，在贝克笔下，这种个人主义文化是指宗教世界主义的两个宽容原则。①种族和民族的宗教宽容原则。这种原则认为，"爱罪人，不是因为他是罪人，而是因为他是一个人"。这是奥古斯丁所陈述的观点。这意味着对一个人的识别必须同他的职业、信仰和他在社会中的地位相分离。②派系间的宗教宽容原则。这一原则坚持认为，宗教的宽容不仅体现在他对于种族相异者的处理方式上，甚至更强烈地体现在他对于信仰二元论和信仰缺失的对待上。换句话说，从个人主义文化的理想图景来看，"他人"也在推动个人的个体化。这一含义暗示，宗教的个体化表明自我是不完善的。只有通过与他人的交往，承认他人的特性，才能使每一个人都能够通过自己的创造性活动或感受得到发展，这是一种使社会共同体也得以立足的理想规范。用哈贝马斯（2004：259）的话来说，这是一种规范性的交往关系形式，它体现了相互关系的一些规范——宽容与承认他者的存在。

三　公民宗教与世界秩序的构想

贝克认为作为一种意识形态的宗教，也是社会结构变迁的产物。"自己的上帝"确实展示了一幅公共精神的图景，但宗教个体化的意外后果带来了社会冲突和暴力，使世界秩序的构想几乎陷入绝境之中。然而，个体化与世界社会的联结凸显了公民宗教的身影。如果道德只能来自社会，而人类又尚未形成一个有其意识和个性并包括所有人在内的"人类社会"时，道德共识的重建又将如何可能？

（一）个体的道德性与"普遍的人"形象

自社会学诞生以来，个人与社会关系就成为社会学的经典命题。①

---

① 在传统的社会学领域内，形成了以强调个人而忽视社会的唯名论和强调社会而忽视个人的唯实论，基于此，就形成一种二元论。进而，在这场争论中，形成了方法论上的个人主义与方法论上的整体主义（亚历山大，2000：8～11）。

贝克延续了这一主题，以个体化①为切入点，在系统阐释的基础上，试图构建一种新的社会—个人关系。在他看来，社会正在经历一场基础性的转变，一个个体化的过程发生了。这种个体化意味着工业社会的确定性的瓦解以及为缺乏确定性的自我和他人找到和创造新的确定性压力（贝克等，2001：19）。这表明个体化概念描述的是社会制度以及个人与社会关系的一种结构性的、社会学的转变（Beck，2002：202）。作为一种结构性的概念，个体化与福利国家有关，发生在福利国家的总体条件和模式中，是作为福利国家的后果而呈现的（贝克、威尔姆斯，2002：11）。与涂尔干的个体化不同之处在于，贝克认为，"现代化的进一步发展使以前锁住每个人人生的家庭和职业这两轴支离破碎"（Beck，1992：137）。不仅是同业组合，就连家庭也不再是稳定的靠山，每个人都成为社会的再生产单位。换句话说，在社会结构变迁背景下，一切固定和稳定的东西已经烟消云散了，个体获得了一种自由。基于以上认识，一个基本的问题正变得越来越清楚：高度个体化的社会是否有可能实现社会整合。类似的问题应用到宗教个体化中，就变成个体化的宗教是否能够实现新的整合。

在贝克的讨论中，信仰即"自己的上帝"，是一种"人既作为上帝又作为信徒的宗教"（Beck，2010：114）。在此，涂尔干"普遍的人"的形象与贝克的"自己的上帝"遥相呼应。

涂尔干在《个人主义与知识分子》一文中详细探讨了个人主义的深刻内涵。在他看来，这一概念不同于安逸的、私人的利益神圣化观念，也不同于对自我的自利主义的膜拜（Beck，2010：154）。换句话说，它不是对自我的赞美，而是对普遍个人的赞美。它的动机不是利己主义，而是对具有人性的一切事物的同情，对一切苦难的同情，对一切人类痛苦的怜悯、抗拒和减轻痛

① 在对贝克进行研究的文献中，个体化更多的是与家庭研究结合起来而忽略了贝克对个人与社会命题超越的理论抱负。

苦的强烈欲望，对正义的迫切渴望（Beck，2010：157）。事实上，个人从更高的、与所有人共享的源泉中获得了一种尊严。涂尔干认为，这就是一种人性的因素（Beck，2010：156）。人性是神圣的，不是个人特有的，而是分布于所有人之中的。因此，如果个人没有被迫超越自己，转向他人，他就不可能把人性作为自己的行为目标（Beck，2010：156）。所以，个人既是膜拜的对象，又是膜拜的追随者。这种膜拜并不特别关注构成人自身和带有他的名字的特殊存在，而是关注人格。个人从而获得了一种普遍意义上的神性，涂尔干称之为"人性宗教"（Beck，2010：159）。正如涂尔干认为的那样，宗教处在变化之中，昨天的宗教不可能成为明天的宗教；与此同时，宗教并非必然意味着完全意义上的符号和仪式，或者教堂和牧师。所有这些宗教外在机制都只是宗教的表现形式。今天的宗教出现了一种新的形式，即"人性宗教"。其理性的表现形式即个人主义道德。

同一社会群体的成员们，除了他们的人性，即构成普遍人格的那些特征之外，已经不再有任何的共同之处了。人格的观念因而是超越所有特定意见的潮流变幻而存续下来的唯一的观念，永远不变而且不属于个人。它所唤起的情感是我们从几乎所有人心中都能发现的唯一情感。它不是对自我的赞美，而是对普遍个人的赞美（Beck，2010：159）。

基于涂尔干的这段论述，个人主义的道德与其说是来源于个人，还不如说是来自对普遍个人的赞美。不可否认，个人主义是必然产生于个人的，但那只是利己主义的情感（Beck，2010：161）。人格的观念是超越所有特定意见的潮流变幻而存续下来的唯一的观念，永远不变而且不属于个人。正是在个人与"普遍的人"的联结中，我们看到了涂尔干做出的个体化与世界主义的联想。

如此说来，人性宗教不是具体的宗教。在贝克笔下，个体宗教发生了两次变化。第一次是指宗教内部的个体化，路德成功地在与教会的抗争中，为主体的良知自由奠定了基础，使得个人从教会及权威的传统束缚中释放出来，信仰确定的根源转向个人与上帝的直接相遇（李荣荣，2011）。第二次也深嵌在基督教传统之中，但是它已经从路德笔下刻画的单一神的宗教普遍性中解放出来，并超越所有的排外性的宇宙神教，承认宗教的多样性，从外部重建了自己的信仰。这一信仰即"自己的上帝"。这种信仰存在于人类自己与人类自己生活中上帝的存在之间，也存在于对他人——"宗教他人""国家他人""邻居""敌人"——的爱及上帝的爱之间，这种联系还存在于无助的自己和个人选择的无助上帝之间（Beck，2010：117）。在此，人们打破了一种非此即彼的思维方式，通过"他者的眼光"审视和反思自己。换句话说，人们就生活在个人与普遍的人之中，自我与他人的隔阂开始消除。从根本上讲，贝克知道个人是不完善的，正是通过与他人的交往，寻求一种普遍且稳定的道德基础，即人性。而这一道德内涵的展现，用贝克的话说，就是"自己的上帝"。人既作为上帝又作为宗教的信徒。基于这一认识，"自己的上帝"就具有了一种世界主义元素，处理与其他宗教的关系，建构新的公共精神。

其实，贝克的"自己的上帝"一词正好回应了关于个体化的道德内涵。对贝克而言，个体化既不是撒切尔主义、市场个人主义或原子化，也不是指如何成为一个独一无二的人。在贝克看来，在旧有价值体系下，自我往往不得不服从由个体设计的集体模式，如今这些新的取向类似于某种合作个体主义或利他主义。①既为自己打算又为他人而活，这两种曾被认为是相互矛盾的东西，如今有着内在的、本质的联系。独立生活也就意味着在社会中生活。应该说，贝克个体化理论中的"利他个体主义"正是对"自己的上帝"这一概念的派生和演绎。

---

① 个体化的增长并未大规模地破坏团结关系，而是催生了一种新型的团结。它更多的是出于自愿而非义务感，因悲天悯人的道德情怀所激发的情况比较少。高度的自决权和机会的多样性似乎导致人们丧失了方向。于是反过来出现了黏合社会网络的要求，希望以此获得归属感和生活的意义（Keupp，1995：7）。

（二）宗教个体化的意义及其局限

宗教的个体化是一个矛盾体。一方面，世界各种宗教潜在性的冲突要求各世界宗教教化其自身；另一方面，不同信仰的彼此普遍的亲近迫使信徒们重新界定新的边界，明确他们自身与他人的平等，并对不同的宗教做出明确的定义和认知。由此，他们可以明确个体宗教与其他宗教的差别并确定自己的核心概念。在贝克看来，很难发现这种矛盾可以通过有意识的行动来超越和化解，它可能是无法逾越的。要是这样的话，去探索意外后果的概念是否可能帮助我们去教化世界宗教对我们来说是有重要意义的。

意外后果模式可以通过阐释韦伯关于资本主义精神的论述来加以理解。众所周知，韦伯认为带有宗教动机的"世俗禁欲主义"是产生资本主义"精神"的驱动力，这个资本主义"精神"包含着其关于持续的利益最大化的理性要求。这种对资本主义的驱动力是没有预料到的或者说就是意外后果。这种精神引发了一个无尽的"创造性毁灭"的过程。韦伯思考的问题就是新教伦理在这其中是何以可能的，例如，最绝对让人难以忍受的教会对个人的控制的各种形式的可能性。他的回答是对两个正好相反的宗教信仰形式做出区分而得出的，那就是对至善（乌托邦，理想化）的追求和对庄严（禁忌）的追求。

韦伯的研究表明，从根本上讲，个体化对至善的追求这种乌托邦式的驱动力能够促使个人追随利益最大化和世俗禁欲的最大化这两点来改变世界。如果加尔文教徒个人想要获得上帝的恩惠，那他就必须在遵循庄严而神圣的禁忌的基础上打破传统的社会秩序。

至善和庄严的矛盾——至善的主观性对庄严秩序下各种禁忌的质疑——是在依据制度化或是组织化的宗教（加尔文教）并在其框架之下而起作用的。如今，在迈向第二现代性的过程中，宗教的个体化的意外后果是开始转向反对制度化宗教的种种教条。

个体化从宗教真理系统大厦的坍塌中摆脱出来——或者至少说是宗教真理系统的衰退——从已经存在的"宗教联盟"（或宗教文明化）中解放出来到达他们原来被安排的位置。正是这种解放使得他们发现或者发明了"自己的上帝"①。宗教在与制度的对抗之中意外性地获得了个体化进程，并迈向了世界化。

基于这一认识，贝克认为，宗教个体化并不等同于宗教的私人化。坚持将宗教从公共领域中驱逐出去，这是第一现代性的启蒙理念，在今天已经显得落后了。但不可否认的是，个体化可能导致宗教的私人化，但并不是必然的。它也有助于为新的公共信仰铺平道路。在贝克看来，化解宗教信仰的去私人化有三种不同的方式：自由选择上帝的宗教信仰；国家（包括恐怖暴力）；政治言论（公共领域内）和（全球的）公民社会。贝克认为，宗教第二现代性的成功，预示着选择了一种自由选择上帝的宗教信仰方式。这些关于"自己的上帝"的政治神学问题需要在多样的世界宗教中找到自己的支持者。宗教个体化和世界大同主义意味着把宗教信仰立基于纪传体事物，也意味着宗教对领土垄断权的正统权威的破坏。综合来看，它们引起了全球集体设置的悖论。个体在从各种竞争的宗教选项中和纪传体经验中选择自己的信仰体，他们可以自主决定放弃哪些事物。

---

① 正如上面已经提到的，"自己的上帝"的讨论假定一种激进的宗教自由。"自己的上帝"在这里是指上帝不是在我们一出生时就被安排好的，也不是说一个主要教派的所有成员都被迫要去尊敬一个共同的神。他是一个可以选择的神，一个在个人生活的内心深处有清晰声音和牢固位置的个人的神。这样一种神的个体化破除了这样一种假设，即人类可以依照每个人在包含一切的宗教信仰系统中的选择而被较一致地进行分类。这种对世界人口进行的宗教性的划分大体把人们按照领土区域进行划分，其根据人们属于而且仅仅属于一个那种由宗教和文化偏好而被区分定义的明确的有差别的群体，根据这样的划分就可以满足一元垄断文化的理性地境。这种对文化或宗教纯洁性的强调无疑会催生两个巨大的危险。其使人们不能看清现实，特别是导致人们对心中信仰的主观性现实的认识不足。除此之外，其没有意识到对多样性的根除和毁灭——换句话说，就是一个同质性身份的强加——内含一种潜在的冲突的因素，在这里，偏狭所导致的冲突会不可避免地达到高潮。

但值得注意的是，和平之路十分漫长，直至今日仍未完成。宗教教义并未落后，这仍是他们要面临的任务。威斯特伐利亚体系建立的世界和平观念展示了宝贵的经验。当时，基督教派被迫调查其和平能力的根源。今天真理依然未变，追求和平的人自己必须能够保持和平。宗教暴力倾向解决的法律规则是西方花言巧语的还击，而它只在国内框架中才能发挥作用。它无法掌握矛盾动态的普遍宗教和社会本质的特定现实。对良心解放的检验在于是否包括持不同信仰的人的解放，尤其是放弃一切信仰甚至是信奉受轻视信仰的权力。只有允许多个一神信仰的同时发展自己，只有它们宣示放弃使用暴力，只有它们准备好支持宗教间互相包容的原则，才能使这个世界有机会延续下去（Beck，2010：18）。

那些把真理作为宽容的最高目标的人，往往向往共识与和谐。但他们同时也谴责，那些该死的不屈服于这个"真理"的人。与此相反，那些看到这种共识与和谐是不现实的，也不能作为目标的人，发现自己面临一个问题："世界性宽容"是如何超越普遍性来实现的？文明的过程并不等于政治行动，但是从全球政治的角度来看，它是非常显著的。"它是唯一的圣战，而宗教可能确实必须呼吁，在和平的道路上矗立着内心的挣扎。"（Beck，2010：24-25）

（三）公民宗教与道德共识

《美国的公民宗教》一文指出，公民宗教是政治制度建构以至整个公共精神中的宗教维度，它体现为使民族国家的具体经验赋有神圣的普遍意义的一系列信仰、符号和仪式（贝拉，2007）。可以说，公民宗教存在于民族国家范畴之内（如美国）。就像贝拉所一再声称的那样，公民宗教主要是指存在于社会风尚、习俗和舆论中的简单而抽象的基本价值。基于贝拉的思考，我们发现，在贝克笔下，随着个体化进程迈向世界化，个体化对公民身份与基于公民身份的政治提出了严峻挑战（李荣荣，2011）。但是，让人欣慰的是，贝克正是从个人的内心出发，将独特的个人与普遍人的道德性相联系，从中可以发现"自己的上帝"与公民宗教的某些相似之处。就此问题，李荣荣从个体意识对普遍价值的认同和普遍价值对个体自由的承认两方面，论证了"公民宗教"和"自己的上帝"之间的内在关联（李荣荣，2011）。

基于以上论述，如何处理好不同社会之间以及个别社会与人类之间的关系就成为公民宗教的一个核心问题（汲喆，2011）。在卢梭的论述中，社会仅限于作为政治共同体的城邦式共和国。① 从宗教与社会的关系而论，它将宗教分为一般关系的"人类宗教"② 与特殊关系的公民宗教③。前一种宗教没有庙宇、没有祭坛、没有仪式，只限于对至高无上的上帝发自内心的崇拜，以及对道德的永恒义务。后一种宗教是写在某个国家的典册之内的，它规定了这个国家自己的神，这个国家特有的守护者（卢梭，2005：173）。它有自己的教条、自己的教义、自己的法庭。④ 对此，卢梭加以批判，对于前者，他认为这种宗教与政体没有任何特殊关系，就只好让法律依靠自身所有的力量，而不能再给它任何别的力量（卢梭，1982：175）；对于后者，他认为只有通过暴力和屠杀的手段才能赢取统治的合法性，使社会处于战争状态，从而失去社会的道德性。卢梭试图用公民宗教这一概念弥合道德与政治之间的张力。在他看来，公民宗教由主权者制定，并由法律加以维护，那么其前提是主权在民、法为公意；如果说公民宗教是为

① 除了国家与人类的关系以外，国家与公民社会可能的分裂与对峙也不在卢梭《社会契约论》的视野之内。这个问题无疑也关系到公民宗教的角色定位（汲喆，2011）。
② 指一般的或普遍的宗教，系与各国家、各民族的特殊的或具体的宗教相对而言。
③ 这里主要是指特殊社会，亦即政治社会或公民社会。
④ 《爱弥儿》第4卷：千万别混淆了宗教的仪式与宗教，上帝所要求的崇拜乃是内心的崇拜，这种内心的崇拜，只要它诚恳，就永远都是一致的……至于崇拜的仪式，虽说它也应该和良好的秩序一致，但纯粹是一件政治的事情；崇拜仪式完全不需要什么启示。

了将世俗义务与宗教义务合二为一，使遵守法律成为天职，那么这一切也只有在自由和服从统一起来的"共和国"里才有意义（汲喆，2011）。根据卢梭的设想，公民宗教的"条款并非严格地作为宗教的教条，而只是作为社会性的感情，没有这种感情则一个人既不可能是良好的公民，也不可能是忠实的臣民"（卢梭，1982：181）。与此同时，公民宗教的内容也只应是少量简单、精确、无须解说和注释的条款，也就是那些最能唤起普遍共鸣的价值。卢梭选定的条款包括要求相信"全能的、睿智的、仁慈的、先知而又圣明的神明之存在、未来的生命、正直者的幸福、对坏人的惩罚、社会契约与法律的神圣性"，并拒绝某些具体宗教所带有的那种"不宽容"（卢梭，1982：182）。

当然，不可否认，任何民族都必然而且应该拥有其各具特点的"集体良知"，从而也就拥有其各具特点的公民宗教，但是，公民宗教毕竟不是"民族宗教"，更不是"种族宗教"。必须明确的是，公民宗教要培养的是文明社会的公民，而不是民族—种族的成员，尽管二者并不一定矛盾（汲喆，2011）。在今天，我们确实看到了大量跨国宗教的流动，人们在尊重传统宗教的同时，越来越多宗教意识的经验和表达方式不再限于传统的宗教制度范围。例如，当代的伊斯兰教、犹太教、天主教和基督教中共有的资源和相互影响，已经成为人类历史财富的重要组成部分。世界性宗教已经开始出现。基于贝克的讨论，正是人们不再从上帝而是从人们内在的心灵出发，寻觅并追求人类体验，向外行动并探求生命的价值，从而在现实世界中拥抱更加宽阔的地平线。这就成为"自己的上帝"新的信仰，也是公民宗教公共精神的体现。

由此看来，"自己的上帝"确实展示了一幅公共精神的图景，但问题是，这种普遍的道德个人主义能否获得长久的稳定性。涂尔干研究了这一问题。他认为，个人主义必然产生于个人的，因而也是利己主义的情感。其实，个人宗教同所有的宗教都一样，是一种社会制度，是社会把这种理想作为今天能够成为人们的意志提供一个聚焦点的唯一的共通目的指派给我们。因此，如果去除这一理想，就没有代替它的东西，就会使社会陷入道德无政府主义状态。换句话说，在他看来，只有肯定个人是社会的产物，而不是相反，只有这样，才可能成为一个个人主义者，并不发生矛盾。基于此，同所有的道德和宗教一样，个人主义本身也是一种社会的产物。个人从社会那里获得能够将他神圣化的道德信仰。①

其实，不难看出，将民族道德与更高、更普遍的人类道德结合起来的方法就是回到人本身，这也就是涂尔干（2006：159）所说的"人性宗教"。在民族精神及一般价值的关系方面，涂尔干的道德社会学要比卢梭的政治哲学更有启发性。涂尔干注意到了不同层次的社会所导致的不同层次的道德之间的关系的问题，并尝试把民族道德和人类道德统一起来。人类道德应该高于民族道德，这是毫无疑问的。但是，如果道德只能来自社会，而人类又尚未形成一个有意识和个性并包括所有人在内的"人类社会"时，对人类道德的尊崇就可能流于空谈（汲喆，2011）。对于贝克而言，当人类尚未形成一个有意识和个性并包括所有人在内的"人类社会"时，我们的道德共识又将来自哪里？

四 作为现代性共建者的宗教问题

不难发现，贝克对宗教社会学开拓出的理论性方法表明，宗教是全球化的，宗教是矛盾的，宗教能够从启蒙运动中的牺牲者变成风险社会中具有自反性的代理人。这个方法与所有在这个话题上现存的理论和研究方法相矛盾。在这当中，有些人跟随着古典学的脚步，赞同古典世俗化理论中所坚持的观点：把上帝移交

---

① 康德和卢梭没有理解到这一点。他们不想从社会出发推出他们的个人主义道德，只想从孤立的个人概念出发推出他们的个人主义道德。这项事业根本不可能取得成功，反而从中产生了他们理论体系的逻辑矛盾。

给发霉的博物馆。这样一来，他们坚持忽视已经引起和导致的那些由上帝回馈的明显的现代性危机。而其他一些人则忙于清理那些被打破的世俗化希望的碎片，并进行筛选和诠释，试图将它们再一次黏合起来。但是，这当然又引起了更进一步的问题：如果宗教并没有消失而是在世界政治中承担了一个关键的角色，那么留给现代性的是什么呢？如果宗教在它的起源方面具有全球化的影响，那么它又在融合世界社会中扮演了什么角色呢？现代性在世界范围的重新配置又该如何同时辩证地既克服又导致新边界呢？

很明显，宗教是一个"谜"。这是一个用现代化的方式发现的判断，这一方式使得社会学与政治科学把宗教置于边缘化的位置。马克斯·韦伯比任何一个人都更清楚地认识到宗教的多元化，但是，在他那"去魅"的准则中，更多的现代性意味着更少的宗教，他把现代社会中的宗教放逐到一个越来越不相关的停滞不前的地方。与此相似的是，马克思认为"宗教是人类的鸦片"。即使在宗教方面投入更多精力的涂尔干也没有研究宗教作为现代性代理人的角色，而是仅仅研究了宗教的次要影响：宗教组成了将社会或者群体成员团结在一起的"黏合剂"。

将宗教视为现代世界的代理人和缔造者的不断抽象的进程可以追溯到启蒙运动的哲学家们。从伊曼努尔·康德到让·雅克·卢梭，还有从密尔到霍耐特的政治理论家，他们都认为由世界宗教所铸造的联盟只能导致专制主义和不宽容。事实上，天主教堂很长一段时间都是在几乎世界上的每一个国家与反民主的中坚分子紧密相连。它反对资本主义、自由主义、现代的世俗状况、民主革命、社会主义、人权运动、女权革命和性革命，并且从来不站在获胜的一方。所以，如果数个世纪后，天主教堂已经发展出一个战胜的哲学理论，这很难让人感到吃惊。

如果把宗教视为现代性构建中的一个积极因素，那么，这一新的视角转变应该从两个阶段进行探索。一方面，在 19 世纪中欧的环境下，宗教的现代性意味着宗教的"民族化"，这与基督教的普世主义是相对的；另一方面，在何种程度上我们能够用宁静代替真相，即宗教作为现代风险社会中现代化的一个代理人。

国家间宽容和宗教间宽容这二者的关系是怎样的呢？我们可以通过将宗教个人化与宗教世界主义相结合来给出一个答案：一个个独立的个体从世俗层级和牧师层级中分离出来了，并被安置在他们自己所选择的上帝的面前。一旦人们被迫勇敢地面对自己心中上帝所体现的良心的声音，不管是各大洲，还是民族、人种、年龄，都变得不重要了，因为人们在上帝面前的相似性建立起了人类的价值和权力。与解放的个人要证明他们自己在上帝眼中的需要相比，其他的一切都变得苍白而不重要了。

这种个人的信仰自由只在遇上文化和宗教的他者时才成为可能。只有当我们授予他人那种我们也希望他人给予我们的同样的自由时——为了支持一种特殊的信仰或者确实是反对一切信仰的完全的自由——我们才会相信自由有替代物。这是基于不同宗教间的相互宽容。宽容的原则应该被视为一种可能性，这种可能性是历史上不同的政治制度所具有的信仰趋势，而这种趋势正是反对、迎合和相结合的可能性。

第七章　　个体化的社会想象：
道德政治中的公共生活

　　自现代性诞生以来，以自由、平等、博爱、公平和正义为核心的自由主义民主政治理念吸引了芸芸大众，以科学技术、市场经济、工具理性为核心的西方普世理念与道德个人主义相结合构建一种新的社会图景——社会—权力国家。这样建立的社会使理性战胜了传统，使人与人之间的平等战胜了普遍存在于文明社会即传统社群的各个领域中的不平等。理性的普遍性与道德的个体性融入了一个按照法律而自由组织的社会思想里。这个模式随着民主政治和社会福利国家的出现，它甚至达到过最高的形式。民族国家保证了经济要求和社会需求的一体化，因此，在它的干预下，个人福利和市场经济结合起来了。但是，在福利国家、民主文化和古典个人主义的背景下，个人获得了一种意外性的个体自由。贝克称此为"自我文化"。针对这一新的状况，新自由主义与社群主义展开了激烈的争辩。贝克在超越二者的基础之上，依然坚持一种个人主义的立场，只不过这一文化的思想源自德国文化的传统在当代社会的自我更新，呈现一种既为自己而活又为他人而活的新社会伦理。换句话说，在全球化的时代，当每个人都成为既彼此平等又互有差异的个体时，我们如何共同生活这一问题就成为个体化时代最为核心的议题。

一 作为个体分析的社会学

从社会学的视角来理解，社会是不可能被直接感知的，它同社会成员的自我解释是相抵触的。同时，社会仿佛模糊不定的庞然大物，无处不在，对许许多多的事情负有责任。值得注意的是，在通常理解中，各个社会都是依据民族国家而组织起来的。国家充当了社会的缔造者、监控者、庇护者。各个社会都被设想为承受者，它们是在民族国家的势力范围内产生并延续的。这种看法将社会同民族国家等量齐观，认为社会在地域上是有限的，它深深地切入了社会学的认识、社会学的概念、社会学的视角。民族国家也就自然成为社会学的感知背景，从而社会学的古典模式就印上了民族国家的足迹，[①] 并由此形成了社会所具有的三种集体：持续的规范性压力、对反复无常个体命运的抵抗，以及集体严格控制秩序的长期性（郑莉，2009）。

在 20 世纪的后十年，以上社会集体模式很快就消失了，并被另外一种经历所取代：这种经历不再意味着"社团"，而是"一个同个体相分离的世界，一个在经验上越来越像一系列独立存在、相互重叠而没有缝隙的制度之网的世界"（鲍曼，2005：26）。换句话说，一切固有的家庭、阶级、组织等社会团体都烟消云散了。在此，社会正在经历一场基础性的

---

① 具体来说，涂尔干目睹了法国的状况，基于"是什么在维系现代各个社会"这样一个问题形成了自己的思想，即某种"有机团结"是在劳动分工的基础上形成的；韦伯也是如此，他在思考官僚制的合理目的性时，考虑的主要是世纪之交时普鲁士的管理机构。基于这样的认识，人们在古典社会学家之中，从自己的社会推论出社会之一般，这种对普遍性的错误推论构成了社会学的出发点，同时也是社会学取得成果的秘密之所在（贝克、威尔姆斯，2002：7）。

转变，①一个个体化的过程发生了。这种个体化意味着工业社会的确定性的瓦解以及为缺乏确定性的自我和他人找到和创造新的确定性的压力（贝克、吉登斯、拉什，2001：17）。与此同时，在以福利国家、民主文化和古典个人主义为背景的前提下，教育、劳动力和流动性等制度性的框架条件，不再把集体作为定位的标志，而是以个人为导向，呈现一种制度化的个人主义新图景。这样，在贝克看来，人们就生成了一种新的"为自己而活"的自我认同文化，凸显了个人的自主性，即使是最边缘的群体，也能得到国家的社会福利和保障。

基于以上认识，贝克把个体作为社会学的分析对象。"个体化论题是关于个体与社会之间的关系发生的新的范畴转型。"（Beck，1992：127）社会结构迫使人们成为独立的个人并对自己的人生负责。但与此不同的是，贝克并不认为个体化的主观性和客观性现象是彼此截然分开的，因为这种区别假设社会结构已经超出了个体主动性的控制。相反，自反性现代化和个体化的结果，模糊了下部结构和上部结构、意识和阶级之间的区别。所以，在这样的背景下，个体化不能再被理解为仅仅是通过客观的阶级分析所揭示出的主观现象。这是因为，在个人和机构自反性的时代，个体的主观性促进了个人的行动和反应，从而影响了社会制度的变迁（Nollmann & Strasser，2002：3-36）。

---

① 贝克认为在20世纪现代社会的基础转型经历了三个阶段。第一，从二战结束到20世纪60年代。在这个阶段中，一方面显然必须对已遭破坏的世界进行重建；另一方面人们又担心胜利果实重遭破坏，于是就出现了牺牲精神、勤勉、克己、服从和为他人而活等传统道德的相互强化。第二，从20世纪60年代开始延续到20世纪80年代。其关键词大概就是所谓的"永久繁荣的短暂之梦"（Burkart Lenz）。人们认为既得财富是确定无疑的；对第一现代性之基础提出质疑的"副作用"（环境危机、个体化）（被既有秩序）所压制，并经由各种抗议运动而为公众所知。政治自由逐步发展，并向整个社会辐射。第三，即贝克所谓的"全球风险社会"，出现了不确定性的回归。它不仅使公众对工业社会、商业、法律和政治中的关键制度和控制因其自身所致的种种危害后果的能力产生了质疑，并且使所有的收入群体感到富足的人生变成了风险人生，并使他们丧失了社会认同和对未来安全的物质信心（贝克，2011b：188）。

由此，贝克自反性现代化下的个体特征，用卡斯特的话来说，即包含一种流动的逻辑。贝克关于意外后果、永不完备的知识、没有非理性只有永不确定的合理性概念等观念，与流动的逻辑十分契合。因而，第二现代性下的个体自由和政治自由的核心，并非选择的自由，而是要认识到自我本身从根本上说是不完善的，这是个体成为个体的观念过程。在第二现代性背景下，社会早已成为一个分崩离析的世界，① 在此，个体化正在变成第二现代性社会自身的社会结构，个体在历史上首次成为社会再生产的基本单元。个体化理论既不是新自由主义笔下刻画的"自足个体"形象，也不是社会学家常常论述的结构规制下的行动个体二元论观点，而是在社会结构变迁背景下，个体化以某种良知和自反性的社会化过程以及自反性的主体间性为前提。要成为一个完善的个体，个人不得不建构和创造自己的主体间性。通过这种主体之间的交往，在日常生活中，新的社会伦理将会形成一种"我们感"，这种"我们感"类似于利他个体主义或某种合作个体主义。既为自己打算又为他人而活，这二者看似矛盾，实则有内在的、实质性的关联（贝克，2011b：246）。这种伦理能把个体自由和与他人的关系甚至是跨国关系结合起来。由此，贝克就把个体作为社会学对象，同时，更加关注个体道德的生成性问题。

二　超越与反思：新自由主义与社群主义的争辩

贝克的个体化理论是建立在物质保障、社会—福利权利和民主相互作用的条件下，产生了一种制度化的个人主义。在全球化的条件下，个体化进程加速，它打破国界、地域、民族等疆界。个体化与全球化是现代社会的一体两面。在此背景下，经济获得

---

① 获得自由的个体，发现他们面对的已经不是一个二元世界，而是一个充满裂痕、碎片和间隙的世界，所有置身其中的人都迷路了。未来是多向度的，过去的说明模式已经丧失……难题多得解决不过来。就算有办法，也是漏洞百出，经不起研究（贝克，2011b：184）。

了某种外迁的权力，它可以抛开地域性的权力关系。在国家与社会依然束缚于地域，因而旧的关系一如既往地存在的同时，经济转入另一个领域。这种外迁的权力表明，权力的概念被非地域化了。经济不是在进驻时，而是在撤退时才变得强大。它可以抽身离去。这种有意不介入的做法是经济力量与国家对抗的基础，经济完全可以打败国家。

以上表达了一种经济全球化的观点，它主张一种由世界市场统治一切的意识形态，是新自由主义的意识形态。它的要害之处在于在坚持世界市场的统治地位的前提下，把全球化片面等同于经济全球化。就这一点而言，关于世界市场的说法也意味着美国化，意味着一种新帝国主义。这里涉及的不是从民族国家向世界国家的过渡，而是从国家向市场的过渡。这便形成了一种权力，因为国家丧失的权力，不会再添加到国家间的权力上去。正如贝克（2004b：1）所描述的那样："资本正在流向这里和那里，正在流向世界市场规则，而世界市场规则就是逃避各个民族国家的税收。劳动力的输出、生产的灵活的本地化、信息流、全球的数字世界、跨国组织——世界银行、国际货币基金组织、欧洲联盟——这一切正在对我们的生存条件产生深远的影响。"

市场经济的这种胜利，其本身并不意味着我们已经由指导性社会过渡到自由社会，它只不过表明经济摆脱了过去强加给它的非经济的逻辑，表明我们是否愿意建立一种新的对经济活动的社会控制形式。但新自由主义这一观点对于个体和社会都将是致命的，因为一幅反人类的人性图景在这里被提升到了社会交往的基础地位。这实际上依然是一种经济行为假设，它将进一步扩大社会不平等现象和人与人之间的相互排斥，社会排斥会不可避免地引发暴力和对抗，尤其是在世界体系的周围引发暴力对抗，因为在世界体系的周围，人们对日益增长的二元化所带来的后果感受最为强烈。存在还是消失最终取决于在市场上是否成功，结果就导致适应性成了个性培养的最高目标。关于社会的政治概念则随之褪色或消失。

如果说新自由主义使社会成员按照全球化经济的逻辑行事，那么作为新自由主义的最大对手，社群主义坚持重建以文化附属性为基础，而不是以社会作用为基础的非社会性的认同。在这个全球化的社会里，人们越是乐意确认自己是公民还是劳动者，就越倾向于以人种、宗教或信仰、种族或风俗这些被视为文化社群的东西来界定自己。有趣的是，正是在美国和英国这些新自由主义大行其道的国家，社群主义对新自由主义的批判最为激烈。根据目前的知识规则，市场和契约都无法实现社会整合。它们离不开公民对共同体的积极认同，并把这种认同当作"社会灰浆"消耗殆尽。从这个意义上说，只能把社群主义运动理解成反对"贪婪的新自由主义"运动。新的市场的崇拜者已经对此展开了积极有效的行动，而社群主义者则醉心于一些华而不实的举措。归根结底，他们试图通过一种冠冕堂皇的共同体精神来驱逐邪恶的利己主义。应该说，在新自由主义的冲击之下，社群主义为某些人提供安全的港湾。诸多人意识到自己似乎属于某种传统、某种记忆、某种存在。现在只有存在抵制已经超越或破坏了社会制度的全球化了。对于启蒙运动的文化模式的破坏是一场文化革命，这场革命不仅在一些新的工业国家已经展开，而且处于发展危机中的穆斯林或美国也已经展开。

对于今天的全球文化来说，没有哪一种人或哪一种象征性形象能够与之相符合，无论是男人还是女人，无论是老年人还是年轻人，无论是中国人还是美国人，都不符合。社会媒介的破坏使文化领域的全球化与无数的社会行动者对立起来。这种多元文化的阴暗面又把每一种文化都封闭在无法沟通的个别经验的危险中。这种文化分裂现象可能会把个人带进一个拒绝受任何社会规范的宗派的世界里。对某些阶层的人实行配额或补贴政策，实际上是鼓励差别化行为，即肯定性行为，人们越是强词夺理地利用这种行为来回答事实上的不平等，则个人只根据自己与社群的从属关系来定位和估价就越具有危险性。由此，这种社群主义把一种文化标成了政治动员和排除异己的工具。这一堕落过程是与生产方式之蜕化为市场极其相似的。

如果民族国家集装箱被现代化的进程粉碎了，那么结果会是怎样的呢？以上两种观点正是对于这一问题的思考。首先，工具世界和符号世界的分离和经济与文化的分离在日益扩大；其次，在日益扩大的社会与政治空间里，权力的战略行为越来越分散，其目的不是创造一种社会秩序，而是加快变革、发展以及资本、产业、服务业和信息的流通。因为权力已不再是将其武断的决定强加于人的君主的权力，甚至也不是剥削雇佣劳动者的资本家的权力，而是那些具有战略眼光的革新家或金融家的权力：他们的目的是占领市场，而不是统治或管理一块土地。因此，应该寻求的既是一种使经济和文化重新结合的力量，同时也是一种能抵制战略家的权力的力量。

如何避开在无视文化差异的幻想的世界全球化与自己封闭自己的令人担忧的社群的现实之间，做提心吊胆的选择呢？贝克选择了第三条道路，即政治自由建构社会的新途径。在他看来，这种政治没有终结，只是失去了权力，由此产生了一种对政治新的理解与新的政治时代。

三 风险社会、政治自由与公共生活的道德化

随着个体自由的发展，个体越来越受到自由之累，空有自由之身，渐成孤立之人，反而丧失了自主的能力（熊万胜，2012）。贝克的个体自由是一种结构性的自由，本是哲学家的话语，变成了享有自由之累的社会学用语。这从根本上否定了个体作为完整性的存在，也不同于启蒙中自足的个人主义观念。因而，在贝克看来，个体是成长性的个体。坚持一切从个人主体出发，一切都以实现民主政治为目的；文化间的交流是使我们从前者通向后者

的道路。没有主体的自由，没有使世界进行重新组合的工作，没有寻求使彼此分离和不同文化之间的交流，仅仅依靠一味的宽容和接受差异的办法，达不到文化交流的目的。真正的民主政治必须把社会权利和文化权利作为主体的权利的具体内容来加以保护。这就是说，必须把个人的生活经验和理性行为结合起来，使个人有创造性的自由。主体、交流和团结是三个不可分开的主题，同民主政治处于共和制阶段时的自由、平等和博爱是三个不可分开的主题是一样的。这三个主题的相互依存，是社会的和政治的中介赖以存在的基础。有了这个基础，才能重新建立工具世界和象征世界之间的关系，从而避免把公民社会降为一个市场或一个自我封闭的群体。①

在谈到新的政治观点之前，贝克首先对当前的社会做了一个判断。在他看来，在这个世界里，我们的经验已经支离破碎，过去由各种制度占据的地位今后将由大型的金融的、技术的和传媒的组织战略来占领了。秩序时代正在结束，以个人经验和社会组织为中心的变革时代正在开始。贝克在谈到风险社会时已经充分表达了这种思想。他所说的风险社会是这样一个社会：它受制于不确定的因素，尤其受制于那些一般不可能发生，但一旦发生就有可能造成严重后果的因素，如原子弹爆炸、大气环境的明显改变和目前尚无药可治的流行病的传播。这种说法绝不是宣告不可

---

① 可以说，这个概念不仅在思想上是最令人满意的，而且对于民主思想来说，也是不可或缺的。极端的社群主义，与贝克所称的不同文化间的必要的交流是恰恰相反的。不同文化间的交流，是文化和政治多样性对社会统一性的胜利。极端的社群主义必然会导致暴力的产生和社会的衰落，尤其在市场不能发挥其一体化的作用的时候更是如此。反之，理性社会的梦呓将把社会的一体化变成保护处在中心地位阶层的利益的工具，而不利于革新者和处于边缘地位者及少数群体。社群差异主义的消极作用是显而易见的，有时候是令人吃惊的。共和主义的统一论的消极作用稍微小一点，因为它不承认一切公开与中心模式不相符合的事物的存在，但它对人们的首创精神将产生巨大的破坏作用。它将妨碍个人主体的形成，并借口统一的模式受到威胁而鼓励社会的和政治的压迫势力的产生。总而言之，贝克既反对新自由主义的普遍主义的观点，又反对社群主义的特殊论理念，他试图将二者结合起来。

抗拒的灾难就要到来，而是要人们今后不要相信从制度方面去寻找解决问题的办法。即使任何一种关于个人生活和集体生活的构想都不能成为司法的保证，因而也不能作为政治上肯定的决定，不可能在凌驾于社会之上的政治秩序中，寻求办法来抵制不确定变化强加于我们的生活经验的各种势力。

在一个世界主义的世界中，人们必须将注意力对准世界市场带来的全球性后果与风险，而撇开资本带来的利润，即同这些后果与危险相对立的事情：我们如何对待徐缓而至的和依然破灭的事情，决定着未来社会的人道性质（贝克、威尔姆斯，2002：46）。也就是说，正是由于当代社会的风险性、偶然性、意外性以及社会不平等问题，多样性的各个方面就成为现代社会的核心。我们既不能像普遍主义所强调的那样消除差异，也不能像文化相对主义和国家相对主义所宣称的那样制造各种矛盾和冲突。相反的是，多样性既涉及生产的物质条件，又涉及政治条件与人们共同生活的伦理。而那种宣称普遍主义的自由市场意识形态，构成了多样性的民族文化的核心性危机。因为这一进程最终依靠的是这样一种认识：可用市场取代政治。在贝克看来，我们不应该坚持这种非此即彼的观点，既不是市场取代政治，也不是政治消弭市场。而应该转变为全球性的经济发展如何以及在何种程度上同全新的文化与政治前景结合在一起，即如何重新塑造全球化时代的政治与民主。

在贝克笔下，"亚政治"或跨国政治象征着新的政治形式，并正在塑造一种新的公共生活风格。全球化时代的政治与经济的关系不是以整齐划一为归宿，而是以承认他人有所不同为核心原则，经济仅在民主的框架内才是可能的，非地域化的经济需要有对民主的恢复。如果人们把世界主义理解为对其他人的承认，对其他文化的承认，这种政治即一种民主性方案，这种方案致力于在跨国领域内扩大民主，即推行一种实验性民主。如果把这种民主理解为非地域性经济的框架秩序，在这种经济中，人道主义的标准就由政治来重新设定。它包括符合人的生活、工作的标准，对待自然的方式，以及对待生态的标准。那么可以说，这种前提就是一种世界主义政治的方案。也就是说，只有在政治国家中，而不是在经济中，人们才能体会到共同参与的权利。这是因为，竞争性的经济本能既不能关心老人与孩子、失业者与退休者，也不能关心第三世界所有国家的居民。如此说来，在全球化时代，一个政治性方案是将民主、对他人的承认与全球化时代的挑战联系在一起的。正如贝克在《什么是世界主义》一文中所指出的：世界主义将差异和他性的价值判断，同建立一种新的民主的政治统治形式的努力结合起来，而这种新的民主形式又区别于民族国家，世界主义承认他性，但并不将其绝对化，而是寻找一条使其得到普遍容忍的途径。

那么，这种所谓的世界主义政治的存在基础又是什么呢？贝克试图将宗教个人化与宗教世界主义相结合来给出一个解释性的答案：一个个独立的个体从世俗层级和牧师层级中分离出来，并被安置在他们自己所选择的上帝的面前。一旦人们被迫勇敢地面对自己心中上帝所体现的良心的声音，不管是各大洲，还是民族、人种、年龄，都变得不再重要了，因为人们在上帝面前的相似性建立起了人类的价值和权力。与解放的个人要证明他们自己在上帝眼中的需要相比，其他的一切都变得苍白而徒劳了。

这种个人的信仰自由只有在遇上文化和宗教的"他者"时才成为可能。只有当我们授予他人那种我们也希望他人给予我们的同样的自由时——为了支持一种特殊的信仰或者确实是反对一切信仰的完全的自由——自由才有替代物。这是基于不同宗教间的相互宽容。宽容的原则应该被视为一种可能性，这种可能性是历史上不同的政治制度所具有的信仰趋势，这种趋势就是历史上主导观念来反对、迎合和相结合的可能性。换句话说，人们就生活在具有个体性与普遍性的人性之中，自我与他人的隔阂开始消除。从根本上讲，贝克知道个人是不完善的，只有通过与他人的交往，个人才获得一种普遍且稳定的道德基础，即人性。而这一道德内涵的展现，用贝克的话说就是，人是既作为上帝又作为信徒的一类。基于这一认识，"自己的上帝"就具有了一种世界主义元素，处理与其他宗教的关系，建构新的公共生活。可以说，"自己的上帝"是一种自我反省、自我满足，自发地"释放"主体。他依靠内在自由程度的释放或者"解放"，属于栖息在启蒙的精神结构中的新的"神"或者"英雄"——新的奥林匹斯山。

在社会学领域，涂尔干最早开始注意到了这个问题。他将民族道德与更高、更普遍的人类道德结合起来的方法就是回到人本身，这也就是涂尔干（2006：159）所说的"人性宗教"。在民族精神及一般价值的关系方面，涂尔干的道德社会学要比卢梭的政治哲学更有启发性。涂尔干注意到了不同层次的社会所导致的不同层次的道德之间的关系的问题，并尝试把民族道德和人类道德统一起来。人类道德应该高于民族道德，这是毫无疑问的。但是，如果道德只能来自社会，而人类又尚未形成一个有其意识和个性并包括所有人在内的"人类社会"时，对人类道德的尊崇就可能流于空谈。对于贝克而言，当人类尚未形成一个有意识和个性并包括所有人在内的"人类社会"时，我们的道德共识又将来自哪里？我们又将如何共同生活？

四　社会学何为：重新思考社会

第三波市场化已经横扫世界，它摧毁了以往两个世纪以来，人们为保卫社会而费心竭力建造起来，以反对第一波和第二波市场化的那些壁垒，被一扫而空的经由反对 19 世纪市场化的劳工运动而赢得的劳工权，以及经由国家反对 20 世纪的市场化而确保的社会权。世界再次被荡为平地。第三波市场化不仅废除了以往艰难赢得的成果，而且把商品化拓展到新的领域。20 世纪最后的 25 年，从身体到环境的自然界的商品化已经遭到恶报，在我们进入 21 世纪时汇聚了新的冲动。在第三波市场化的背后，是一个全球维度的经济阶级，其为实现自己的目标而驾取民族国家，挑起反恐战争，并且对绝望贫困的流动工人群体进行异乎寻常的剥削（布洛维，2007：58）。反对这一经济风暴的最后据点是社会本身。我们必须重新思考如何直面其对人类的威胁。

在第一现代性时期，社会置于国家之下，是民族国家定义民族社会，而不是相反。不是社会选择国家——国家负责安全，界定国家边界，制造国家管理机器，并且只允许国家机器定型和控制民族社会。由此可以得出：现实中存在不止一个社会，而是多个社会。更确切地说，民族社会与民族国家一样多。方法论国家主义也就意味着多个社会的存在。它承认以国家界定和控制边界为基础的社会的地域性理解。这种彼此划定边界的民族社会的"集装箱模式"通过国家与社会之间共同限定的原则正视并自我更新：地域性民族国家两者都是，它既是创造者，也是社会公民权利的护卫者，公民们借助国家政治党派自己组织起来，影响国家行为并授予国家行为权力。① 在此，第一现代性下社会的民族国家理念在方法论上的意义在于，国家的重要性是未经质疑的。由国家来规定和限制的社会领域被设想为这样一个领域：在这个领域中，对社会进行社会学诊断所必需的各种重要过程和条件都会被反映出来。社会学家们总在分析他们的社会时，尽可能地将他们所处的社会同其他社会进行比较，由此推出社会的一般属性。这是一个乌托邦社会学的时代，

---

① 由此，贝克在最广泛的意义上将民族国家概括为五个基本特征：（1）对内对外拥有无限的主权，而这种主权是建构在对合法暴力手段的垄断之上的；（2）其组织和运作方式体现为一种独特的官僚理性；（3）一种特殊的规范建构的原则，这一原则在很大程度上以单一的社会文化认同——民族主义——为前提与基础；（4）建筑在世袭制或选举制之上的政治统治和立法的特殊程序——或极权或民主的政治体制；（5）不断扩大的职能清单，其宗旨是尽量确保个人和集体的利益免受各种威胁（章国锋，2008）。

社会学沉湎于各种能够战胜或超越市场的法案。

随着国家为了保护社会而反对市场，一种新型的社会学得到了发展。这是一个政策社会学的时代，自主性社会学几乎很少存在。相反，社会管理的学术领域开始成长，而这是跟福利国家紧密联系在一起的。

福利国家是与个体主义相反的集体主义的产物，换言之，它从根本上否定个体化。但是，福利国家引发了一个问题：为什么即使存在福利国家，个体化还进一步深化？其实，福利国家的意外后果就是，这种集体主义的方式，使得以前不能再分割的核心家庭变得可以被分割。家庭津贴、公共养老金正是其手段。职业也是如此。一旦这种集体关系得以确立，作为个人的劳动者的权利得到认可后，劳动者就容易从集团独立。正是通过福利国家的社会政策改革，个体化才把人们从传统角色和束缚中解放出来，获得一种为自己而活的生活方式。

与此同时，全球化的兴起，对个人意味着跨国多地生活的形成（例如，多地婚姻），人们可以在不同世界的多地区生活。这就是个人生活领域中全球性的重要特征，它推动了个人生活经历的全球化。[①] 生活世界的全球化悖论表明，个体化的面孔是双重的，体现为"不确定的自由"，用两个不太恰当的词来说，即一种解放与异化作用形成的混合物。相应地，社会各部分造成的后果和爆发的问题也影响深远，使人麻木不觉。尤其是，随着民族认同的松动，国族整合也就随之崩溃了。在此背景下，曾经的社会政策解决方案正在成为问题。在现代社会，很多重大问题不能仅仅依靠民族国家解决，如核爆炸可能带来的人类灭绝、第三世界的贫困、全球规模的环境破坏等。阶级社会可以以国家为单位来组织，而面对风险社会的种种风险，最终只能在世界范围内应

---

① 贝克详细讨论了多地婚姻作为个人生活领域中全球化的突破口（贝克，2008a：76~77）。

对（Beck，1992）。这些问题不是一个国家所能解决的，它是全球性的社会问题。与此同时，这些社会风险直面个体自身，它使个体处于一种潜在的不得不持久挺立的位置。正当个体落入无意义的泥潭的同时，它们却被抬高到重塑世界的地位。政府依然在民族国家范畴内行使权力，而个体生活早已面对开放的世界社会。因而，世界社会已经成为个体生涯模式的一部分。

毫无疑问，基于以上认识，社会问题越来越被个人心理问题，如个人缺陷、愧疚感、焦虑、冲突以及紧张所困扰。吊诡的是，这带来一种新的个人与社会之间的关系。这些危机不再是在社会范畴内根深蒂固，而成了个体的危机。这也就表明，个体成为承受各种社会风险和不平等的主体。个体的自我认同从而也就出现了"存在性焦虑"和"本体性安全"问题。在此，个体自我认同的社会基础不能退回到家庭、宗族、工作等领域之中，这些传统的范畴已经消解掉了。这时，个体之间的公共联结只能来自共同的风险感知，形成一种暂时的共同情感。但是，个人的自由意志或是自由选择的能力并没有体现。换句话说，在后福利国家时代与晚期资本主义时代，我们能够找到一个立足点，可以将个体化进程所宣称的那些原则与人们期待的结果分开看待，同时又联系到通向社会解放的推动力。当然，在贝克心中，这样的立足点必然是超越阶级和地位的，同时又将个人和群体联系起来，使人们在社会和政治实践中成为具有自我意识的主体，或者个体化进程必定将社会行动和政治行动的最后堡垒一扫而光。

面对相同的社会问题，涂尔干选择了一种社会道德起源学说，而韦伯提供了一种诸神之战中的价值选择。与前者一样，贝克强调了人的不完善性，强调了道德的重要性。但贝克更加强调作为政治自由的人的选择能力，与后者一样，贝克也强调人的选择能力，但贝克更关注个体建构世界的可能性。由此，在当前社会，贝克的个体化理论更为关注的问题则是：个体重建现代人的生活的可能性。换句话说，个体化时代的社会整合何以可能？贝克将其深刻地描绘为公共生活的道德化。或许我们可以说，一方面公共社会学受到构建或保卫一个具有自主性公民社会的需要的驱动；另一方面受到一个充满活力的公民社会的推动，这个社会引发了一门参与性社会学的出现（布洛维，2007：71）。我们不能再依赖国家去包容市场，因而，社会学家必须锻造他们自身与社会的联结，也就是说，去发展公共社会学。我们不能消极地服务社会，而应当积极重新思考、保存以及建构社会（布洛维，2007：72）。

第八章 个体化及其在中国现代化进程中的命运

    个体化在中国现代化进程中的命运，是一个重要又充满争议的问题。现时代是取得了巨大成就的时代。但是从社会学和社会病理学的视角来看，这又是一个因为现代性产生而问题重重的时代，生活世界尤其如此。从西方经验来看，自现代性诞生以来，以自由、平等、博爱、公平和正义为核心的自由主义民主政治理念吸引了芸芸大众，而以科学技术、市场经济、工具理性为核心的西方普世理念更试图重建全球普世价值观。但是，早在19世纪中后期，韦伯就看到了这一现代性合理性的悖论。他着眼于文化而思考现代社会中人的生存境况。在"不知有神，也不见先知"的今天，作为个体，人如何在"价值多神"的状态下克服虚无主义而获得生命的意义和价值，实现积极意义上的自由，韦伯对此的回答很半淡："在现代社会中，人要获得个性与自由……只有每个人都找到操持他生命之弦的守护神。"（李猛，2001b：127）唯有此，一个人才能在世界上成为一个真正的人，才能成就他的人格。与韦伯一样，尼采也更为猛烈地批判现代社会中人类的"异化"处境。他宣称"上帝的死亡"，欧洲进入虚无主义的时代。

    以上这些理论观点为我们理解真实的社会处境提供了诸多可能性。基于西方历史事实，在一定程度上，个体化是现代性的产物，或者说，个体化正好反映了现代性的基本价值诉求。中华民族近代以来的历史使命就是如何实现现代化，因而，如何看待个体化在现代化进程中的命运，也是进一步深入思考如何完成社会主义现代化事业的重要问题。

任何重大政治社会思想问题都必将引起争论、批判与反思。在中国现代化的进程中，针对中国的现代化发展路径始终存在三种主要思潮。[①] 第一种看法是自由主义，又称启蒙派，这一理论相信社会发展模式存在普遍的价值选择，市场经济、自由、民主政治成为核心理念。胡适是自由主义的重要代表人物。第二种看法认为，现代化坚持一种普遍性与特殊性相结合的方式。西方的自由主义不能解决中国实际存在的问题，我们不可能将西方现存的制度模式教条式地运用于中国社会，这完全"掩盖了普遍性背后的特殊性"问题。因而，他们坚持一种马克思主义与中国特殊国情相结合的理论指导。以毛泽东为代表的中共领导人就坚持了这种理念。第三种看法认为，现代化是多重性的，每个国家都具有自身的文化传统，而不仅仅是现代与传统的"断裂"；相反，传统文化与当代社会新思想的相互吸收、消化、再创新与再阐释也是一种重要的思想源泉，像新儒家、新道家就属于此种看法。也有人将此种看法称为"文化保守主义"[②]。前面论述的三种社会思潮尽管存在差异、分歧甚至冲突，但它们都成为中国近代历史波澜壮阔的一部分，并一直延续到当下。因而，如何理解个体化，如何理解现代性，如何理解传统与现代之间的关系，以及如何看待个体命运，是中国现代化进程中无法回避的核心命题。

一 个体化与现代性

社会学是现代性的产物。自社会学诞生以来，个人与社会的关系就成为一个经典命题，并且形成了强调个人而忽视社会的

---

① 也有学者认为当代中国存在八种社会思潮。
② 许纪霖认为当代中国存在三种社会思潮：自由主义（启蒙派）、新左派（新马克思主义）、保守主义（许纪霖，1998）。

"唯名论"和强调社会而忽视个人的"唯实论"，从而构成了社会学理论中经典的二元对立论。这种二元论的社会学观点，深深地影响着个体化这一词语所承载的复杂内涵。

几乎所有社会学都有与生俱来的偏见，否认个体性与个性。对社会范畴的思考，几乎总是基于部落、宗教、阶级、团体这些术语，特别是主流社会学领域的结构—行动理论。传统社会学中的个人永远是社会中的个人，个人被置于某一社会类别之下，社会学关心的不是个人本身，而是个人的社会属性。与此同时，传统社会学又假定，少数几项社会属性是基本的，是社会分类的主要标准。这些基本的社会属性就是所谓的社会人口变项，包括职业、所得、受教育程度、性别、年龄等，而前三项又是阶级划分的主要指标。传统社会学希望所有的个人都能纳入基本的社会分类架构之中，而社会阶级便是传统社会学中最重要的基本社会分类架构。最具代表性的是马克思关于个体化的思考。他将个体化的过程和阶级的形成视为同一。如贝克所说，个体化过程只有在作为马克思所预言的阶级形成的条件的物质贫困化被克服的时候才能确立。也就是说，马克思否定了在阶级社会中产生个体化的大趋势。在贝克看来，马克思笔下的个体化主题只有在少数几个国家里发生，并且只是在最近的福利国家发展过程中才被意识到。另一位社会学家韦伯，尽管更为赞赏马克思所忽视的现代生活方式的巨大变动，但与马克思一样，他也否定了在市场社会中出现的个体化趋势。

事实上，韦伯抛弃了马克思关于阶级社会与个体的关系的论证。依照韦伯的看法，朝向个体化的趋势被基于身份的传统与亚文化的延续性和权威所阻碍。无论是马克思笔下强调的阶级社会中的个人，还是韦伯笔下基于身份制约的个人，都表达了工业社会时期，人们生活在一种结构性的现代社会之中，个人无任何自主性。贝克将工业社会的现代性称为简单现代性，抑或结构现代性，社会被视为线性系统。在其他社会学家中，作为结构功能主义的集大成者，无论是涂尔干眼中的"道德个人主义"，还是帕森斯笔下的"制度化的个人主义"，"社会结构论"始终处于整合个体的支配地位，个体始终受到来自外部的束缚和压力，个体没有自主性与能动性。正是在这种背景之下，哈贝马斯在反对涂尔干、帕森斯的线性理论和帕森斯式社会学的基础之上，试图在否定社会结构的基础之上，通过沟通行动来建构线性的社会系统。在贝克看来，哈贝马斯行动线性的另一面表现为涂尔干、帕森斯的系统线性。

由此，贝克从社会结构层面批评了哈贝马斯的行动线性论。在当前的风险社会的自我概念中，社会具有自反性，也就是说，社会成为自身的一个主题和问题。风险的范畴代替了理性个体的线性逻辑。人们的反思性判断总是不确定的，有风险的，但同时也向革新敞开了大门。这明显不同于哈贝马斯所刻画的沟通理性观念。另外，从个人主义立场出发，贝克批评了涂尔干的道德个人主义（渠敬东，1999）、帕森斯的制度化的个人主义，因为这些僵化的个体化观念忽视了在社会结构变迁背景下新的文化观念的形成。在贝克看来，在个体化进程中，个体会确立自主的合法性，即一种"为自己而活"的选择性人生；与此同时，一种新的社会伦理将会形成一种"我们感"，即"利他个体主义"。这二者看似矛盾，实则有内在的、实质性的关联。

与此同时，贝克批判了以新自由主义为代表的自由市场个体观念。占支配地位的新自由主义描绘了自由主义政治思想、理性选择理论和经济学理论等理论假设（Clarke，2004）。它假设独立的个人是理性的、追求物质财富的自利的人，个体能够把握其生活的全部，从而排斥公众或社会干预他们的生活。这一模式等同于个体与自由，后者被认为是人们的生活没有外界的干扰。贝克对新自由主义的批判经验和理论中得到了批判理论、女性主义、后殖民研究和后结构主义的支持（Weedon，1997）。包括对殖民统治的前任和现任者的权利主张，男同性恋者和女同性恋者，残疾人，受国家救助的人和妇女等，这些个体并不认为自己是一个自足的个体，也没有反对接受来自外部的集体机构的帮助，而是试着去了解如何通过公共干预措施和组织来增强传统上被边缘化的社会阶层成员的自主性和自我决定的能力。与此同时，这种观念与工作、家庭、本地社区诸领域中的日常经验明显不符。众多的经验表明，个体并非单子，也不是自足的，而是与他人的联系越来越多，包括全球网络层面和制度层面的联系（贝克，2011a：30）。自足这一个体观念，最终意味着一切义务的消失，这也是新自由主义必然危及西方福利国家的缘故。

综上所述，贝克（2011a：20）认为，应该把社会科学意义上的"个体化"与新自由主义的个体化区别开来。社会学的主要理论家已经改变了一种基本观念，即个体化是复杂、偶然因而也是高水平的社会化的产物。尽管他们对个体化的叙述差别很大，有的人略为乐观，很多人略带悲观；尽管有的人认为个体化对社会或个体性本身有害，但他们的观点贯穿着一条主线，即个体化：①是高度分化社会的结构特征；②不仅不会危及社会的整合，反而是实现整合的条件。人的主体性所释放出来的个人创造力，被认为是社会在急剧变迁状态下进行革新的空间。坦白说，在高度现代性下，共同体和相互关系的维持，不再是依赖稳固的传统，而是一种吊诡的个体化的集体性过程（collectivity of reciprocal individualization）（杨君，2014a）。

二 个体化的合法性危机

贝克所讲的个体化在于维护一种个体范畴及成为个体之过程的观念。从霍布斯开始确立，被密尔、斯宾塞和自由主义正统重塑成我们这个世界之意见的那种传统，被埃利亚斯打破了，他用"of"取代了"and"和"versus"。如此一来，他就把话语从对固着在自由和支配之间的争论转向了对"交互观念"的想象：社会形塑了成员的个性，个体则在他们通过交往编织成的相互依存之网中，采取合理、可行的策略，用他们的生活行动造就社会。这种观念既与撒切尔夫人、里根、老布什所主张的占有式、自我本位主义的个体主义明显不同，也与当代全球自由市场的自由主义明显不同。也许更为重要的是，这种关于个体范畴的观念，甚至与启蒙运动中伦理的、利他的个体主义也截然不同。启蒙个体主义，更多的是"作为个体"，而非成为个体。这是因为启蒙个体主义发端于贝克所谓的"简单现代性"，而个体化理论属于"自反性现代性"现象。

贝克自反性现代化下的个体特征，用卡斯特的话来说，即包含一种流动的逻辑。贝克关于意外后果、永不完备的知识、没有非理性只有永不确定的合理性概念等观念，与流动的逻辑十分契合。第二现代性下的个体自由和政治自由的核心，并非选择的自由，而是要认识到自我本身从根本上说是不完善的，这是个体成为个体的观念过程。

个体化问题是一种正在实践的"自我文化"的展现，这既可能成功，也可能失败。个体的当前命运正处在"失范"与"自治"的交叉路口，退一步可能成为没有社会依托的"失范"性个体，而进一步可能成为民主国家的道德灵魂。它一方面让获得解放的人按自己的方式生活，另一方面又促使人们与他人建立情感关系。这种情感关系的建立就是一种对于爱的阐释，是彻底超越个人局限性而通过他人找到自我这样一种观念意义上的爱（贝克、威尔姆斯，2002：73）。同时，伴随着个体化文化，即日常文化的个体化，会出现一种新的宗教狂热，可能是一种无神论的、世俗化的宗教。它与"经济人"观念相反，会放弃自我人生设计的组成部分，试图要求与他人达成深层的一致，借此告别经济理性，同时也放弃个人自我。

因而，个体化文化就不是一种新自由主义的企业家形象（贝克、威尔姆斯，2002：75～76），而是指它发展了社会联系的感受能力，把个体化当作重新创造和调整社会性的一种强制、需要、任务和历险来理解。具体表现为：

> 人有设计自己的生活的计划，并竭力顶住来自各方面的要求，捍卫自己的计划；同时，这些人很愿意替他人着想，理解他人的需求，以至于他们只能在同他人的交往网络中安排自己的生活。这些人不仅是自己的生活的编织者，也是交往网络的建造者。他们几乎可以说是自身的经营者，也是社会的经营者，只有不断地同他人进行协调，才能真正实现自己的生活设想。因此，从这种意义上说，按自己的方式生活，也就意味着采取社会的生活方式，而且，人们在这样做的时候较以前更加自觉。（贝克、威尔姆斯，2002：77）

贝克将此描述为：坚持利己主义价值、追求前程、自我实现等的人，同时，不仅高度评价团体活动，而且会拿出大部分时间来帮助他人。这是一种既注重利己又乐于帮助他人的文化观念。贝克将此称为利他个人主义，或合作主义的利己主义（贝克、威尔姆斯，2002：78）。针对这种新利他个人主义精神，贝克一再引用美国社会学家伍斯诺的研究，对于美国人将自我实现与团结助人联系起来的做法颇为赞赏。伍斯诺的研究挑战了那种认为我们的社会是一个"自私社会"的观念。他的研究表明，超过75%的美国人认为，个人自由、职业成功与热心公益、关心他人同等重要，二者非但不矛盾，还彼此相融，相互强化（贝克、威尔姆斯，2002：77～78）。个体化文化同样也发展出了利他主义伦理。进一步来说，这种新的社会伦理是个人利益主义设计的结果，这种个人主义象征着已经出现了的一代人和一种文化，他们敢于进行尝试，重新调整个人主义和社会道德的关系，寻求把个人自愿同帮助他人的行为联系起来的途径。

毋庸赘言，"利他主义伦理"就是贝克笔下描绘的既"为自己而活"也"为他人而活"的道德个人主义。用贝克的话来说，新的伦理将会形成一种"我们感"，这种"我们感"类似于某种合作个体主义或利他个体主义。既为自己打算又为他人而活，这二者看似矛盾，实际上具有内在的关联性（贝克，2011a：246）。但也正是在此问题上，贝克的个体化命题产生了至少三个悖论。

第一个悖论可被称为个体化命题的普遍主义迷思。贝克的个体化理论建立在两个前提下，在理论层面上，它声称与新自由主义对立，并暗地里反对自由主义和古典个体主义；在社会层面上，它是在文化民主、福利国家和古典个体主义背景下来界定个体化进程的。也就是说，贝克个体化这一欧洲模式，是指资本主义市场中的工具关系在后福利国家中运转，引发了个体化进程，文化民主观念已经渗入该过程中。这种说法对于中国的个体化进程而言并不成立。中国既没有文化嵌入的民主，也没有福利国家，此外，与欧洲的个体化不同，中国的个体化并未从制度上建立一个基本权利系统（家庭法和劳动法等）。

第二个悖论可被称为道德共识危机与虚无主义。贝克笔下刻画的个体化图景是西欧20世纪80年代最新的社会发展动向，深刻地描绘了当代人的生活境况。他用一种结构性的语言，将哲学家对于自由将给人带来的辩证性后果形象化了（熊万胜，2012）。随着个体自由的发展，个体越来越受到自由之累，空有自由之身，渐成孤立之人，反而丧失了自主的能力。个体在获得一种"为自己而活"的新生活风格的同时，也不得不处理来自系统和社会的矛盾。这带来了一种新的个人与社会之间的关系。这些社会风险和危机不再存在于社会范畴内，而成了个体的危机。这也就表明个体成为承受各种社会风险和不平等的主体。个体的自我认同也就出现了"存在性焦虑"和"本体性安全"问题。在此，如果个体自我认同的社会基础，诸如国家、家庭、组织等社会团体已经消失，个体的身份认同极易陷入孤独的虚无主义之中，也难以建立基于共识的道德社会。"孤独的人群"（里斯曼，2002），"公共人的衰落"（桑内特，2008），"逃避自由"（弗洛姆，2002），"空虚时代"（利波维茨基，2007），正是个体化虚无主义价值危机的深刻体现。

第三个悖论可被称为历史性与普遍性之间的张力。在贝克的著作中都有体现，《个体化》和《自己的上帝》之间就存在这种历史主义和普遍主义的冲突。一方面，贝克相信个体化是西欧社会发展到特定阶段的历史性特征，"为自己而活"是习俗、道德观点和生活方式的自我文化新体现；另一方面，他又试图通过社会伦理来化解个人与社会、私人利益与公共利益之间的对立，建立一个普遍而永恒的标准，重新实现社会整合。不过，他没有明确意识到这种张力的存在。用涂尔干（2006：159）的话来说，贝克的这种设想是把人既作为信徒又作为上帝，彻底将人神圣化了。在涂尔干的时代，道德社会的重建依然可以提供给人安全和温暖。可是，在贝克身处的时代，涂尔干意义上的民族、国家、家庭等社会团体都已消失殆尽了，人们寻求身份认同的根基根本就不存在了。尤其是，随着个体化进程迈向世界化，个体化对公民身份与基于公民身份的政治提出了更为严峻的挑战（李荣荣，2011），从而个体化的历史性与普遍性之间的悖论就更加凸显了。

随着对个体化命题研究的不断深入，西方社会经验揭示了这一极具讽刺性的现实画面。也许最确凿的一个实证研究当属德国社会学家科勒（Kohler，2005）的著作，他验证了个体化主题的"超阶级"假说。科勒使用来自28个国家的实证数据，检验了垂直社会地位的不一致性是否有所增加以及社会阶层对个体日常生活的影响是否有所减少。证据表明，个体的生活并没有脱离社会结构，相反，在不断依赖各种社会集体资源。与此同时，另一些学者几乎表达了类似的观点，个人的社会机会仍然强烈地嵌入社会结构中，反过来对于个人的位置来说仍然是一个中肯的预测。① 这些实证研究表明贝克笔下描绘的个体化命题具有鲜明的局限性，在生活世界面前也显得苍白无力和充满讽刺意味。基于这一认识，事实上，个体化理论试图将福利国家、民主文化和个人主义的文化传统移植到现代人的自我生活之中，重新实现社会整合的做法，以及它所包含的普遍主义价值的倾向，不仅无助于建构合理的社会思想，而且也成为教条主义认识的来源。

三 个体化在中国现代化进程中的命运

贝克笔下的个体化命题是西方个人主义价值观的重要内容，它作为一项事业并没有完成和终结。之所以这样讲，有两个原因。第一个原因是，鲍曼所期盼的个体自主性②依然没有建立，吉登斯理想的自我认同③的实现还没有完成，哈贝马斯所说的通

---

① 在这里，值得注意的是，无论是个体化研究方法还是实证研究方法都明显存在文化差异。考虑到研究这个主题的长久传统和当代个体化研究者的关键缘起，赘述德国的研究也不足为奇。例如，贝克的著作更早以德语发表，而后才翻译成英语。其他人也观察到德国和美国的社会学在个体化解释上存在差异。毫无疑问，这不仅是因为学科文化的差异，也因为有着广泛的社会、文化和制度上的差异。德国的辩论更侧重于去标准化的生命历程，是与个人相关的福利国家角色和社会不平等的产物。相比之下，美国文献经常关注安全的丧失和个人主义对社区和社会凝聚力的有害影响（Wohlrab‒Sahr，2003：23‒26）。这种关注点的对比，在很大程度上反映了这些社会真实的语境差异。例如，在德国，福利国家和阶级、教育和文凭的影响由于高度标准化、分层、教育和就业系统不同而具有不同的意义。然而，在非升学主义或去标准化或系统更自由的社会，比如美国和英国，阶级、文凭和福利国家无疑起着更小的作用。

② 对于鲍曼来说，"个体化"指的是人们身份从"承受者"到"责任者"的转型，和使行动者承担完成任务的责任，并对他们行为的后果（也就是副作用）负责。换句话说，个体化存在于自治的建立之中，而不管事实上的自治是否已经很好地建立起来（鲍曼，2002a：49）。

③ 吉登斯所讲的个体化在笔者看来更像是一种可以灵活变动的结构，吉登斯反复提到了解放政治（emancipatory politics）与生活政治（life politics），他认为个体化的进程与生活政治紧密联系在一起，选择、自我实现是个体化的核心内容（Giddens，1991）。

过沟通理性设想主体间的社会联结还很遥远。① 与此同时，个体化命题依然不断处于批判、反思和修正之中。第二个原因是，个体化作为现代化事业的一部分，只要现代化的任务还没完成，它对于非西方社会的传播价值就还没有结束。只要我们认定从农业社会向现代工业社会的转型是世界各国发展的必由之路，那么破除阻碍现代化的一些传统观念和行为方式，培养适应现代化要求的新观念和行为方式，就是非西方各国不得不完成的一项历史任务（马德普，2014）。只要诸多非西方国家还没有完成现代化的任务，那么，个体化命题依然是现代各民族国家建立富强、民主、和谐的社会的核心价值观念。

理解中国个体化的关键在于看到它是中国追寻现代性的一种特殊策略或方式。这是因为，中华民族 100 多年的历史任务就是实现民族独立、国家富强，重建一个现代性的国家。重建国家的任务不只是传统上的维持稳定，传统国家的唯一任务就是治平天下，没有发展的任务，而一个现代国家既要有治平，又要有发展（曹锦清等，2014a）。正是在这种背景下，中国个体化命题一开始就表现出比西方更加复杂的局面。因而，中国的个体化命题发展的社会基础和依凭的社会条件就更具复杂性和差异性，也呈现不同的发展路径。

事实上，在传统中国社会，只有作为道德主体和伦常关系载体的个人，并没有作为权利主体和社会组织基本单位的个人（金观涛、刘青峰，2010：156）。换句话说，从来没有将个人看成独立的个体；人被定义成一种社会存在。19 世纪晚期，当中华民族受到西方帝国主义列强侵略之后，觉醒的知识分子开始思考民族

---

① 哈贝马斯认为，主体所承担的独立行为能力不是自己偏好所控制的理性选择，而是一些其他的东西；主体所必须承担的是一种道德反思和存在的自反反思；不接受他者的视角，才能在个体中形成一种新的社会整合。要想彼此承认对方是具有行为能力的自律主体，并且是永远能够对自己的生活历史负责的主体，参与者就必须自己创造其社会整合的生活方式（哈贝马斯，2004：220）。

救亡图存的问题，进一步讲，他们也开始反思传统文化与现代国家的关系。由此，个人与集体之间的关系，随着对国家认同的探讨以及公民角色和概念的重要性的出现，变成了 20 世纪早期知识分子讨论的中心话题。① 也正是因为如此，严复②、胡适、梁启超③等知识分子才引进西方的自由主义和个人主义等社会思想，为挽救民族存亡而呕心沥血。由此，民族就被看作新的集体单位，使得知识分子开始寻找将个人从先前的与儒家传统相关的社会类别和态度中抽离出来的方法，比如说家庭关系伦理，并开始设想将中国个人作为公民整合进民族国家命运的趋势中。在思想解放的过程中，通过个人的自治，个人同时与民族国家的抱负紧密相连。个人通过团体作为民族国家的附庸，要求人们能够自治自律，这不仅是中国现代化和个体化早期表现出来的特点，事实上，也是 20 世纪一二十年代的社会政治困境。也正是在此背景

---

① 诸多学者指出了同样的看法。

② 严复对进化论、自由主义、经济和社会学方面重要的翻译作品，是 19 世纪末和 20 世纪初西方对中国影响最大的来源。严复翻译了托马斯·赫胥黎的《天演论》、亚当·斯密的《原富》（《国富论》）、约翰·穆勒的《群己权界论》（《论自由》）、赫伯特·斯宾塞的《群学肄言》（《社会学研究方法》）和穆勒的《穆勒名学》（《形式逻辑》），这些作品随后成为像梁启超这样的自由派知识分子和学者的灵感来源。

③ 梁启超成为为挽救民族危机寻找出路的知识分子的代表人物。在早期阶段，梁启超强调个人的自由、自治和独立，而较少关注中国的实际问题。在中期阶段，他放弃了以卢梭为代表的西方自由观，转而思考个体如何挽救民族问题。在后期阶段，梁启超对个人力量所构建的公民国家失去了信心，他更加关注个体如何从国家主义中获得政治灵感。梁启超对中国个体的研究，主要引用了西方哲学意义上"自由"这个词。在政治意义上，西方话语中的自由代表自主性和自我治理。而"自由"这个词在梁启超的使用中充满了矛盾，一方面，他强调个人的自由与独立；另一方面，他又关注个人作为其中一员的团体的进化和力量。在某种程度上讲，梁启超试图把个体从社会中解放出来，同时，为了增强中国的力量，挽救民族的存亡，他又渴望广大的中国公民能够将国家的安危留存于自己的心中，进而形成一种具有自我奉献、自我牺牲的精神。按照康德的话说，个体的自主性是一种受限制的自由，也是指导道德的自制法。梁启超认为个体自由也受到道德的限制，道德能够把个人与集体结合在一起，从而保证个体的自由（贺美德、鲁纳，2011：221 ~ 235）。

下，个体化理念充斥着我们所熟悉的关于个人自治与自由的价值的论断。其实，这一时期的个体化乃是在社会利益最大化条件下妥协国家利益的"利他个人主义的个人"①。这表明，在 20 世纪早期阶段，当代中国人的个人观念是一种不同于西方的个人观念，我们称它为一种常识的个人观。与西方个人观念的最大不同在于：权利不再是个人观念不可或缺的核心，或者说个人不是用权利主体来界定的（金观涛、刘青峰，2010：168～173）。

以贝克的个体化命题中的脱狱、去传统化与再嵌入的三重标准来看，新中国成立以来，中国的个体化进程经历了两次转型。第一次转型是指计划经济时代的集体化生活。在这一阶段，国家将个人从个体—祖先的轴线上抽离出来而嵌入个体—党和国家的轴线上。具体来说，在集体化的建构过程中，个体化进程在农村表现为公社、小队等体系。农业合作化中女性走出家庭参加集体劳动并非真正的从所谓的私人领域进入公共领域，这一过程是从一种文化状态进入另一种被支配的状态，是从家庭与宗族的附属品成为集体与国家的工具过程（郭于华，2011：151）。而在城市中生活的个体完全依赖于单位制度。所有的单位都有一定的行政级别或隶属于某一个政府部门，并有一体化的党组织的领导；具有一套职工福利保障制度；单位对职工（劳动者）具有控制的权力，职工无法随意选择或离开自己的工作单位（卢汉龙，1992）。中国存在的这种职工和单位之间的人身依附关系的单位现象形成了"组织化的依赖性"结构（Walder，1986）。在计划经济时代的后期，中国人的个体性、独立性与欲望在一定程度上既被削弱也被增强，至于是削弱还是增强则要看是什么方面。在传统中国

---

① 在周策纵看来，这种个人解放的潮流并不等同于西方所宣扬的个人主义，自由主义的意义也与西方所倡导的有所不同。对于救国的目的来说，许多中国年轻的改革者认为个人解放和维护个人权利相差不大。"五四"时期虽然比以往任何时候都更重视个人价值和独断的意义，但又强调了个人对于社会和国家所负的责任（Chow，1960：360）。

社会，个人与社会的关系始终处于次要地位，集体化时期也是如此。但是，国家依然成为个人归属的最强大也是最终的实体。在此，个体—社会—国家关系的转变就可以概括为部分的和集体式的个体化，而这也恰好是中国现代化事业的一部分。

个体化的第二次转型是指个人从集体中"脱域"出来，这次社会不再强迫个体进入某个体系，而是指明个体如何生活（沈奕斐，2013：28）。在集体化时期，年轻人在私人生活中获得了越来越多的独立性，同时在公众生活中却完全依赖于集体和国家。改革开放之后，国家卸下了曾经承担的很多责任，迫使个人自我依赖、积极竞争，并从集体化生活体系中解脱出来。在新经济条件下，人们从旧传统、旧结构中解脱；在获得更多经济自主性的同时，亦能获得经济之外的自主。代际关系的平等化、恋爱自由化、两性关系的互动化、生育观念的现实化等私人生活方式的变革，都充分表明了当前社会个体的崛起和家庭结构的个体化（阎云翔，2009，2012）。对于家庭的存在而言，家庭不再是个体的目的，而成为个体追求自身发展的途径和平台。就对家庭的认同而言，个体不再努力形成一种认同，而是各自保持独立的家庭认同。这一特点具体表现为个体化的日常生活（文军，2012）、"个体家庭"（沈奕斐，2013）的崛起以及农民"过日子"的生活哲学（吴飞，2007）。与此同时，国家的突然撤出留下了巨大的社会与道德真空。在一些人获得一种"为自己而活"的生活时，道德真空也被铺天盖地的消费主义以及发达资本主义社会中其他实用主义价值填补。

基于以上认识，党和国家不仅在引导着个体化的潮流，而且在管理个人、市场、社会团体、公共机构，以及近年来的全球资本主义等各方面的互动中起着核心作用。在由国家管理的个体化中，个人依然是实现现代化的手段。这与关于个人的传统定义完全吻合，即个人总是服从更大的集体，不论那个集体是指家庭、祖先还是民族国家。其结果是，中国的个体化核心是个体与国家之间的关系变迁，而不是贝克笔下所描绘的西欧社会的个人与社会关系的范畴转型（贝克，2011b：235）。

四 个体化在中国社会的意义

不难看出，个体化理论的深层内涵在于阐释个人的生命意义如何可能这一伦理学命题。在一切形而上学的问题之中，人生意义问题，即人为什么活着的问题，是最具形而上学意义的问题。这就是说，人生意义并无终极答案。在俄国文学家普利汉诺夫看来，当一个社会的各个阶层，尤其是底层的头脑都提出"人为什么活着"的问题时，表明社会结构已经发生重大的转变，各社会阶层都先后脱离原有的生活轨道而置身于一个陌生的社会环境之内，故而发生"人为什么活着"或"生活意义在哪里"这一令人焦虑的永无终极答案的大问题（普利汉诺夫，1983）。在西方社会，关于"人为什么活着"的问题，从前是由基督教会承担的使命，教育人们按上帝的意图而生活。政治国家只保障一切公民的生活、财产与安全，人生意义问题即"信仰自由"。关于人生意义中的另一大问题，即怎样生活的问题，启蒙学者建议用法律去解决。在市民社会中，每个人追求自己的最大利益，那么如何减少或避免各个竞争着的个人之间的相互冲突与矛盾呢？他们用法律规定一切人的平等权利。所谓人权，无非上升为法律的普遍的个人利益。分清彼此之间的利益，得到个人应该得到的那一份个人权利，此为正义。所以，个人主义的社会只能是一个法治社会，而不是一个道德社会。贝克依然延续了个体生命意义这一重要命题，他用社会学的方式做了极富道德色彩的回答：利他个体化主义。

在西方诸多关于个体化命题的讨论中，我们看到了"自足的个人""自私自利的个人""理性的个人"等角色。无论是从政治、经济还是从文化上，都描写出了个体的诸多形象。个体被赋予了重建社会秩序的力量。或者说，这也是西方话语中关于民主、自由、权利等政治观念的集中体现。但与此不同的是，在福利国家、民主文化以及个人主义背景下，贝克用一种结构性的语言，将哲学家对于自由将给人带来的辩证性后果形象化了（熊万胜，2012）。随着个体自由的发展，个体越来越受到自由之累，空有自由之身，渐成孤立之人，反而丧失了自主的能力。个体在获得一种"为自己而活"的新生活方式的同时，也不得不处理来自系统和社会的矛盾。这带来了一种新的个人与社会之间的关系。这些社会风险和危机不再存在于社会范畴内，而成了个体的危机。正是社会上这些不确定的存在，使个体具有一种自反性的特质。贝克描述了新一代人的人生态度："自由之子实践着一种尚处在探索、实验阶段的道德，后者可以把看似互不相容的东西弥合起来：自我主义与利他主义，自我实现与出于同情而关照他人，以及把自我实现当成关照他人的途径。"（贝克，2011a：186）在个人与个人、个人与国家、个人与社会之间存在一座连接的桥梁。在贝克看来，在旧有价值体系下，自我往往不得不服从集体模式，如今这些新的模式则类似于某种合作个体主义或利他个人主义（贝克，2011a：246）。

贝克从个体的道德心这一层面论述了"利他个人主义"。由于他忽视了每个国家社会结构、制度之间的差异性与特殊性，这必然带有一种乌托邦式的社会幻想。从某种程度上讲，中国的个体化命题也体现了某些个人主义特征。但中国式的个人"利他主义"被理解为紧紧依附在对国家与集体的责任感之上。而这些古老思想的形成可以追溯到战国和秦汉时期。个人的成功与幸福完全依赖于国家的繁荣与和谐，这一观念已经深深地贯穿在中国的国家和政治哲学中，后者被称为儒家思想。这种哲学传统将个人定义为不可避免的社会种属，尽可能用团体和社会去定义个人的职责。尽管有人认为儒家思想的某些基本观点涉及与个体类似的观点，但仍然有人认为在传统中国我们是无法找到非常清晰的关于人基本平等、人的尊严和个人对自己坚定不移的自治的观点。从中国的现代化进程来看，无论是 20 世纪早期知识分子讨论个人自治和自由的问题，还是集体化时代的妇女走出家庭的自主生活，他们的思想框架总是深深地受到以国家为中心的思想传统的影响。

在传统年代，"我"是集体的"我们"的一部分，"我"属于家族或是工作单位，"我们"的未来不管是过去、现在还是将来，它总是有明确的方向，所以"我"很容易说出"我们"的集体性认同（主体）、"我们"的意图和行动（主体地位），以及"我们"的自我意识（主体性）。然而，在社会发生根本转变的现代社会，由于种种社会、文化和历史力量的相互作用，"我"在本质上发生了断裂，变成了"非我"，笔者称之为"自我的他性"（康敏，2005）。市场经济条件下的个体化打破了社会结构主义的视角，而是关注更为深层的价值观问题。这个价值观不是一般事物、行为和选择目标的评价标准，而是涉及人们判断自己"为什么活着"的根本价值理念。市场经济的进入，人们彻底理性化，传统的价值观被现代性的逻辑解构和重构，从而使得人们缺乏历史感，使一直构成人们安身立命基础的家庭功能丧失，最终导致人们的传统意义系统瓦解，这也是日常生活出现"伦理性危机"的根源（贺雪峰，2009）。正如阎云翔所认为的那样，在市场经济情境下，私人生活变革带来了价值观的巨大变化——"无功德的人"的诞生。这一概念表明，在集体化终结之后，社会呈现为既没有传统也没有社会主义道德观的状态，非集体化之后的农村出现了道德与意识形态的真空。

每一个中国人都面临安身立命的问题，这既是一个理论命题，又是一个鲜活的经验问题（杨华，2012）。个体、家庭、社会组织是不能赋予个体以意义的，个体只有到家庭、社会组织等更大的世界中去体验生活意义，这个意义就是归属体系（杨华，2012：337~338）。而意义世界最核心的问题是公共性问题。

　　平心而论，一个向来缺乏超世俗信仰的民族是需要一个世俗中心的，这个世俗中心从理论上说只能是国家和人民。作为全体公民政治组织形式的国家，应该是全体公民认同的唯一对象。正如金耀基所认为的那样，儒家从来没有将个人看成独立的个体；个体是被定义为一种社会存在的（贺美德、鲁纳，2011：217）。仅凭这一点，就可以推翻简单地使用西方的个人主义和集体主义等理论来解释中国社会的现象。中国社会的个体化表明个体自由不是那种为了捍卫自己的个人生存而采取的行动自由，而是一种把集体、组织、民族、国家、团体的生存和利益作为目的的有限的个人自由。这表明中国人具有大局观，总是以尊重他人为前提，与此同时，这种观念又是以"自我"为中心的。正如梁启超所说，中国人主要关注"仁"，而西方人主要关注"义"；"仁"是以关心他人为前提的，"义"注重的是关注自己（贺美德、鲁纳，2011：223）。

　　回首过往，中华民族实现了近代以来的民族独立、国家富强，实行追赶战略，赶超西方，也使得我们一直处于批判传统和仰视西方的尴尬处境。如今，在中国逐渐迈向世界强国的步伐中，我们基本实现了小康社会。我们不再仰视西方，而是在吸收优秀传统文化的道路上昂首阔步向前，继续追寻伟大的历史使命。也正是在此时，我们应该从中国传统文化中汲取资源，重构价值信仰，为中国人寻找一个确定的安身立命之所。这也许就是个体化命题赋予今日中国最大的意义和启示。

参考文献

阿伦特，2005，《人的境况》，王寅丽译，上海：上海人民出版社。

埃利亚斯，2003，《个体的社会》，翟三江、陆兴华译，上海：译林出版社。

鲍曼，2002a，《流动的现代性》，欧阳景根译，上海：上海三联书店。

鲍曼，2002b，《现代性与大屠杀》，杨渝东、史建华译，上海：译林出版社。

鲍曼，2005，《被围困的社会》，郇建立译，南京：江苏人民出版社。

贝格尔，1991，《神圣的帷幕：宗教社会学理论之要素》，高师宁译，上海：上海人民出版社。

贝克，2004a，《风险社会》，何博闻译，上海：译林出版社。

贝克，2004b，《全球化时代的权力与反权力》，蒋仁祥、胡颐译，桂林：广西师范大学出版社。

贝克，2005，《风险社会政治学》，刘宁宁、沈天霄译，《马克思主义与现实》第 3 期。

贝克，2007，《世界主义社会学的涵义》，《社会科学报》9 月 13 日。

贝克，2008a，《什么是世界主义?》，章国锋译，《马克思主义与现实》第 2 期。

贝克，2008b，《什么是全球化? 全球主义的曲解：应对全球化》，吴志成、常和芳译，上海：华东师范大学出版社。

贝克，2008c，《世界主义的观点：战争即和平》，薛晓源、杨祖群译，上海：华东师范大学出版社。

贝克，2011a，《个体化》，李荣山、范譞、张惠强译，北京：北京大学出版社。

贝克，2011b，《社会学的世界主义时刻》，《中国社会科学报》8月11日。

贝克、邓正来、沈国麟，2010，《风险社会与中国：与德国社会学家乌尔里希·贝克的对话》，《社会学研究》第5期。

贝克、格兰德，2008，《世界主义的欧洲：第二次现代性的社会与政治》，章国锋译，上海：华东师范大学出版社。

贝克、吉登斯、拉什，2001，《自反性现代化》，赵文书译，北京：商务印书馆。

贝克、施茨纳德、温特，2012，《全球的美国：全球化的文化后果》，刘倩、杨子彦译，开封：河南大学出版社。

贝克、威尔姆斯，2002，《自由与资本主义——与著名社会学家乌尔里希·贝克对话》，路国林译，杭州：浙江人民出版社。

贝克、约斯特，2005，《风险社会及其超越：社会学理论的关键议题》，赵延东译，北京：北京大学出版社。

贝拉、罗伯特，2007，《美国的公民宗教》，陈勇译，载《原道》（第十三辑）。

贝拉、马德逊、沙利文、斯威德勒、蒂普顿，1991，《心灵的习性：美国人生活中的个人主义和公共责任》，翟宏彪、周穗明、翁寒松译，北京：生活·读书·新知三联书店。

布克哈特，1979，《意大利文艺复兴时期的文化》，何新译，北京：商务印书馆。

布洛维，2007，《公共社会学》，沈原等译，北京：社会科学文献出版社。

曹锦清等，2014a，《当代浙北乡村的社会文化变迁》，上海：上海人民出版社。

曹锦清等，2014b，《中国崛起时代的学术立场问题》，http://www.aisixiang.com/data/46118.html。

陈家刚，2006，《风险社会与协商民主》，《马克思主义与现实》第 3 期。

陈秀娟，2009，《多维视野中的当代世界主义研究》，博士学位论文，山东大学。

陈忠，2006，《风险社会：知识与实在——贝克风险论的知识问题与历史超越》，《马克思主义研究》第 7 期。

陈忠，2007，《风险社会与异化劳动：贝克的异化生产观及其历史超越》，《山东社会科学》第 5 期。

陈忠，2009，《风险社会与发展伦理的辩证逻辑》，《东岳论丛》第 5 期。

成伯清，2007，《风险社会视角下的社会问题》，《南京大学学报》（哲学·人文科学·社会科学版）第 2 期。

楚德江，2010，《风险社会的治理困境与政府选择》，《华中科技大学学报》（社会科学版）第 4 期。

崔德华，2008，《西方风险社会理论及其对我国构建社会主义和谐社会的启示》，博士学位论文，山东大学。

道格拉斯，1994，《后现代理论——批判性的质疑》，张志斌译，台北：巨流出版社。

迪蒙，2014，《论个体主义：人类学视野中的现代意识形态》，桂裕芳译，上海：译林出版社。

丁宏，2006，《全球化、全球治理与国际非政府组织》，《世界经济与政治论坛》第 6 期。

东岛诚，1995，《公共性》，《日本史研究》第 391 号。

费迪南·滕尼斯，2010，《共同体与社会》，林荣远译，北京：商务印书馆。

费孝通，2012，《乡土中国》，北京：北京大学出版社。

冯必扬，2004，《社会风险：视角、内涵与成因》，《天津社会科学》第 2 期。

弗洛姆，2002，《逃避自由》，刘林海译，北京：国际文化出版公司。

福山，2003，《历史的终结及最后之人》，陈高华译，北京：中国社会科学出版社。

贡斯当，1998，《古代人的自由与现代人的自由之比较》，载刘军宁、王焱编《自由与社群》，北京：生活·读书·新知三联书店。

沟口雄三，2011，《中国的公与私》，郑静、孙歌译，北京：生活·读书·新知三联书店。

桂华，2014，《重新恢复中国家庭的神圣性》，《文化纵横》第 1 期。

郭台辉，2009，《三种新政治观的共识与差异》，《社会》第 3 期。

郭于华，2011，《倾听底层：我们如何讲述苦难》，桂林：广西师范大学出版社。

哈贝马斯，1999，《公共领域的结构转型》，曹卫东等译，上海：学林出版社。

哈贝马斯，2004，《后形而上学思想》，曹卫东等译，上海：译林出版社。

哈贝马斯，2008，《现代性的哲学话语》，刘东译，上海：译林出版社。

哈贝马斯，2012，《后形而上学思想》，曹卫东等译，上海：译林出版社。

海涅，2002，《海涅文集》（批评卷），张玉书译，北京：人民文学出版社。

何小勇，2010，《当代西方风险理论主要流派评析》，《天府新论》第 4 期。

贺美德、鲁纳，2011，《"自我"中国：现代中国社会中个体的崛起》，许烨芳等译，上海：上海译文出版社。

贺雪峰，2008，《什么农村，什么问题》，北京：法律出版社。

贺雪峰，2009，《"农民价值观的类型及相互关系"——对当前中国农村严重伦理性危机的探讨》，《开放时代》第3期。

黑格尔，1961，《法哲学原理》，范扬、张企泰译，北京：商务印书馆。

亨廷顿，1998，《文明的冲突与重建世界秩序》，周琪等译，北京：新华出版社。

黄庆桥，2004，《浅析风险社会理论及其现实意义》，《社会》第3期。

黄瑞祺，2000，《现代与后现代》，台北：巨流出版社。

霍耐特，2005，《为承认而斗争》，胡继华译，上海：上海人民出版社。

吉登斯，2000，《现代性的后果》，田禾译，上海：译林出版社。

汲喆，2011，《论公民宗教》，《社会学研究》第1期。

杰瑞·伯格，2014，《人格心理学》，陈会昌译，北京：中国轻工业出版社。

金观涛、刘青峰，2010，《观念史研究：中国现代重要政治术语的形成》，北京：法律出版社。

康德，1997，《什么是启蒙运动》，何兆武译，北京：商务印书馆。

康敏，2005，《民族志与"我"和"我的叙述"——以刘新〈自我的他性：当代中国的自我的谱系〉为例》，《思想战线》第1期。

库恩，2003，《科学革命的结构》，金吾伦、胡新和译，北京：北京大学出版社。

拉什，2002，《风险社会与风险文化》，王武龙编译，《马克思主义与现实》第4期。

莱昂，2004，《后现代性》，郭为桂译，长春：吉林大学出版社。

李建华，2004，《风险社会中的伦理秩序》，《中国人民大学学报》第6期。

李路路，2004，《社会变迁风险与社会控制》，《中国人民大学学报》第 2 期。

李猛，2001a，《韦伯：法律与价值》，上海：上海人民出版社。

李猛，2001b，《除魔的世界与禁欲者的守护神》，上海：上海人民出版社。

李谧、唐伟，2009，《当代风险社会理论研究述评》，《北京行政学院学报》第 6 期。

李荣荣，2011，《从内在幽深处展望世界社会——读贝克〈自己的上帝〉》，《社会学研究》第 4 期。

李瑞昌，2006，《亚政治与新社会运动》，《复旦学报》（社会科学版）第 6 期。

李友梅等，2008a，《中国社会生活的变迁》，北京：中国大百科全书出版社。

李友梅等，2008b，《从财富分配到风险分配：中国社会结构重组的一种新路径》，《社会》第 6 期。

李友梅等，2012，《从弥散到秩序："制度与生活"视野下的中国社会变迁》，北京：中国大百科全书出版社。

里斯曼，2002，《孤独的人群》，王崑等译，南京：南京大学出版社。

利波维茨基，2007，《空虚时代：论当代个人主义》，方仁杰等译，北京：中国人民大学出版社。

刘婧，2005，《现代社会风险解析》，《浙江社会科学》第 1 期。

刘军宁、王焱编，1998，《自由与社群》，北京：生活·读书·新知三联书店。

刘秦民，2012，《反思与超越——贝克风险社会思想探究》，《广东社会科学》第 5 期。

刘岩，2007，《当代社会风险问题的凸显与理论自觉》，《社会科学战线》第 1 期。

刘岩，2009，《风险意识启蒙与反思现代性——贝克和吉登斯对风险社会出路的探寻及其启示》，《江海学刊》第 1 期。

刘毅，2012，《群己观念与法治中国——以思想史为视角的考察》，《战略与管理》第 9/10 期。

卢汉龙，1992，《单位与社区：中国城市生活的组织重建》，《社会科学》第 2 期。

卢克斯，2001，《个人主义》，阎克文译，南京：江苏人民出版社。

卢梭，1982，《社会契约论》，何兆武译，北京：商务印书馆。

路易·迪蒙，2003，《论个体主义：对现代意识形态的人类学观点》，谷方译，上海：上海人民出版社。

罗尔斯，1988，《正义论》，何怀宏等译，北京：中国社会科学出版社。

罗尔斯，2002，《政治自由主义》，万俊人译，上海：译林出版社。

马德普，2014，《论启蒙及其在中国现代化中的命运》，《中国社会科学》第 2 期。

马克思，1956，《马克思恩格斯全集》（第 1 卷），北京：人民出版社。

马克思，1957，《马克思恩格斯全集》（第 2 卷），北京：人民出版社。

马克思，1960，《马克思恩格斯全集》（第 42 卷），北京：人民出版社。

马克思，1972，《马克思恩格斯选集》（第 1 卷），北京：人民出版社。

马克思，1974，《马克思恩格斯全集》，北京：人民出版社。

马克思，2000，《1844 年经济学哲学手稿》，北京：人民出版社。

马立诚，2012，《当代中国八种社会思潮》，北京：社会科学文献出版社。

毛利健三，1990，《福利国家》，东京：东京大学出版社。

毛明芳，2012，《现代技术风险的制度审视——乌尔里希·贝克的技术风险思想研究》，《科学技术哲学研究》第 2 期。

米尔斯，2010，《社会学的想象力》，陈强等译，北京：生活·读书·新知三联书店。

穆勒，1989，《政治经济学原理》，季淘达译，天津：南开大学出版社。

帕森斯，1978，《后工业时代美国的宗教》，载《行为理论和人类状况》，第 321 页。

普利汉诺夫，1983，《普利汉诺夫美学论文集》，曹葆华译，北京：人民出版社。

齐美尔，2002，《社会是如何可能的》，林荣远译，桂林：广西师范大学出版社。

渠敬东，1999，《涂尔干的遗产：现代社会及其可能性》，《社会学研究》第 1 期。

萨拜因，1986，《政治学说史》（上），盛葵阳、崔妙因译，北京：商务印书馆。

桑内特，2008，《公共人的衰落》，李继宏译，上海：上海译文出版社。

沙拉汉，2009，《个人主义的谱系》，储智勇译，长春：吉林出版集团有限责任公司。

沈奕斐，2013，《个体化视角下的城市家庭认同变迁和女性崛起》，《学海》第 3 期。

孙治本，2001，《个体化与第二现代》，载刘东《中国学术》（总第 5 辑），北京：商务印书馆。

泰勒，1998，《承认的政治》，载汪晖、陈燕谷主编《文化与公共性》，北京：生活·读书·新知三联书店。

田国秀，2007，《风险社会环境对当代个体生存的双重影响——吉登斯与贝克风险社会理论解读》，《哲学研究》第 6 期。

涂尔干，2003，《自杀论》，冯韵文译，北京：商务印书馆。

涂尔干，2005，《社会分工论》，渠东译，北京：生活·读书·新知三联书店。

涂尔干，2006，《乱伦禁忌及其起源》，汲喆等译，上海：上海人民出版社。

涂尔干，2010，《宗教生活的基本形式》，渠东等译，上海：上海人民出版社。

托马斯曼，1983，《一个非政治家的考察》，法兰克福：法兰克福出版社。

王小章，2005，《自由·共同体·正当性——经典社会理论与现代性的三个核心问题》，《学术论坛》第 7 期。

威廉斯，2005，《关键词：文化与社会的词汇》，刘建基译，北京：生活·读书·新知三联书店。

韦伯，1997，《民族国家与经济政策》，甘阳编选，牛津：牛津大学出版社。

韦伯，2010，《学术与政治》，钱永祥译，桂林：广西师范大学出版社。

文军，2012，《个体化社会的来临与包容性政策的建构》，《社会科学》第 1 期。

沃勒斯坦，2013，《现代世界体系》，郭方等译，北京：社会科学文献出版社。

吴飞，2007，《论"过日子"》，《社会学研究》第 6 期。

吴飞，2009，《浮生取义：对华北某自杀现象的文化解读》，北京：中国人民大学出版社。

吴育林，2006，《论公共生活及其主体性品质》，《江海学刊》第 6 期。

夏玉珍、吴娅丹，2007，《中国正进入风险社会时代》，《甘肃社会科学》第 1 期。

肖巍，2007，《风险社会中的协商机制》，《学术界》第 2 期。

肖瑛，2004，《社会学的"帝国主义"情结》，《社会》第 8 期。

肖瑛，2006，《回到"社会"的社会学》，《社会》第 5 期。

肖瑛，2007，《风险社会及其超越——"反身性"与贝克的风险社会理论之建构》，载《社会理论》（第 2 辑），北京：社会科学文献出版社。

肖瑛，2012，《风险社会与中国》，《探索与争鸣》第 4 期。

谢立中、阮新邦，2006，《现代性、后现代性社会理论：诠释与评论》，北京：北京大学出版社。

熊万胜，2012，《个体化时代的中国式悖论及其出路——来自一个大都市的经验》，《开放时代》第 5 期。

徐彬，2013，《当代中国干部个体化及其政治逻辑研究》，《经济社会体制比较》第 4 期。

许纪霖，1998，《当代中国社会的三种思潮》，《开放时代》第 4 期。

薛晓源、刘国良，2005，《全球风险世界：现在与未来——德国著名社会学家、风险理论创始人乌尔里希·贝克教授访谈录》，《马克思主义与现实》第 1 期。

薛晓源、周战超，2005，《全球化与风险社会》，北京：社会科学文献出版社。

亚里士多德，2003，《政治学》，颜一、秦典华译，北京：中国人民大学出版社。

亚里士多德，2010，《政治学》，吴寿彭译，北京：商务印书馆。

亚历山大，2000，《社会学二十讲：二战以来的理论发展》，贾春增译，北京：华夏出版社。

阎云翔，2009，《私人生活的变革：一个中国村庄里的爱情、家庭与亲密关系：1949–1999》，龚小夏译，上海：上海书店出版社。

阎云翔，2012，《中国社会的个体化》，陆洋译，上海：上海译文出版社。

杨华，2012，《隐藏的世界：农村妇女的人生归属与声明意义》，北京：中国政法大学出版社。

杨君，2011，《涂尔干的现代性社会：主体建构与社会团结》，《河海大学学报》（社会科学版）第 4 期。

杨君，2013a，《超越与反思：风险社会的三种研究传统及创新尝试》，《哈尔滨工业大学学报》（社会科学版）第 4 期。

杨君，2013b，《第二现代性下的风险社会与个体化》，《内蒙古社会科学》（汉文版）第 1 期。

杨君，2013c，《现实伦理：农民生育观念转变的现实基础及趋势》，《华南农业大学学报》（社会科学版）第 4 期。

杨君，2014a，《共同体理论谱系与人的主体性》，《武陵学刊》第 5 期。

杨君，2014b，《政治的道德基础：从卢梭到马克思》，《河南大学学报》（社会科学版）第 5 期。

杨雪冬，2004a，《全球化、风险社会与复合治理》，《马克思主义与现实》第 4 期。

杨雪冬，2004b，《全球化、治理失效与社会安全》，《中国人民大学学报》第 2 期。

杨雪冬，2005，《风险社会理论评述》，《国家行政学院学报》第 1 期。

杨雪冬，2006，《风险社会与秩序重建》，北京：社会科学文献出版社。

姚南强，2009，《西方宗教社会学研究的新趋向》，《华东师范大学学报》（哲学社会科学版）第 4 期。

伊曼努尔·康德，2007，《道德形而上学基础》，孙少伟译，台湾：九州出版社。

郁建兴，2004，《全球化进程中的国家新角色》，《中国社会科学》第 5 期。

园田茂人氏，1995，《中国社会的"关系主义"性构成》，《现代中国》第 96 号。

翟学伟，2008，《信任与风险社会：西方理论与中国问题》，《社会科学研究》第 4 期。

张成福，2009，《风险社会及其有效治理的战略》，《中国人民大学学报》第 5 期。

张盾，2011，《"道德政治"谱系中的卢梭、康德和黑格尔》，《中国社会科学》第 5 期。

张盾，2013，《道德政治的奠基与古典立法》，《中国人民大学学报》第 4 期。

张广利，2008，《应对现代社会风险：基于风险分配的社会政策思考》，《社会科学研究》第 2 期。

张海波，2007，《社会风险研究的范式》，《南京大学学报》（哲学·人文科学·社会科学版）第 2 期。

张康之、张乾友，2007，《从共同生活到公共生活》，《探索》第 4 期。

张淞纶等，2013，《从个人原则到社会原则："道德政治"中的黑格尔》，《哲学研究》第 4 期。

张昱、孙志丽，2011，《个体风险的社会管理》，《江海学刊》第 3 期。

章国锋，2006，《反思的现代化与风险社会——乌尔里希·贝克对西方现代化理论的研究》，《马克思主义与现实》第 1 期。

章国锋，2008，《全球风险社会：困境与出路——贝克的世界主义构想》，《马克思主义与现实》第 2 期。

章清，2004，《"胡适派学人群"与现代中国自由主义》，上海：上海古籍出版社。

赵延东，2007，《解读"风险社会"理论》，《自然辩证法研究》第 6 期。

郑红娥、宋冉冉，2009，《风险社会的研究评述》，《社会主义研究》第 6 期。

郑莉，2009，《社会的重建：在个体化社会中拯救被围困的社会》，《社会理论》第 4 辑。

周战超，2003，《当代西方风险社会理论引述》，《马克思主义与现实》第 3 期。

庄友刚，2004，《风险社会与反思现代性：马克思主义的批判审视》，《江海学刊》第 6 期。

庄友刚，2005a，《风险社会理论研究评述》，《哲学动态》第 9 期。

庄友刚，2005b，《风险社会中的科技伦理问题与出路》，《自然辩证法研究》第 6 期。

庄友刚，2008，《论风险——对风险的哲学考察》，《理论学刊》第 10 期。

庄友刚，2009，《从当代中国语境看贝克的风险社会与第二现代性理论》，《国外理论动态》第 9 期。

Adam, Barbara, Beck, Ulrich, & Van Loon, Jostle . 2000. *Risk Society and Beyond: Critical Issues for Social Theory*. London: Sage.

Althusser, L. 1970. "*Idéologie et Appareils Idéologiques d'Etat C notes pour recherche.*" *La Pensée* 151.

Anders, G. 1980. *Die Antiquiertheit des Menschen 2: Über die Zerstörung des Lebens im Zeitalter der dritten Industriellen Revolution*. Munich.

Anderson, B. 1991. *Imagined Communities*. London: Verso.

Arieli. 1964. *Individualism and Nationalism in American Ideology*. Cambridge, Mass.

Baudrillard, J. 1983a. *In the Shadow of the Silent Majorities or the End of the Social and Other Essays*. New York: Semiotexte.

Baudrillard, J. 1983b. *Simulacra and Simulation*. New York: Semiotext.

Bauman, Z. 2001. *The Individualized Society*. Cambridge: Polity Press.

Bauman, Z. 2004. *Identity, Conversations with Benedetto Vecchi*. Cambridge: Polity.

Bauman, Z. 2000. *Liquid Modernity*. Cambridge: Polity Press.

Beck, Ulrich and E. Beck – Gernsheim. 1994. *Das Ganz Normale Chaos der Liebe*. Frankfurt: Suhrkamp.

Beck, Ulrich and E. Beck – Gernsheim. 2002. *Individualization: Individualism and Its Social and Political Consequences*. London: Sage.

Beck, Ulrich, Giddens, Anthony, & Lash Scott. 1997. *Reflexive Modernization: Politics, Tradition and Aesthetics in the Modern Social Order*. Cambridge: Polity Press.

Beck, Ulrich. 1998c. *Gegengifte: Die Organisierte Unverantwortlichkeit*. Frankfurt: Suhrkamp.

Beck, Ulrich. 1992. Risk Society: *Towards a New Modernity*. London: Sage.

Beck, Ulrich. 1995. *Ecological Politics in an Age of Risk*. Cambridge: Polity Press.

Beck, Ulrich. 1996. *The Reinvention of Politics. Rethinking Modernity in the Global Social Order*. Cambridge: Polity Press.

Beck, Ulrich. 1998a. *Democracy Without Enemies*. Cambridge: Polity Press.

Beck, Ulrich. 1998b. *World Risk Society*. Cambridge: Polity Press.

Beck, Ulrich. 1999. *What Is Globalization?* Cambridge: Polity Press.

Beck, Ulrich. 2000. *The Brave New World of Work*. Cambridge: Cambridge University Press.

Beck, Ulrich. 2002. "The Cosmopolitan Society and Its Enemies." *Theory, Culture and Society* 19 (1 – 2): 17 – 44.

Beck, Ulrich. 2005. *Power in the Global Age*. Cambridge: Polity Press.

Beck, Ulrich. 2006. *Cosmopolitan Vision*. Cambridge: Polity Press.

Beck, Ulrich. 2007. "Beyond Class and Nation: Reframing Social Inequality in a Globalizing World." *British Journal of Sociology* 58 (4): 679 – 705.

Beck, Ulrich. 2010. *A God of One's Own: Religion's Capacity for Peace* and Potential for Violence. Trans. by Rodney Livingstone. Cambridge: Polity.

Beck, Ulrich. 2013. German Europe. Cambridge: Polity Press.

Beck, U. & Grande, E. 2007. Cosmopolitan Europe. Cambridge: Polity Press.

Beck, U. and J. Willms. 2004. Conversations with Ulrich Beck. Cambridge: Polity.

Beck, U., E. Ziegler, and W. Rautert. 1996. Eigenes Leben. Munich: Beck Verlag.

Beck – Gernsheim, Elisabeth & Beck, Ulrich. 1995. The Normal Chaos of Love. Cambridge: Polity Press.

Bellah, Robert N. 1967. Civil Religion in America. San Francisco: Harper and Row.

Bendix, R. 1964. Nation – Building and Citizenship. New York: John Wiley and Sons.

Berger, P. A., P. Steinmuller, and P. Sopp. 1993. "Differentiation of Life Courses? Changing Patterns of Labour Market Sequences in West Germany." European Sociological Review 9 (1): 43 – 65.

Berger, P. L. 1973. Zur Dialektik von Religion. Gesellschaft: Frankfurt.

Bertram, H. and C. Dannenbeck. 1990. "Pluralisierung von Lebenslagen und Invidualisierung von Lebensfurhrungen. Zur Theorie und Empirie Regionaler Disparitaten in der Bundesrepublik Deutschland." Soziale Welt (7): 207 – 209.

Billari, F. C. 2001. "The Analysis of Early Life Courses: Complex Descriptions of the Transition to Adulthood." Journal of Population Research 18 (2): 119 – 42.

Blackwell, Roseneil, S. and S. Budgeon. 2004. Cultures of Intimacy and Care Beyond the Family: Personal Life and Social Change in the Early Twenty-first Century. Current.

Bourdieu, Pierre. 1974. *Zur Soziologie der Symbolischen*. Formen: Frankfurt.

Bourdieu, Pierre. 1998. *Die Feinen Unterschiede, Kritik der Gesellschaftlichen Urteilskrafi*. Frankfur.

Boyne. 1990. *Foucault and Derrida*. London: Unwin Hyman.

Breen, R. 1997. "Risk Recommodification and Stratification." *Sociology* 31 (3): 473 – 489.

Cheng, Y. 2009. *Creating the "New Man" From Enlightenment Ideals to Socialist Realities*. Honolulu: University of Hawai'i Press.

Chow, Tse-tsung. 1960. *The May Fourth Movement: Intellectual Revolution in Modern China*. Cambridge: Harvard University Press.

Clarke, J. 2004. "Dissolving the Public Realm? The Logics and Limits of Neo-liberalism." *Journal of Social Policy* 33 (1): 27 – 48.

Cohenhe, Steven M. and Eisen, Arnold M. 2000. *The Jew with Self, Family, and Community in America*. Bloomingon: Indiana University Press.

Cote, J. E. and C. Levine. 2002. *Identity Formation, Agency and Culture: A Social Psychological Synthesis*. Mahwah, NJ: Erlbaum.

Cote, J. E. 2000. *Arrested Adulthood: The Changing Nature of Maturity and Identity*. New York: New York University Press.

de Bonald, L. 1854. *Theorie du Powoir. Oewres*, Paris, Vol. I.

Du Gay, Paul. 1999. "Is Bauman's Bureau Weber's Bureau: A Comment." *British Journal of Sociology* 50 (4): 575 – 587.

Elchardus, M. and W. Smits. 2006. "The Persistence of the Standardized Life Cycle." *Time & Society* 15 (2 – 3): 303 – 326.

Elliott, A. 2002. "Beck's Sociology of Risk: A Critical Assessment." *Sociology* 36 (2).

Erikson, R. and J. H. Goldthorpe. 1992. *The Constant Flux: A Study of Class Mobility in Industrial Societies.* Oxford: Clarendon.

Fiorenza, Francis Schussler & Karl Rahner. 2006. "A Theologian for a Cosmopolitan Twenty-First Century. " In Skira, Jaroslav Z. and Attridge, Michael S. (eds.), *God's Hand, Essays on the Church and Ecumenism in Honor of Michael A. Fahey*, S. J. Leuven: Leuven University Press.

Fogel, Joshua A. and Peter G. Zarrow (eds). 1997. *Imagining the People: Chinese Intellectuals and the Concept of Citizenship:* 1890 – 1920. Armonk: M. E. Sharpe.

Foucault, M. 1975. *Surveille et Punir.* Paris: Galliard.

Foucault, M. 1977. *Discipline and Punish: The Birth of the Prison.* London: Penguin.

Friedman, L. M. 1990. *The Republic of Choice: Law, Authority and Culture.* Cambridge, MA: Harvard University Press.

Friedrichs, Jürgen and Jagodzinski, Wolfgang. 1999. "Theorien sozialer Integration. " In *Soziale Integration.* Opladen, pp. 9 – 43.

Friedrichs, Jürgen. 1998. *Die Individualisierungs-These-Eine Explication im Rahmen der Rational-Choice Theorie.* Jorgen.

Giddens, Anthony. 1991. *Modernity and Self Identity: Self and Society in the Late Modern Age.* Cambridge: Polity Press.

Graf, Friedrich Wilhelm. 2004. *Die Wiederkeher der Gotter.* Munich.

Gravenhorst, L. "Alleinstehende Frauen. " In J. Beyer et al. (eds.) *Frauenhandlexikon: Stichworte zur Selbstbestimmng.* Munich.

Habermas, Jurgen. 2006. *Dialectics of Secularization*, trans. by Brian McNeilan. San Francisco: Ignatius Press.

Hafer-kamp. 1987. *Soziol Ogieder Sozial en Ungleichhe*it. Opladen.

Halevy, E. 1934. *The Growth of Philosophical Radicalism, trans. by* M. Morris, newed. London.

Hanser, Amy. 2001. *The Chinese Enterprising Self: Young, Educated*

Urbanites and the Search for Work in Perry Link.

Hedetoft. 2003. *The Global Turn.* Aalborg: University Press.

Hindess, B. 1996. "Liberalism, Socialism and Democracy: Variations on a Governmental Theme. " In *Foucault and Political Reason: Liberalism, Neoliberals and Rationalities of Government*, ed. by A. Barry, T. Osborne, and N. Rose, pp. 65 – 80. London: UCL Press.

Hobbes, T. 1642. *De Clive in the English Works of Thomas Hobbes. The Homeless Mind: Modernization and Consciousness.* New York: Random House.

Hobbes, T. 1839. *De Clive in The English Works of Thomas Hobbes*, ed. by Sir W. Molesworth. London, 1839: 109.

Hoffman, Lisa. 2001. *Guiding College Graduates to Work: Social Constructions of Labor Markets in Dalian' in Nancy N.*

Hondrich, K. – O. and C. Koch-Arzberger. 1992. *Solidaritat in der Modernen Gesellschaft.* Frankfurt: Fischer.

Honneth. A. 2004. "Organized Self-realization: Some Paradoxes of Individualization. " *European Journal of Social Theory* 7 (4).

Howard, Cosmo (ed.) . 2007. *Contested Individualization: De-bates about Contemporary Personhood.* New York: Palgrave Mac-Millan.

Hoy, D. C. 2004. *Critical Resistance: From Poststructuralism to Postcritique.* Cambridge: Massachusetts Institute of Technology Press.

Hradil, Stefan. 1987. "Die neuen sozial en Ungleichheiten—Und wiem an mit ihnen (nicht) Theoretisch zur Echtkommt. " In *Bernhard Giesen/Hans Haferkamp (Hg.): Soziologie der Sozialen Ungleichheit.* Opladen.

Huang, Philip C. 1972. *Liang Ch'i-ch'ao and Modern Chinese Liberalism.* Seattle: University of Washington Press.

Huinink, J. and M. Wagner. 1998. "Individualisierung und die Pluralisierung Vonlebensformen. " In *Die Individualisierungsthese*, ed. by J. Friedrichs, pp. 85 – 106. Opladen: Leske and Budrich.

Imhof. A. E. 1984. *Die verlorenen Welten*. Munich.

John A. Hughes, Wes W. Sharrock, and Peter J. Martin. 1998. *Understanding Classical Sociology: Marx, Weber, Durkheim*. London and Thousand Oaks, Calif: Sage Publications Junge, Matthias.

Junge, Matthias. 1998. "Subjektivierung der Vergesellschaftung und die Moralisierung der Soziologie. " In Jürgen Friedrichs (ed.) *Die Individualisierungs-These*. Opladen, pp. 49 – 64.

Keupp, H. 1995. *Solidarisch and doch frei-fur eine Kommunitare Individualization*. Psychologie Heute.

Kohler, U. 2005. "Statusinkonsistenz und Entstrukturierung von Lebenslagen: Empirische Untersuchung zweier Individualisierungshypothesen mit Querschnittsdaten aus 28 Landern. " *Kolner Zeitschrift fur Soziologie und Sozialpsychologie* 57 (2): 230 – 253.

Kreckel, Reinhard N. 1994. *Eue Ungleichhei tenund alte Deutungsmuster: Fiber die Kritikresistenz desver tika len G Esellschafts-modells*. Bernhard Giesen.

Kreckel, Reinhard. 1997. *Politi sche Soziol ogie der Sozial en Unglei chh eit (St udi enausgabe)*. Frankfurt.

Kreckel, Reinhard. 1982. "Class, Status and Power? Begfiff liche Grundlagen Fureine Politische, Soziol Ogieder Sozialen Ungleichheit. " *KZfSS* (34): 618.

Kreckel, Reinhard. 1985. "Zentrum und Peripherie- ' Alte ' und ' neue ' Ungleichheiten in Weltgesellschaftlicher Perspektive. " In Hermann Strasser/John H. Goldthorpe (ed.), *Die Analyse Sozialer Ungleichheit-Kontinuität, Erneuerung, Innovation*. Opladen.

Lash, S. 1993. "Reflexive Modernization: The Aesthetic Dimension Theory. " *Culture & Society* 10 (1).

Leisering, L. and S. Liebfried. 1999. *Time and Poverty in Western Welfare States*. Cambridge: Cambridge University Press.

Lenssen, Juren. 2007. *God Need No Passport*. New York: The New Press.

Lesthaeghe, R. 1995. "The Second Demographic Transition in Western Countries: An Interpretation. " In *Gender and Family Change in Industrialized Countries*, ed. by K. O. Mason and A. Jensen, pp. 17 – 62.

Lin, Yu-sheng. 1978. *The Crisis of Chinese Consciousness: Radical Antitraditionalism in the May Fourth Era*. Madison: University of Wisconsin Press.

Liu, Lydia H. 1995. *Translingual Practice: Literature, National Culture, and Translated Modernity-China*, 1900 – 1937. Stanford: Stanford University Press.

Lurie, Alison. 1990. "A Dictionary for Deconstructions," In *The State of the Language* (2nd edition), edited by L. Michaels and C. Rick. Berkeley: University of California Press.

L. de Bonald. 1854. "Theorie du Powoir. " *Oewres* (1): 103.

Marshall, T. H. 1992. "Citizenship and Social Class. " In *Inequality and Society*, edited by Jeff Manza and Michael Sauder.

Maslow, A. H. 1943. "A Theory of Human Motivation. " *Psychological Review* 50: 370 – 396.

Mayer, K. U. and H. Blossfeld. 1990. "Die gesellschaftliche Konstruktion Sozialer Ngleichheit im Lebensverlauf. " In *Lebenslagen, Lebensläufe, Lebensstile*, ed. by P. A. Berger and S. Hradil, pp. 297 – 318.

Mayer, E. 1985. *Love and Tradition: Marriage Between Jews Christians*. New York and London.

McDermott, E. and H. Graham. 2005. "Resilient Young Mothering:

Social Inequalities, Late Modernity and the 'Problem' of 'Teenage' Motherhood. " *Journal of Youth Studies* 8 (1): 59 – 79.

Megill. 1985. *Prophets of Extremity: Nietzsche, Heidegger, Foucault, Derrida, Berkeley.* University of California Press.

Mills, M. 2004. "Demand for Flexibility or Generation of Insecurity? The Individualization of Risk, Irregular Work Shifts and Canadian Youth. " *Journal of Youth Studies* 7 (2): 115 – 139.

Mythen, G. 2005. "Employment, Individualization and Insecurity: Rethinking the Risk Society Perspective. " *The Sociological Review* 53 (1): 129 – 149.

Nollmann, G. and H. Strasser. 2002. "Individualization as Interpretative Scheme of Social Inequality: On the Problem of Understanding in Inequality Research. " *Osterreichische Zeitschrift fur Soziologie* 27 (3).

Ong, Aihwa and Zhang Li. 2008. "Introduction: Privatizing China: Powers of the Self, Socialism from Afar. " In Li Zhang and Aihwa Ong (eds.) *Privatizing China: Socialism from Afar.* Ithaca: Cornell University Press.

Pally, Maria. 2007. "Leben Anmerikanischen von Einem Europaischen Muslim?" In *Die Welt.*

Pollack, Detlef and Pickel Gert. 2008. "Religious Individualization or Secularization? Testing Hypotheses of Religious Change – The Case of Eastern and Western Germany. " *British Journal of Sociology* 58 (4): 603 – 632.

Prades. 1966. *La sociologie de la religion chez Max Waber, essai analyse et decritique de la method.* Paris: Editions Nauwelaerts.

Rofel, Lisa. 2007. *Desiring China: Experiments in Neoliberalism, Sexuality, and Public Culture.* Durham, NC: Duke University Press.

Rose, N. 1996. "The Death of the Social? Refiguring the Territory of

Government. " *Economy and Society* 25 (3): 327 –356.

Roseneil, S. and S. Budgeon. 2004. "Cultures of Intimacy and Care Beyond the Family: Personal Life and Social Change in the Early Twenty – first Century. " *Current Sociology* 52 (2): 135 – 159.

Roy, Oliver. 2006. "Islam in the West of Western Islam? The Disconnect of Religion and Culture. " *The Hedgehog Review* 8 (1/2): 127 – 132.

Saunders, Perter. 1986. *Social Theory and the Urban Question*. New York: Holmes and Meier.

Schroer, M. 2000. *Das individuum der gesellschaft: Synchrone und diachrone theo – rieperspektiven*. Frankfurt: Suhrkamp Verlag.

Schwartz, Vera. 1986. *The Chinese Englishtenment: Intellectuals and the Legacy of the Mat Fourth Movement of* 1919. Berkeley: University of California Press.

Seculariz. 2000. "Testing Hypotheses of Religious Change – The Case of Eastern and Western Germany. " *British Journal of Sociology* 58 (4): 603 –632.

Seffner, Hans – Georg. 1997. *The Order of Rituals*, trans. by Maria Luckmann. New Brunswick, NJ: Transaction Publishers.

Simmel, G. 1990. *The Philosophy of Money* (2nd ed.), trans. by Tom Bottomore and David Frisby. London: Routledge. Reprinted.

Stark, Rodney and Finke, Roger. 2000. *Act of Faith: Explaining the Human Side of Religion*. Berkeley, Los Angeles and London: University of California Press.

Taylor, P. J. 1996. "Embedded Statism and the Social Science: Opening up to New Spaces. " *Environment and Planning* 28: 1917 – 1995.

Tietze, Nikola. 1993. *Individualisierung and Pluralisierung im Islam*. Sozialer Sinn.

Veblen, T. 1904. *The Theory of Business Enterprise*. New York: Charles

Scribner's Sons.

Viroil, M. 1992. *From Politics to Reason of State: The Acquisition and Transformation of the Language of Politics:* 1250 – 1600. Cambridge.

Walder, A. G. 1986. *Communist Neo – traditionalism: Work and Authority in Chinese Industry.* Berkeley: University of California Press.

Weber, E. J. 1971. *A Modern History of Europe.* New York: Norton.

Weber, Max. 1974. *The Protestant Ethic and the Spirit of Capitalism,* trans. by Talcott Parsons. London: Unwin University Books.

Weedon, C. 1997. *Feminist Practice & Poststructuralist Theory.* New York.

Weymann, Ansgar. 1998. *Sozialer Wandel: Theorien zur Dynamik der Modernen Gesellschaft.* Weinheim, München: Juventa Verlag.

Wiswede, Günter and Thomas Kutsch. 1978. *Sozialer Wandel: Zur Erklärungskraft neuerer Entwicklungs-und Modernisierungs Theorien.*

Wohlrab – Sahr, M. 2003. "Individualisierung: Differnzierungsprozess und Zurechnungsmodus." In *Individualisierung und Integration: Neue Konfliktlinien und Neuer Integrationsmodus?* ed. by U. Beck and P. Sopp, pp. 23 – 36.

Yan, Yunxiang. 2010. *Introduction: Conflicting Images of the Individual and Contested Process of Individualization in Mette Halskov.*

Yan, Yunxiang. 2010. "Introduction: Conflicting Images of the Individual and Contested Process of Individualization in Mette Halskov."

Yeatman, A. 1994. *Postmodern Revisionings of the Political.* New York: Routledge.

Yeatman, A. 1997. "Contract, Status and Personhood." In *The New*

Contractualism, ed. by G. Davis, B. Sullivan, and A. Yeatman, pp. 39 – 56.

Zagorin, Perez. 1998. "Citizenship and Human Rights in Early Twentith – century Chinese Thought: Liu Shipei and Liang Qichao." In Wm. Theodore De Bary and Tu Weiming (eds.), *Confucianism and Human Rights*. New York: Columbia University Press.

Zagorin, Perez. 2004. *How the Idea of Religious Toleration Came to the West*. Princeton University Press.

后 记

当我们置身于物欲横流的现代生活，短暂的需要挤走了永恒的追求，流变比持久更具常态性和吸引力。个人的角色、身份、地位、职业和人际网络的终身不变的情形已经十分罕见，个人的情感、家庭、婚姻与自我的其他特征也更具开放性和可选择性。日复一日地忙碌时，是理想给予我一个放松心情、释放情绪与压力的梦幻空间。理想是信仰它的人所愿望的，但是它之被愿望与一个人之愿望的个人感受（吃、住等）并不完全相同。构成一种理想与一件日常愿望的对象两者之间的不同就在于，前者乃是非个人的，至少从表面上看，它是某种与感受到这种愿望的个人自身没有任何特殊关系的东西。因此，在理论上就可能被人人愿望。因而，我们就可以将"理想"定义为某种并非以自我为中心而被愿望的东西，从而愿望它的人也希望所有别的人都能愿望它。如此一来，理想就包含一种实现的可能性，也可理解为一种思考能力，即思考万物何以能顺利地成为所是，而不注重它是什么或者不是什么。能够看到可能性真理的人，至少在热爱真理的人那里，它拥有某种神圣的东西，一种炽热、激昂的品质，一种富于建设性的意志……它在现实面前非但无所畏惧，反而把现实视为使命和创造……因为这样的观念……恰好就是未来的现实，所以我们当然也就有一种现实感；只不过这是一种关于可能现实的感觉罢了。毫无疑问，社会学也应该培育这种关于可能现实的感觉——但这已经是另外一码事。不管怎么说，追求物质不是一切，精神富足才能令心灵真正安宁。

　　凝视窗外，一缕阳光在晾衣架的缝隙中钻进稍显昏暗的宿舍。此刻，我并没有被惬意的阳光所引诱，而是轻轻地在电脑前的右下角画了一个圈。这一瞬间，疲惫和紧张了一年多的心情，顿时显得轻松不少。有些意外的是，我没有兴奋，也少了几分激动，反倒显得有些忧伤和"落空"。有人说，写作博士学位论文的过程如同一个难产的婴儿，痛苦和挣扎是在所难免的。于我来说，除了必然会经历类似金蝉脱壳的疼痛外，我之所以选择"个体化"作为论文的主题，还另有原因。

　　对于像我这样的"80后"来说，尽管没有像父辈那样经历"文化大革命"、改革开放等大事件带给生活的强烈冲击，但我们毕竟也感受到了来自市场经济、消费主义、货币交往等现代性的东西带给我们的物质盛宴与精神困惑。如此一来，无论我们多么具有个体性，也无论我们多么渴望集体意识，我们都无法摆脱这个变动的社会所带来的一系列影响。这完全不同于以前，人们生活在静态的熟人社会中，如今，我们从传统的社会网络中脱域，生活在一个多元复杂的大流动社会。就此而言，正如鲍曼所说，我们生活在流沙之上，一切都变得不再是不言自明的，也不再是安全和稳定的。一时间，流动和风险就成为生活世界新的写照。在传统的乡村社会，我们的生命价值是日出而作、日落而息、结婚生子、传宗接代的"过日子"伦理生活。这种稳定的生活状态也无须我们思考生活的意义、我们为什么要活着以及如何活着这一类最具形而上学的伦理学命题。

　　与此不同的是，现代社会迫使我们成为积极主动和自己做主的人，对自己的问题负全责，进而试图塑造一种新型的自我精神。与同龄人相比，我更早地离开了家庭和熟悉的地缘共同体。我更能体会到，作为独立的个体，在漂泊的心灵旅程之中，寻觅一个精神家园和灵魂栖所的强烈憧憬。因此，我深知，只有自己赋予生命意义，才能抗拒生活的风浪，走完自己漫长的人生旅途。在一定程度上，我将自己的生活经历与博士学位论文的选题紧密相连。如此说来，博士学位论文于我而言，与其说是一种痛苦的煎熬，还不如说是为了更好地"认识自己"。说得夸张些，即深刻理解个体生命的意义和价值。

我的博士学位论文是以贝克的社会学理论为切入点，以个体为单位，以人的生活境况为对象，关注当代人的生活面向。我与贝克先生从未谋面，2010 年复旦大学、北京大学等多所知名学府邀请贝克前往中国访学，我有幸在邓正来先生主持的复旦大学社会科学高等研究院的学术活动中聆听了贝克关于风险社会理论的讲座。原本计划写完博士学位论文后，前往德国慕尼黑大学拜访贝克先生。遗憾的是，正当我还在专心撰写博士学位论文时，2015 年 1 月 1 日，新年的钟声敲响后不久，贝克先生因心脏病突发，驾鹤西去了。听到这一消息，一时间，我脑子空白了很久，眼角也有些湿润。本打算写一篇悼念他的文章，但由于论文写作的压力，一直拖延到现在也还没有完成。所以，在写完论文的那一刻，我很平静，也很忧伤，甚至对贝克先生有些许歉意。为了表达对贝克先生的敬意和纪念，我希望在致谢中交代我选择贝克先生"个体化"理论作为论文主题的原因，以便让更多的读者能够理解他的思想。

个体化既是一个理论命题，又是一个鲜活的经验问题。个体、家庭、社会组织是不能赋予个体以意义的，个体只有到家庭、社会组织等更大的世界中去体验生活的意义，这个意义就是归属体系。因而，作为生命的个体，我们在所接受的教育差异明显不完整的传统教育背景下成长，又身处中国社会急剧变化的过程中，理性思考和内心感受的矛盾，找不到答案的困惑甚至无奈，有时难以掩饰。我便更深知其中的道理。我自小就脱离家庭的教育，走出家庭，学校成为培育我个性、塑造我的道德规范、教化我的必不可少的社会场所。因而，在成长的过程中，我总是通过一些外在的社会规范来确立位置，建立自信。因为，在我看来，社会作为一种想象的共同体不仅能够为生活指明方向，还能够为个体建立一种本体性的安全感。就这一点来说，涂尔干表达得十分清晰，社会分工既带来了个人交往密切的有机联结，也导致了大量自杀等"失范"行为的产生。他试图用一种社会道德个体主义的想象来化解他那个时代的分离与紧张。在我看来，涂尔干没有把现代社会的人刻画为"一切人反对一切人"的战争状态，但是，从根本上讲，他否定了人作为一种善的完整性而存在。从而，在他的笔下，人不是一种先验的或是契约式的抽象个体形象，而是处在个人与社会的两个极端，要么成为社会化的人，要么成为"失范"的个体。在整个硕博学习期间，我沉迷于涂尔干的社会学理论，尤其是关于个人与社会关系命题的讨论。这是因为，从传统中脱离出来的个体就像一叶浮萍，根本不能掌握自己的命运，当一个人独自面对社会时，心里总想寻求一份来自社会的力量保护自己。应该说，涂尔干确实看到了人性脆弱的一面，当人们从原有的共同体解放出来，生活在一个陌生的、流动的社会之中时，社会的保护性功能就成为个体生存的前提性条件。

现代性产生之后，在没有上帝的和世俗化的浪潮中的西方社会语境下，日常生活丧失了神圣的价值，造成心灵的空虚与人生的困顿。理性个体的兴起，意味着作为通向生命圆满的社群生活解体，并由此产生出社会自由与心灵自由的悖论。传统道德秩序衰落崩溃导致了普遍的趋利化和"去道德化"。现代社会自身永远都不能告诉人们面对世界应该怎样去做一个人，也无法满足人们对精神需求的渴望，因而整个世界就不可避免地陷入严重的精神危机。尽管"社会"的想象为个体提供了一份安全，但是依然无法回答人为什么活着、如何活着这两个问题。针对这一类问题，我们无法采用一种客观的、科学的僵化方式加以理解，因为，我们的生活远比科学充满活力、丰富多彩。我们更加崇尚一种自主的、积极的和具有创新精神的生活世界。所以，可以说，我们是一种自身所无法控制的或只是部分地有能力加以引导的精神过程。在此意义上，对我们自己或我们的生命，我们无法拥有任何终极性的判断。但是，我们都渴望追求生活的长久和生命的永恒性。在我看来，生命就像以根茎来维持生命的植物。它真正的生命是看不见的，是深藏于根茎处的。露出地面的那一部分生命只能延续一个夏季。然后，它便凋谢了。当我们想到生命和文明那永无休止的生长和衰败时，我们自然就会怀有人生如梦之感叹。然而，我们从来也不会失去在永恒的流动中永不消逝的某种意识。我们所看见的是花，它是会消逝的。但根茎，仍然在。

毋庸置疑，现代性的世俗化生活无法提供给我们终极性的答案，但我们一直都在寻找生活的意义，并探索其永恒性。就这一点来说，人与动物截然不同。卡希尔曾说，人与其说是"理性的动物"，不如说是"符号的动物"，即能用符号去创造文化的动物。这句话表明，动物只能对信号做出条件反射，只有人才能把这些信号改造成为有意义的符号。尽管人与动物都生活在同一个物理世界，但人的生活世界完全不同于动物的自然世界。而这种对于生活世界的理解就是理想与现实、可能性与现实性之间的区别。在此，人具备一种思考能力，即思考万物何以可能顺利成为其所是，而不注重它是什么或者不是什么。人对于生命的理解就具备一种品质，总是生活在理想的世界，也就是要把不可能的东西当成可能的东西来处理。因而，人总是向着可能性进行，而不像动物那样只能被动地接受直接给予的事实，从而永远不能超越现实性的规定。

针对以上问题，涂尔干的回答并没有把个体作为一种生活的可能性来思考。他试图通过教育将人们团结在民族国家范畴内，培养一种爱国主义，重建新的道德共识，维持社会秩序。贝克用风险社会这一新概念证明了原有社会事实的分崩离析，换句话说，在多元社会和全球化时代背景下，社会共识很难重建，更难以在制度层面上完成。在某种程度上，共识只能在思想中实现。也就是说，针对个体命运，人们不再围绕着"存在"和"成为"

打转，而是围绕着人类在既定条件下的机会打转。由此，个体化生活方式的存在就提出了种种要求，并一再地向每个人证实——我确确实实存在。

尼采笔下的"查拉图斯特拉"充满了对人生追求进步独立的热烈思考和探索，包含积极的智慧，不乏人性的锦囊，渗透着哲理思辨，喷洒着诗人激情，引领人们走向精神的高贵，激发自强不息的斗志。但个体并不像尼采所刻画的那样是一张白纸，在精神的强风中到处翻飞。其实，尼采心中描绘的"查拉图斯特拉"失去了立脚的根基，原因就在于他除了思想的内心世界外便一无所有。应该说，于他而言，拥有内心世界比拥有他自己显得更为重要。但他断了根（上帝已死），将人们完全抛弃在大地，并在大地的上空飘荡。可以说，尼采借"查拉图斯特拉"之口，高喊"上帝死了"，来宣布他对世界新奇大胆的预测和断言，借以强力批判西方传统的基督教文化，主张建立全新的思想文化体系。这种预测和断言在当时尽管是孤独的、微弱的，但更是振聋发聩、惊天动地的，如高傲的海燕在战斗地飞翔，吓坏了很多人。后来，他不得不采用虚夸和不现实的办法行事，提出了"超人学说"和"权力意志"概念。在我看来，这种不现实却是可怕的根源，因为说到底，个体都是以今生今世的尘世生活作为生活逻辑。个体正在经历的一切，最终总是归结到现实生活中。如果个体决意要履行生活的职责并使生活的意义更臻完善，那么必须对支撑个体化的根基进行一种有序的布局并对其进行阐释。

"查拉图斯特拉"之精神，让人有些疑惑的是，一个人的命运，到底是彰显了一种独具个人性的精神存在还是表现了一种集体性体验呢？《浮士德》一书或许能为我们排疑解惑。"浮士德"这一形象反映了文艺复兴以来的欧洲社会和德国社会，新兴资产阶级先进知识分子不满现实，竭力探索人生意义和社会理想的生活道路。应该说，浮士德精神是一条充满个人性的新道路。但在浮士德心里，袒露心迹"天呀，我的心胸里住着两个灵魂"

时，便已在更早些时候给我们提出了这个问题，只不过他对造成这种"人性二重性"的原因何在未做任何说明。在某种意义上，歌德这一奇妙的英雄式神话是一种集体性体验，而且他还预言到了德国人的命运。而浮士德的难题，其实也是人类的共同难题，它是每个人在追寻人生价值和意义时都将无法逃避的"灵魂"与"肉体"、自然欲求与道德灵境、个人幸福与社会责任之间的两难选择。《浮士德》一书唤醒了人类心中深藏着的善与恶、精神与物质、光明与黑暗这一两相对立的问题。实际上，"二重性"在人身上合二为一而成为一个单独的人，而这个人就是每个个体。但是，浮士德忽略了一些事情：敬重人的永恒的权利，尊重"古人"，并承认文化和知识具有连续性。

　　我们的灵魂与肉体是由个别的元素所构成，而这些元素在我们世代相沿的列祖列宗身上也全都有。个人精神中的"新"只是一种年代久远的各种成分变化无穷的重新组合而已。因而，灵魂和肉体便具有深刻的历史特征，并在新的、刚开始存在的事物里找不到任何合适的位置。也就是说，构成我们祖先的各种成分只有部分存在于这些事物身上。现时代的精神世界佯装我们已远远告别了中世纪，告别了典型的古代，告别了原始性，但实际上并不是这样。但不可否认的是，我们已纵身跳进了前进的急流之中，并被迅速地裹挟冲向未来，这股急流把我们冲离，离我们的"根"越远，其狂暴性就越厉害。而与过去一旦断裂，过去通常便成了有无，于是，这种前进运动想要停止也停不下来了。但是，正是由于失去了与过去的联系，正是由于失掉了"根"——这种情形才造成了人们对文明的种种"不满"，造成了现代人的慌慌忙忙——我们才不是生活在现在而是生活在未来，生活在未来那黄金时代的虚无缥缈的许诺里——只可惜我们的整个进化背景仍然未能跟得上去。由于日益高涨的不足感、不满感和惶惶不安感的驱使，我们便匆匆忙忙一头扎进了种种标新立异之中。我们不再靠我们所拥有的而生活，而是靠诺言来生活；我们不再生活在现今的光明里，而是生活在未来的黑暗中。对于这种黑暗，我们期待着它能最终带来辉煌的日出。我们拒绝承认，一切更美好的东西都是以某种更大的代价而换来；我们拒绝承认，比如说，更大自由的希望正由于国家所施加的奴役的增强而烟消云散，更不要说那些最辉煌的科学发现使我们面临的可怕的灭顶之灾了。我们的父辈和祖先寻求的是什么，我们对此了解得越少，对我们自己了解得也就越少，这样我们便无疑尽我们的一切力量去帮助斩断维系个人的各种"根"，以及其指导下的天性。从而促使个人变成大众中的一个微粒，并被尼采所宣称的"地心引力精神"所左右。

现代性的最大特点，就是让现代人处于"无根"与"扎根"之间。在现代性的早期阶段，尽管个人从神圣的帷幕中解脱出来，走向世俗化的生活，但是一些大的社会团体和组织依然存在，给个体提供安全并予以保护。但随着工业化、市场化和城市化进程的加快，个体化进程也就自然加速了，个人在获得越来越多自由的同时，也就变得越来越"无根化"。这一点在贝克的个体化思想中占据着举足轻重的地位。他一再宣称，个体化理论不是一种单一线性的个体生活境况，个体在获得一种"为自己而活"的文化理念时，也同样处于风险和空虚之中。与此同时，社会不平等状态不仅没有消失，反而有加重的可能性。比如，在全球化时代，新穷人的出现，不仅意味着中心—边缘的不平等的依附理论依然有效，也表明了人与人之间日益成为一个共同体，一个与风险共在的命运共同体。贝克用风险一词颠覆性地批判了现代西方的理性主义传统，技术的迷思不仅没有让人们寻觅到一个精神家园，反而让人们生活在科学主义自我崇拜所产生的风险社会之中。如今，对现代科技的批判早已不再成为某一独家之言，而是成为众多学者笔下阐述人类生活本质的生存境况。哈贝马斯描绘的"生活世界殖民化"图景、弗洛姆笔下充满伤感的"逃避自由"的人、马尔库塞殚精竭虑阐释的"单向度人"以及尼采批判的"世界图像时代"现象等，无疑体现了现代性与我们的生活背道而驰。这些概念无非告诉我们，自由之精神似乎在我们的身上从来就不存在，不仅如此，我们还依然被"规训"在系统世界的霸权逻辑和强盗真理之中。当然，面对这样一种情景，后现代作家告诉世人不要过多地关注他人生活，只需管好自己的生活就行。在此观念的影响下，消费主义、自恋主义等后现代思潮一时兴盛起来。于贝克而言，他不想把人当成现代社会中的工具性的自我，也不想把人类的生活境况刻画为一种没有任何依靠的"虚无主义"状态。用他自己的话来说，他是一个悲观的乐观主义者。尽管他看到了风险带给人类的副作用——瓦解了阶级、阶层、家庭等社会团体，但是一种新的生活方式正在诞生——个体化的生活方式。所以，贝克关于现实生活中的个体命运的理解就可以表述为，当我们身处带有风险的自由世界时，我们的根在哪里？在越来越具有个体化的时代，我们又如何对待他人？认识他人？如何与他人相处？

贝克最后对西方社会危机给出了答案——"人的宗教性"。换句话说，在世俗化的生活中，贝克极力反对的正是一种以个人主义为中心的享乐主义。这种观念的产生是由于市场经济把人推进一个以个体为本体、以财富为中心、以享受为人生目的的社会。那么，人生的幸福和意义就肤浅地表现为对私人财富占有的多少与享乐的充分程度。稍有不慎，这种观念就会掉入纵欲主义和虚无主义的泥潭，即一种对生命的虚无态度。我们必须寻求一个神圣的精神领地——在那里，修养性情，净化心灵，驱赶这个世界的"魔鬼"，重建一种现时代的思想信仰。而这种思想信仰，就是贝克的个体化命题试图展示的生活世界具有世俗与神圣、历史性与普遍性、私人生活与公共生活的二重性特征。

当写完博士学位论文时，我渐渐明白了贝克为他所身处时代的思考，为民族国家所设计的宏伟蓝图，更为整个人类生存境况的深邃感悟和批判性反思。在硕博学习期间，我沉浸在理论的怀抱中，奔驰在广阔的田野，穿梭于 960 万平方公里的乡间小路，与广大可爱可敬的"他们"（广大的普通百姓）昼夜畅谈，试图理解置身于我们这个时代中的现代人的生命体验。对于我来说，最大的收获就是人格的成长。成长就是让自己不断发现魂牵梦绕的东西。个人的成长也是一个潜意识自我充分发挥的过程。潜意识里的一切竭力做出种种外在表现，而人格也强烈要求逐渐从其潜意识状态中成长起来并作为一个整体来体验自身。此时此刻，拿着沉甸甸的博士学位论文，心里是踏实而坚定的。我深知，无论是博士学位论文的写作还是个人的成长，有太多的人需要感谢，感谢他们在我成长的道路上给予无私的关爱与帮助。

沈关宝老师是将我带入社会学领域的"引路人"。在大学期间，我带着未脱的稚气和对知识海洋的无限遐想，被沈老师的社会学课程带入思想的领域，渐渐地，我也成为社会学的一分子。沈老师经常告诫我："做学问需要有孩子般的好奇心，教徒般的虔诚心，情人般的持久心。"他的谆谆教诲，我一直铭记在心。正是他用无比炙热的关爱触动了我的心灵、感化了我的灵魂、点燃了我的生命，让我翱翔在自由的天空中，寻觅那个属于自己的领地。

在求学的路途中，遇上曹锦清先生是我的幸运。在华东理工大学读书的五年中，曹先生既是我的导师，又是我的"朋友"，更是我灵魂中遥远的回声。曹先生是一位既知识渊博又和蔼可亲的老师。听着他的课、了解他的人生故事、感知时代的脉搏、与他畅谈古今中外之事，无一不感受到先生胸怀天下、忧国忧民的家国情怀。在我看来，先生深刻的思想、灿烂的文采和炽热的情感融为一体，他用思维着的头脑，"理解我们身处时代的社会境况"。这体现了一位知识分子为这个民族国家的未来而思考，"用思想守护民族"的现实关切与精神责任。渐渐地，我深知先生给予我们的希望和责任。尽管先生很少对他的学生提出任何要求，也很少让学生参与课题研究，但他一直都在告诫我们——阅读、调研和写作是一个读书人应该有的生活状态。特别是，在社会大转型宏观结构变迁的背景下，微观世界呈现何种新境况。我们必须驰骋在调研"场域"中，在微观与宏观之间来回穿梭，并将其有效地结合起来。在研究过程中，善于发现问题，提出概念，进而阐释社会经验。在历史性、现实感和整体观中理解我们这个正在变动的世界，并做出具有创新性的解释。

徐永祥老师既是我们的院长，也是我学习和生活中的"引导者"。初次认识徐老师还是上大学二年级的时候，我被他那幽默风趣的演讲风格所吸引。之后，在华东理工大学求学的五年中，我连续四年旁听了他的课程，轻松活泼的上课风格成为同学们津津乐道的话题。在一次不经意间的聊天中，徐老师说：杨君，这五年呀，你是"飞速地成长"。我非常认同徐老师对我的评价。其实，在华东理工大学的五年，我一直都对社会学理论抱有极大的兴趣，阅读的时间远远超过田野调研。这也就导致我对社会经验的了解相对缺乏，正是旁听了徐老师关于"社区发展"的课程，我的思维快速地切入经验与理论的对话之中，也正是在这样的过程中，我发表了大量关于社区方面的文章。应该说，我写作的诸多灵感都来自徐老师的课堂以及与徐老师的交流。所以，我常常就想，学术的思想领地是多元化的，并非一种"区隔化"的对立状态，而是可以达成互通有无的效果。另外，在生活和其他方面，徐老师也给予我无微不至的照顾。希望在以后的工作中，我用心学习，不枉费徐老师对我的期望和"栽培"。

在与张广利老师的多次交流中，我总是能够感受到一位父亲对孩子的教诲，外表冷峻，内心却显得十分温和。在硕博学习期间，张老师对我从事社会学理论研究给予了极大鼓励，特别是在硕士和博士学位论文开题答辩中，他认真而翔实地点评我的论文，让我受益匪浅。希望我以后能够再接再厉，不辜负张老师对我提出的要求和期望。

何雪松老师具有独特的个性和人格魅力。在个人生活世界不断被"殖民化"的现今时代，何老师这种独特的个性就显得特别难能可贵。飘逸的长发、随手一瓶饮料、灵动的演说，几乎成为何老师讲课的一贯风格。在硕博学习期间，虽然只听过何老师很少的课程，但总会在诸多场合聆听他精彩的演讲。印象最深刻的一次是 2014 年上海市青年论坛闭幕发言，他说道，美国以实用主义和帕森斯的社会学理论确立了世界文化霸主的地位，也标志着美国从意识形态上成为世界强国。而中国如今的崛起，社会学对此能够做出什么贡献？社会学为何与何为？听到这句话，我心里为之一振，不知所措，抑或一知半解。何老师的演讲表达了一位知识分子对这个国家、社会应尽的一分责任和使命，也凸显了他充满生命张力的思想和那份浓厚的家国情怀。谢谢何老师对我们这些年轻小辈的启发，希望我能够在这些思想光芒的照耀下，茁壮成长，为这个民族的崛起献出自己的一分力量。

杨发祥老师是一个性格随和、做事认真的人。最初认识杨老师，还是在各种学术会议中。在与杨老师的交谈中，他总会细心解答我的疑问。慢慢地，随着交流的增多，我越来越发现杨老师别具一格的"冷幽默"。有时候，当你讲了一大堆话，期待杨老师回答你的时候，他却一声不响。这时，气氛会稍显紧张。但很快，杨老师会讲一个冷笑话调节尴尬的氛围。在学习和生活上，杨老师一直对我细心指导，诸如论文的写作、项目的申请等。在很多场合、很多方面，杨老师都默默地鼓励和支持我们这些青年教师，也为我们创造了诸多学习和交流的平台。"谢谢"一词，很难表达我们之间的友谊和师生关系，但他的教诲，我会铭记在心，并勇往直前。

纪晓岚老师一直对我关爱有加，在学习和生活中帮助我诸多。非常感谢纪老师对我的照顾和关心。

与此同时，我还要感谢社会学院为我授课的其他诸位老师，他们分别是：张昱教授、范斌教授、曾守锤教授、李瑜青教授、王芳教授、孙淑敏副教授、刘晶副教授。另外，与社会学系汪华教授、黄玉琴教授、唐有财副教授、赵方杜副教授、孙中伟老师，社会工作系赵环老师、黄锐老师、梁坤老师等的交流，也让我受益匪浅。

我的博士学位论文，有幸获得北京郑杭生社会发展基金会·完美特设博士生项目的支助，从而能够顺利完成。在此，我对郑杭生先生以及基金会的工作人员表示感谢，也感谢学院为我提供的一万元自筹资金。

"曹门"是温暖的大家庭。自进入研究生阶段开始，我便加入了中国城乡发展研究中心这个团队，参与了中心组织的研究生经典阅读读书会。在阅读书籍的过程中，增强了自己的理论思维能力；在实际的调研过程中，能够深深地体会到经验与理论的联系。当然，作为一名社会学的研究生，社会就是我们的"试验"场地，因此，我先后在安徽、四川、浙江、湖南、上海等地从事"三农"问题的调研。在调研的过程中，我亲身接触社会，认识社会，多了一份对我们身处时代的社会问题的理解。曹先生经常教育我们："学习的最高意旨是用思维着的头脑理解我们身处其中的社会。"社会学研究者从来都不是书斋派，社会是天然的试验场，我们需要在社会中理解社会本身。印象最深刻的一次是在安徽宣城农村调研时，当地农民对社会学并不了解，以为学生们就是出来"跑社会"的，当和我们深入交流后，却发现我们很了解农村的生产和生活，调研一段时间后，村民中就有人感叹：你们不愧是"搞社会学"的，比农民自己都了解农村社会。感谢"曹门"这个大家庭带给我的成长与进步。感谢熊万胜、陈荣武、李宗克、曹东勃、叶敏、赵永庆、程新友、曹东勃、马流辉、李宽等师兄以及丁灏师姐的关心与支持，正是因为他们的帮助，我才能够慢慢进入学术研究的殿堂。特别是马流辉师兄，无论是在论文写作方面还是生活中的点滴小事，都对我帮助颇多。有时候，我们彼此不需要太多的交流，心心相印。所以，我更愿意用"兄弟"二字相称。而李宽师兄更是我从事社会调查方面的"启蒙老师"，正是他带领我不断参与调研，让我感受到了除理论之外生活世界的丰富性，以及经验调查与宏大理论之间的内在关联。感谢同门王阳、袁中华、戴纯青对我的鼓励和帮助。感谢师弟师妹张建雷、刘炳辉、董玲芳、华羽雯、刘炳辉、张建雷、刘春林、王欣、阿沙、余旭娇、刘俊、张贯磊、小米、梁增力、朱灵艳。

熊万胜老师虽然是我的师兄，但我更愿意把他当成莫逆之交。扎实的哲学功底、独特的提问方式、严密的逻辑、对大问题的思考是我对他简要的评价。于我而言，在华东理工大学的五年中，他帮助我从一棵稚嫩的树苗茁壮成长。如今，我变得更加强壮、更加自信，能够独当一面，尽管我也害怕风吹雨打、烈日骄阳，但我懂得了心灵中那份纯真和冲动赋予生命本身的体验和意义。在学习和生活中，我一有什么问题，总会在第一时间与他交流。印象中最为深刻的是，师兄曾与我互通邮件，探讨关于人生意义的问题。在读研究生期间，我彷徨过、犹豫过、困惑过，甚至有放弃的念头。因为，我突然不明白我为什么要继续读书。在邮件中，师兄看到我的内心还不甚坚固，他说："如果你已经找到了自己的确信，那就敢情好了，不需要我多说，有了这样一个基础，不妨碍以后自行修正。"曾经有一段时间，我对内在于自己本性中的所谓根本的良心或者赤子之心没有信心，却对几个理论家为了理论建构在特定的时代在异国提出的假说很当回事。如今看来，在当时，关于人生观，我其实还是把意义理解成了目的，进而理解成社会设定的框架。换句话说，这是我对自己不自信的表现。经过几年的磨砺，我渐渐明白，学问是个人的事情，而学问也是与个人的成长相伴随的。个体化这一选题，表明我正试图理解转型时代个体如何体验生命的意义。我想，在求学的过程中，如果未能遇到像熊师兄如此深情厚谊的朋友的提携和点拨，也许在人生的某个岔路口，我将迷失在繁华的尘世生活中。

马上就要毕业了，如今，爷爷奶奶已经七十多岁，自小他们就十分疼爱我，自从上大学后，我常年在外求学，与他们联系甚少，作为家里的"长孙"，不能经常陪伴在他们身边。在此，我感谢家人对我的谅解和宽容。如果说老师是我生命中的"贵人"，"曹门"是一个幸福的大家庭的话，那么父亲则是我生命中最为坚定的"灵魂伴侣"。每一代人都有每一代人的命运，人可以改变和创造历史，但是都得在固有的历史条件之下。这是马克思的至理名言。这似乎也表明了人类自我创新的局限性，所以，马克思才会设计出推翻一种社会形态，建构一种新的社会形态的宏大革命理论。父亲是 20 世纪 60 年代出生的人，一出生就遇上了中国独特的"文化大革命"，初中毕业后，正好赶上中国的改革开放，对于他而言，也不再仅仅生活在传统伦理道德之中，这使得父亲这一代人的思想相对比较开放。年轻时，家里的条件还不错，父亲学了一门收入颇丰的手艺——木匠，之后，也就顺理成章地成家立业、"过日子"。再后来，就是我的出生，自从我来到这个世界之后，父母、爷爷奶奶彼此之间的关系变得越来越僵化和冷淡，我们的家庭形式上是一个完整的家庭，内部却是支离破碎的。90 年代，正好赶上民工潮，母亲独自一人南下广东打工，随后，父亲也北上打工，两人长期分居，直到最后不得已离婚。如今，父亲依然是一位地地道道的农民工，再次结婚了，继续辛勤劳作，并为这个新家庭努力奋斗。为此，多少个风霜雪雨的日子他都驻守在外地。在他的面前，我就是一个小孩，父亲总会善意地提醒我注意生活中的细节，也会告诉我未来的发展方向。应该说，有这样一位父亲，我感到特别骄傲和自豪。其实，我一直都明白，在父亲的心里，他希望我不要像他那样过着一种缥缈的生活，如同候鸟迁徙——平日在外工作，过年才回家。如今，我已顺利完成自己的学业了，在人生的成长中，尽管事态千变万化、人群若隐若现，但父亲一直陪伴在我的身边。感谢父亲一直对我的鼓励和默默支持。父亲是我最应该感恩的人，父亲是我的朋友，更是我生活中和学习中坚定的支持者。此外，也感谢妈妈和两个妹妹对我的理解和关心，谢谢你们，我爱你们。

正当我读博时，遇到了人生中的另一半，我的女朋友梦宇。

自从与她相处后，我体验到了什么是爱情、什么是生活、什么是亲人，体验到了生活的意义和价值。如今，我们已经相识八年了，在大多数的时间里，我都忙于学业或其他事情，对她的照顾很少，尤其是在博士学位论文的写作过程中，经常十天半个月才见她一次。但是，她没有任何的怨言，并且不断地支持和帮助我、照顾我。有时，我常常想，在人生中能够遇到如此体贴他人、善解人意的另一半，这就是一种幸福。梦宇，谢谢你，谢谢你对我的包容和关心。正是有你的支持，我才能顺利地完成博士学位论文。

2012 级博士班，是一个团结的班级，尽管每个人年龄参差不齐，但都彰显青春的活力和独特的魅力。感谢同班同学孟卫军、王娟娟、章森蓉、马晓娜、张涛、刘晓梅、袁中华、陆文荣、徐丽娜、李鹏飞、杨彩云、彭少峰、徐选国。特别值得一提的是，在读博的三年中，徐选国和彭少峰成为我要好的朋友。我与彭少峰同住一个宿舍，他在生活的方方面面都帮了我不少忙。徐选国超强的学术能力不仅一直激励我不断进步，而且在具体交流中对我启发很多。我们经常一起谈论学术、一起吃饭，成为要好的朋友，也建立了真挚的友谊。与此同时，我们也合作撰写过不少文章，特别是在社区治理、社会工作等研究领域，他扎实的学术功底、超强的执行能力，让我十分钦佩。

感谢 12 舍 325 宿舍的黄成亮大哥和小孟。每当我遇到学术上的困惑，或是有思想灵感时，总会与他们交流、讨论。也正是在与他们的交流中，我不断地提高了自己的表达能力和理解能力。黄大哥深厚的理论功底对我博士学位的获得提供了有益的帮助，谢谢他们。与此同时，我还要感谢隔壁宿舍的冯举、王法俊。在平日的生活中，经常会与王法俊争辩，但他对中国文化的研究，对我深入研究个体化也助益良多。

感谢学院办公室的王爱军老师、孙秀慧老师、曹国慧老师、杨洁老师、曾亚萍老师对我学习和工作上的细心帮助。

感谢师弟师妹周贤润、罗兴奇、叶淑静、伍嘉冀、戚玉……与此同时，我感谢那些曾经帮助我翻译文献的师弟师妹。他们是王欣、伍嘉冀、裴志超、阿莎、于旭娇、陈卫、蔡霞、肖志月、李硕秋。感谢纪文晓师姐从美国帮我买回的贝克专著。正是由于他们良好的英语功底和对我的帮助，我才能顺利完成博士学位论文。

感谢预答辩时徐永祥老师、张昱老师、杨发祥老师、费梅萍老师、赵方杜老师、唐有财老师对我的博士学位论文提出的修改要求和宝贵意见。

与此同时，我还要感谢那些曾帮助过我的非华东理工大学的老师、同学和朋友。他们是张文宏老师、文军老师、桂勇老师、刘玉照老师、唐魁玉老师、刘拥华老师、熊易寒老师、李辉老师、贾文娟老师、冯猛老师、孙菲姐、牧人老师、陶秀丽老师、贺海峰编辑、李晓霞编辑、守飞兄、蔡栋兄、刘博兄、刘晨兄、张黎明主任……

在此，我也深深地感到了生命的独特内涵。

现代社会以其强大的理性逻辑塑造着我们的生活。它以物质财富的强劲增长、以其货币价值的冷漠无情、以其强烈的竞争法则，促使我们迅速地卷入其中。我们匍匐在地，焦虑不安、四顾茫然，不知何处是岸。当此之时，我们又该如何？如果我们假定生命"在那里"继续存在，那么，除了精神的存在之外，我们不能设想其他形式的存在，因为精神的生命不需要空间与时间。精神的存在，尤其是我们在此关注的内在的形象，提供了有关来世生活全部神话思辨的材料，我把那种生活想象为形象世界的一种延续。因此，精神就可能是来世或者死者之国所存在的那种存在。

杨　君

2015 年 4 月 27 日华东理工大学 12 舍 119 宿舍（初稿）

2019 年 11 月 20 日上海金天地花园（修改）

2020 年 3 月 20 日上海金天地花园（定稿）

图书在版编目（CIP）数据

个体化的社会想象：乌尔里希·贝克思想中的生活
、政治与道德／杨君著. -- 北京：社会科学文献出版
社，2020.7（2022.10 重印）
ISBN 978 - 7 - 5201 - 6824 - 3

Ⅰ.①个… Ⅱ.①杨… Ⅲ.①个人社会学 - 研究
Ⅳ.①C912.1

中国版本图书馆 CIP 数据核字（2020）第 115870 号

个体化的社会想象：乌尔里希·贝克思想中的生活、政治与道德

著　　者／杨　君

出 版 人／王利民
责任编辑／任晓霞
文稿编辑／张真真
责任印制／王京美

出　　版／社会科学文献出版社·群学出版分社 （010）59366453
　　　　　　地址：北京市北三环中路甲 29 号院华龙大厦　邮编：100029
　　　　　　网址：www. ssap. com. cn
发　　行／社会科学文献出版社 （010）59367028
印　　装／北京虎彩文化传播有限公司

规　　格／开 本：787mm × 1092mm　1/16
　　　　　　印 张：18　字 数：241 千字
版　　次／2020 年 7 月第 1 版　2022 年 10 月第 3 次印刷
书　　号／ISBN 978 - 7 - 5201 - 6824 - 3
定　　价／128.00 元

读者服务电话：4008918866